口絵1 （1章）マレーシアのボルネオ島で，森林を切断して広がるパーム油のプランテーション

〔photo © Edward Burtynsky, courtesy Sundaram Tagore Gallery, Hong Kong and Singapore/Nicholas Metivier Gallery, Toronto〕

口絵2（1章）地球の出〔所蔵：NASA, AS8-14-2383〕

口絵3（1章）青いビー玉〔所蔵：NASA, AS17-148-22727〕

# 「人新世」時代の文化人類学

大村敬一・湖中真哉

「人新世」時代の文化人類学（'20）

©2020　大村敬一・湖中真哉

装丁・ブックデザイン：畑中　猛

s-68

# まえがき

　今日の私たちにとって「文化」はごくありふれたことばである。新聞に政治欄や経済欄，社会欄と並んで文化欄があることにも，その一端をうかがうことができる。加えて，私たちの周りには，このことばがあふれかえっており，このことばを使わずに毎日を過ごすことなど，もはや考えられない。

　ほんの少しだけ列挙しても，日本文化や先住民文化，大衆文化，オタク文化，稲作文化，食文化，階級文化，国民文化，伝統文化，平和文化などの「〇〇文化」はもちろん，文化遺産や文化財，文化人，文化行政，文化の日，文化庁，異文化間コミュニケーション，文化相対主義，多文化主義，多文化共生，文化教育，文化進化，文化観光，文化資源などの「文化〇〇」のかたちで，「文化」ということばが氾濫している。さらに，その意味たるや，「教養」や「洗練」，「生活様式」，「風俗」，「慣習」，「伝統」，「価値観や世界観」，「自然ではないもの」，「科学とは違う何か」，「人類の貴重な財産」，「自然の征服」，果ては「歌ってキスすること」にいたるまで，あまりにも幅広い。文化は私たちにとって身近でありながら，その内実は曖昧模糊としているのである。

　ここに文化ということばの危うさがある。このことばを無反省に使うとき，「われわれの文化を守らねばならない」と言って自分とは異質な人びとを排除したり，また「あなたたちの文化を守らねばならない」と言って，今度は自分とは異質な人びとに対して身勝手な要求をしたりする，ということが起こりうる。1980年代，こうした文化概念の危うさにいち早く気づいたのが，ほかならぬ文化人類学であった。さらに1990年代以降，文化概念に関する反省のもう一つの契機が生まれてくる。そ

れは文化と自然の関係をめぐる問題である。本書でも論じられている通り，21世紀になって深刻化した地球温暖化をはじめとする地球環境問題は，文化の問題と自然の問題が不用意に切り分けられることで，自然の征服と支配・管理が密かに正当化される，という根本的状況と関わっているのである。

　私たちが今生きている世界は，グローバリゼーションのもとで，人類の間での同化と支配・管理が露骨に進展した世界であり，さらにまた，人間と自然を同化したり排除したり管理・搾取したりしようとする発想が人類を滅ぼしかねない世界でもある。近年，この後者の側面について警鐘を鳴らすことを意図して，「人新世」ということばが用いられるようになった。本書は，こうした「人新世」時代にふさわしい，新しい文化人類学の姿を描き出そうとする企てである。そこでは，身近で曖昧な故に危うさをはらんだ文化の問題点が検討され，その問題点を解決するために，これまでとは異なるかたちで文化概念を再定義する試みをはじめ，文化に代わる概念や理論的な枠組みを模索する試みなど，さまざまな試みが展開されることで，「人新世」時代における人類の未来の可能性が探究される。

　本書の目的は，こうした「人新世」の時代状況における文化人類学の最前線での挑戦を紹介することである。したがって「人新世」自体について議論することは本書の意図ではないことをことわっておきたい。また，本書では術語にやや不統一な部分をあえて残しているが，それはそれぞれの執筆者の独自な立場を尊重するためであり，それはこれが未来志向の書物であることの反映でもある。さらに，本書では「文化」をつけない「人類学」という言葉がしばしば用いられているが，本書全体を通じ，これは学問分野としての「文化人類学」を指す意味で使われていることにも注意を促しておきたい。

　文化をどのように再定義するにせよ，あるいは，文化という概念に代えて何か新しい概念が考案されるにせよ，文化についてあらためて熟考することは，「人新世」時代を生き抜き，人類の未来を拓くためには不可欠である。本書で紹介する文化人類学のさまざまな試みがそれぞれにどのような人類の未来を拓くのか，その可能性に想像力を馳せさせながら，文化はもちろん，常識として無反省に従っている思考や行為や制度の枠組みを見つめ直して欲しい。本書の主題を別の角度から浮き彫りにするテレビ教材と合わせて，身近で曖昧であるが故に見逃しがちな問題について読者が深く考えるきっかけの一つに本書がなることを執筆者一同，心から望んでいる。

2020 年 1 月
大村敬一

# 目次

# 1 | 「人新世」時代における文化人類学の挑戦

大村　敬一

《目標＆ポイント》　私たちは今どのような時代を生きているのだろうか。その時代において，人類について，文化について考えるということは，どのようなことなのだろうか。そして，文化の側面から人類について考える文化人類学には，どのような任務が課されているのだろうか。本書の目的と射程は，この今という時代において文化人類学が取り組んでいる問題を紹介し，この時代を生きている私たちにとっての文化人類学の視野の重要性を示すことにある。そのために，本章ではまず「人新世」というキーワードを通して私たちが今生きている時代の状況をあぶり出し，その状況下において文化人類学に課せられている課題を明らかにする。そのうえで，本書で扱われるトピックを解説しながら，本書の目的と射程を具体的に示す。

《キーワード》　「人新世」時代，近代，「自然／人間」の二元論，文化人類学，グローバル・ネットワーク，存在論

## 1.「人新世」時代：岐路に立つ人類

### （1）二つの写真：人類の到達した新たなる視点

　ここに二つの写真がある。今から約半世紀前にアポロ計画で撮影され，人類史上最大の事件の一つと言われる写真である。一つ目は「地球の出」と呼ばれる写真で（口絵2），1968年12月24日，アポロ8号の搭乗員が月周回軌道上で撮影した。月面の地平線から地球が昇る姿を人類が自らの目で捉えたうえで直接撮影したのは，この写真が初めてであった。もう一つは「青いビー玉」と呼ばれ（口絵3），1972年12月7日，アポロ17号の搭乗員によって地球からおよそ45,000kmの距離から撮影

された。アポロ 17 号が太陽を背に地球を捉える軌道をとったために可能となったこの写真で，人類は全球の状態で輝く地球を人類史上初めて目にした。

　地球は，人類をはじめ，そこに棲まう生きものの目から見れば広大で，果てしなく広がっているように見える。人類史が始まって以来，長らく地表からさして離れることなく生活してきた人類には，その全貌を実際にその目で捉えることはできず，さまざまな観測機器や推論を駆使して想像することしかできなかった。これが，この二つの写真がアポロ計画最大の成果の一つ，あるいは，人類史における大きな事件の一つであると言われる所以である。人類は 20 万年の歴史の中で初めて，自らが棲まう地球から遠く離れ，その地球を一つの球として対象化する視点を手にし，実際にその目でそれを見た。この二つの写真は，人類が成し遂げた到達点を鮮やかに映し出すとともに，これまでにない新たな視点を人類に与えることで，人類の精神に大きな影響を与えたのである。

　美しくも荒涼とした月面の地平線から，頼りなげに，しかし，その月面とは鮮やかなコントラストを見せながら昇る地球。漆黒の闇の中に，青いビー玉のように愛らしくもささやかに浮かぶ青い地球。そこには国境もなく，ただ寂しげに，しかし，豊かな生命の営みを感じさせる一つの閉じた世界としての球がある。茫漠とした宇宙の深淵を前にした小さな地球のはかなさを感じさせると同時に，国家も人種も，あるいは生物種の違いもなく，多様な生命がそのはかない球にともに暮らしている，あるいは暮らしていかねばならないということが，一目で切実に感じとられる。そこには「自然」と「人間」の区別はなく，ただはかなげに浮かぶ一つの小さな運命共同体の姿だけがある。

　その後，この二つの写真が環境保護団体のシンボルとして多用されたことにも明らかなように，「たった一つのかけがえのない地球を守ろう」

という環境運動のスローガンは，この写真がなければ生まれなかっただろう。あるいは，国境も何もない一つの球というイメージが単に想像されるだけでなく，現実のものとして立ち現れたことで，「近代」と呼ばれるプロジェクトが一層加速され，今日までつづくグローバリゼーションという歴史現象が生じるきっかけの一つになったのかもしれない。

### （2）「人新世」時代の到来：「青い地球」から「真っ赤な地球」へ

　今，あれから約半世紀が過ぎようとしている。その後，1989年のベルリンの壁の崩壊をもって東西冷戦の時代が終わり，グローバリゼーションと呼ばれる現象が進んでいった。科学技術の進展は目覚ましく，全地球に張り巡らされた観測ネットワークと強力なコンピューターの力によって，「一つの世界としての地球」は単なる印象や想像や理念の域を超え，全球シミュレーションにあるように現実的で日常的なものになりつつある。もはや地球上で相互に無関係なものは何もなく，地球のどこかで起きたことが何らかの影響を自分たちに与えるという認識は，ごく当たり前な常識になっている。

　しかし，その中にあっても，人類は一つになるどころか，対立と紛争を飽くことなく繰り返している。富める者はますます富み，貧しき者はますます貧しくなるという世界の仕組みは変わることなく，南北問題，人口問題，食糧問題が深刻化し，低強度紛争が止む気配はない。加えて，全地球規模での気候変動と環境問題，数多くの生物種の絶滅に伴う生物多様性の激減など，人類はもとより，たった一つの地球が育んできた無数の生命たちの存続可能性が危ぶまれる状況に私たちは直面している。1974年に初放映された『宇宙戦艦ヤマト』が2012年にリメイクされたのも，いわれなきことではないだろう。もはや青く輝く地球ではなく，真っ赤にただれた地球こそ，現在の状況にふさわしいのかもしれない。

　こうした現状を鮮明に浮かび上がらせるキーワードとして，今日，数多くの論争を呼び起こしているのが「人新世」（アンソロポシーン）という概念である。現在形成されつつある地層が人類という生物種の活動による地球環境の変化によって「完新世」とは異なる地層となりつつあり，人類の活動の痕跡が地層に永続的に残ることが予測されるという地質学的な事実を根拠に，私たちが生きている現在を指す地質年代として提唱されている地質学的な概念である。2000年に大気化学者のパウル・クルッツェンと生物学者のユージン・ストーマーによって地球圏・生物圏国際協同研究計画の *Global Change News Letter* 誌で提唱された［Crutzen & Stoermer 2000；Crutzen 2002］。完新世から人新世への移行がいつなのかを含め，この概念の内実と妥当性については，現在，国際地質科学連合の国際層序委員会に設置された人新世作業部会で検討されており，この概念が地質年代として公的に採用されるかどうかは，地質学界での議論に基づいて今後決められてゆくことになる。

　このように地質年代として未だ公認されてはいないものの，また，厳密には地質学の概念であるにもかかわらず，この概念については，人類の活動によって引き起こされる惑星規模の急激な環境変動など，現在人類が直面している問題を浮き彫りにするキーワードとして，地理学や環境科学をはじめとする自然科学ではもちろん，人文・社会科学でも幅広く議論されている［cf. Castree 2014；イェンセン 2017；Swanson, Bubandt & Tsing 2015］。とくに人文・社会科学では，この概念への批判を含め，「人間」や「人類」をはじめ，「自然／人間（社会・文化）」の二元論を再考し再編成する議論が盛んに展開されている。また，「人新世」は欧米で広く一般に普及し，芸術運動でも重要なトピックとして取り上げられるのみならず，野生生物管理，環境開発，科学技術など，グローバルなレベルからローカルなレベルにいたる多様な政治・経済の

現場に大きな影響を与えつつある［cf. Moore 2015；鈴木 & 森田 & クラウセ 2016］。このような状況にあって，今後，この概念を軸に政治・経済・社会・文化のあらゆる側面が再編成されてゆく可能性が高い。

　「人新世」がこのように大きな影響力を持っているのは，人類の活動が地球での人類の生存可能性を近い未来に脅かす可能性を指摘し，現在の人類の持続不可能な活動に対して警鐘を鳴らす概念でもあるからである（こうした人類の地球への暴力的な影響は，口絵 1 の森林を切断するプランテーションの姿に鮮明にあらわれている）。人工的に生み出された大量の汚染物質の地球環境への拡散と蔓延，地球温暖化をはじめとする急激な気候変動，6 度目の大量絶滅とまで言われる生物多様性の急速な激減など，人類の活動が地球に及ぼしている影響を考えると，人類が営んでいる政治・経済・社会・文化のあらゆる側面を見直し，現在とは異なる世界を築かねば，人類の活動によって人類自身が絶滅する可能性すらある。この概念が人類の生存可能性を脅かす「惑星規模の限界値〈プラネタリー・バウンダリーズ（地球の限界)〉」と関係づけられて語られることが多いのも，こうした切迫した問題に注意を喚起するためである［cf. Castree 2014］。

## 2.「人新世」時代の問い：「近代」の限界は超えられるか？

　この「人新世」という概念の特徴はグローバリゼーションという概念と比較すると鮮明になる。どちらにおいても地球という惑星が全体として捉えられている。しかし，球（グローブ）として表象される地球が不変な舞台として想像され，産業資本制と国民国家体制とテクノサイエンス（科学技術）の複合的なネットワークがその球を覆い尽くしてゆくというグローバリゼーションに対して，人新世では地球という惑星はもはや不変の舞台ではない。地球は人類という生物種の活動と連動しながら

変動する変数と化している。もはや近代の「自然／人間」の二元論は意味をなさず，人類の活動は地球環境の活動に影響を与え，その影響は思わぬかたちで人類に跳ね返ってくる。しかも，温暖化をはじめとする地球環境変動に端的にあらわれているように，人類が地球に与えた影響は人類の生存可能性を脅かす可能性すらある。

## （1）「自然／人間」の二元論：「近代」を支える存在論

こうした認識に基づく「人新世」の概念によって根源的な再考を迫られているのが，「近代」と呼ばれる考え方や制度や生き方である。いつをもって「近代」が始まるのか，「近代性」とは何かについては諸説ある。しかし，おおむね大航海時代以後の西欧で徐々に構築され，そこを中心に全地球規模に拡張し続けてきた産業資本制と科学技術と国民国家の複合体としてのグローバル・ネットワークを支える一連の考え方や制度や生き方全般が「近代」と呼ばれることが多い。フランスの人類学者であるブルーノ・ラトゥール［1999，2008；cf. 大村 2010，2011］が明らかにしたように，この近代の根幹を基底で支えている存在論として，その全地球規模での拡張を支え，私たちが生きている世界の常識となっているのが，「人新世」時代において抜本的な見直しが迫られている「自然／人間（社会）」の二元論的な存在論に他ならない。存在論とは，世界がどのようなもので，どのような存在の論理に従っているかという世界のメカニズムを明らかにする理論のことである。

この二元論では，宇宙のあらゆる存在について考えたり，それらに働きかけたりするに先立ち，その前提として，非人間（モノ）だけからなる「自然」と，人間だけからなる「社会」に宇宙全体が分割され，自然の非人間は自然法則に，社会の人間は理性に従うと仮定される。そのうえで，人間たちが自然とは独立に理性に基づいて社会（国民国家など）

を構築する実践が「政治」，科学者が人間とは独立した自然の普遍的な
真理を自然法則として明らかにする実践が「科学」とされる。

　この前提に基づけば，「文化」は自然法則と理性という相互に独立し
た秩序を混同してしまう非合理的な実践（迷信や呪術，自然の解釈など）
ということになる。そのため，文化の実践から離脱すればするほど，科
学の実践によって自然法則が明らかにされると同時に，政治の実践に
よって理性に従う理想的な社会が構築され，それに応じて，自然と社会
の相互作用である「経済」も自然法則と理性に従ってより合理的で効率
的になる。そのため，理想的な社会の構築と自然の真理の解明，さらに
は経済の合理化を可能にしてくれる非合理的な文化からの離脱，つまり，
「自然／人間」の二元論的な世界を実現するために，自然の秩序と人間
の秩序を分離して純化することが「進歩」として目指される。

　しかし，経済市場や国民国家など，実際にネットワークのかたちで構
築されているのは，人間だけからなる社会ではない。そこでは，人間と
非人間（道具や機械，通信・交通網などのモノ）が動員されて組織化さ
れ，人間と非人間のハイブリッドなネットワークが構築されており，「自
然」の非人間と「社会」の人間が入り混じっている。これと同じように，
科学による真理の発見も，人間と非人間が動員されて構築されたハイブ
リッドなネットワークなしにはありえない。科学が明らかにする真理は，
人間と非人間で構築された実験室をはじめ，非人間を機械装置の助けを
借りて次々と「刻印」（地図や標本や数値など，運搬可能なかたちで情
報を刻み込まれたモノ）に変換しながら「計算の中心」（研究所など，
ネットワークの周辺からの刻印を比較したり結合したりして計算し，真
理を明らかにする場）に運ぶ長大なネットワークを通してはじめて明ら
かになる。

　また，科学と政治の実践は，「自然」の領域と「社会」の領域を媒介

する経済の実践を通して分かち難くもつれあっている。ラトゥールが嫌と言うほど明らかにしているように，実験室やフィールドワークで科学の実践を行うにあたっては，そのための資金を調達して人間と非人間を動員せねばならず，その調達と動員には政治・経済的な実践が不可欠であるため，科学の制度は政治・経済の制度と密接に連動している。そもそも，いかに科学者であっても霞を食べて生きてゆけるわけではない。「自然」の真理を探究する純粋な科学の実践や科学の制度など存在せず，科学者が実践しているのは，不可分に絡みあった科学の制度と政治・経済の制度における科学＝政治・経済の実践である。この逆に，政治の実践も経済の実践も，科学の実践を通して開発される技術の助けなくしてはありえない。

　このように近代のネットワークは「科学＝政治・経済」の実践によって人間と非人間をハイブリッドに結びつけることで構築されており，そこには「社会」を構成する人間の要素と「自然」を構成する非人間の要素という分離はない。この意味で，「自然／人間（社会）」の二元論は現実を歪めた虚構にすぎない。しかし，ここで重要なのは，次のようなからくりで，この虚構（イデオロギー）としての二元論こそがネットワークの拡張を推し進めるエンジンになることである。

　この二元論では，「自然」と「人間（社会）」という二つの領域がそれぞれ「自然の真理」と「人間の理性」という別々の秩序に従っており，それらの相互作用がそれぞれの秩序に影響を与えることはないとされる。そのため，自然の秩序の崩壊にも社会の秩序の崩壊にもおびえることなく，人間と非人間をあらゆるやり方で自由に結びつけることが可能になる。しかも，こうして構築されるネットワークが拡張し，より多くの人間と非人間を動員することができるようになればそれだけ，文化に汚染されていない自然の真理が開示され，人間は伝統や共同体などの文

化の束縛から解放されて自由な理性的な政治主体になり，その理性によって理想的な社会が築かれることになる。「自然／人間」の二元論的な世界を目指す存在論は，人間と非人間のハイブリッドなネットワークを加速度的に増殖させるのである。

　こうした二元論のエンジンに駆動され，国民国家と科学技術と産業資本制からなる複合的なネットワークはヨーロッパから爆発的な勢いで拡張して地球を覆い，今や宇宙にまで延びて行こうとしている。これこそグローバリゼーションと呼ばれる歴史現象であり，この地球規模で拡張するネットワークから私たちは大きな恩恵を受けてきた。私たちが生きる世界は全地球規模，さらには宇宙に至るまでに拡大され，その生活はかつてないほど便利で豊かなものになっている。しかし，その他方で，先にみたように，富める者はますます富み，貧しき者はますます貧しくなるという世界の仕組みは変わることなく，南北問題が深刻化し，人口問題，食糧問題，頻発する低強度紛争，全地球規模での気候変動と環境問題など，人類が直面している問題は深刻になってゆくばかりである。

## （2）「人新世」時代の問い：「自然／人間」の二元論は超えられるか？

　こうした問題を引き起こしているものこそ，「人新世」が提唱されている今日，抜本的な見直しが迫られている「自然／人間」の二元論に他ならない。たしかに，国民国家と科学技術と産業資本制からなるネットワークが全地球規模で拡張し，私たちの生活がかつてなく豊かなものとなったのは，その拡張のエンジンとなってきた二元論のおかげである。しかし，もはや今日では，これまでのように自分たちの都合に合わせて人間と非人間を野放図に結びつけるわけにはいかない。人類の活動が地球に大きな影響を与え，その影響が人類に跳ね返ってくるという「人新世」の認識によって，「自然」と「人間」の相互作用がそれぞれに影響

を与えることはないという近代の存在論は崩壊してしまったのである。グローバル・ネットワークのかたちで世界を生み出すにあたって，どのように人間と非人間を結びつけるのか，そのあり方を慎重に検討せねば，どのような結果が生じるか，わかったものではない。

　しかし，その人間と非人間の結びつけ方を検討しようにも，「自然／人間」の二元論に基づいて科学と政治が分離してしまっているため，そのあり方について議論して意志決定を行う場がどこにもない。現実に構築されるハイブリッドなネットワークは，人間の秩序だけを対象とする代理制民主主義での議論の対象からこぼれ落ちてしまい，自然の真理に邁進する科学者がそのネットワークに責任を持つこともない。その結果，人間と非人間を結びつけてネットワークを構築してゆく場は事実上の無法地帯と化してしまい，産業資本制の市場に象徴されるように，ネットワークは誰が責任を持つわけでもない不可解で制御不可能なモンスターとして暴走する。もちろん，このネットワークで人間と非人間が混合されて生み出される商品や機械装置，流通や統治のネットワークなど，人間と非人間のキメラ（混合体）も，不可解で制御不可能なモンスターになってしまう。その中でも，ダイオキシンやPCB，DDT，フロン，$CO_2$のような産業廃棄物や副産物などのキメラ（混合体）は，これらを生産したネットワークから漏れ出して外部へ拡散し，地球温暖化や環境汚染など，グローバルな規模で環境に影響を与えつつある。

　しかも，このネットワークでは，人間と非人間が平等につながれてゆくわけではなく，その中心でネットワークを拡張する近代の主体（近代的な市民としての科学者と資本家）がそれ以外の人間と非人間を遠隔操作しながら支配して管理・搾取するかたちでつないでゆくため，このネットワークが拡張することで中心による周辺の支配と管理と搾取が進んでゆく。「自然／人間」の二元論は，この支配と管理と搾取の構造を

正当化する根拠として機能する。唯一科学技術だけが単一の「自然」を
あるがままに明らかにし，適切に働きかけて改変してゆくことができ，
唯一近代の政治が理性に基づいた社会の法を生み出すことができるのに
対して，それ以外の実践は自然の秩序と人間の秩序を混同する非合理的
な実践であるとすることで，この二元論は，科学と政治の実践によって
ネットワークを拡張する近代の主体に，それ以外の人間と非人間を支配
して管理・搾取する正当な根拠を与えるからである。

　こうした問題を引き起こしつつも，近代の拡張のエンジンともなって
きた「自然／人間」の二元論をどのように再考してゆけばよいのだろう
か。近代を全否定するのではなく，その長所と恩恵を維持しつつ，この
近代を支えている二元論に代えて，どのような存在論を構想すればよい
のだろうか。こうした「自然／人間」の二元論をめぐる難問は，私たち
が直面している最重要の問題である。「人新世」の提唱を通して，人類
と地球の活動が密接に連動しており，人類の持続不可能な活動による地
球の変化が人類の地球での生存可能性を脅かしていることに警鐘が鳴ら
されている今日にあって，この問題の重要性は計り知れない。「人新世」
時代とは，「自然／人間」の二元論に代わる存在論を打ち立て，「近代」
に代わる考え方や制度や生き方を生み出すことができるかが問われてい
る時代なのである。

## 3. 「人新世」時代の文化人類学：「自然／人間」の 二元論への挑戦

　こうした「人新世」時代の問いと文化人類学は無縁ではない。それど
ころか，近代の申し子として生まれながらも，近代を批判する立場から
人類について考えてきた文化人類学にとって，「人新世」時代の問い，「自
然／人間」の二元論の再考という問いは，その学的伝統の中で一貫して

問われてきた問題であり,「人新世」時代にある今こそ,文化人類学にはその学的伝統の真価が問われているとさえ言える。

### (1) 文化人類学：近代の内と外の緊張関係から近代を問う学問

チンパンジーをはじめ,現生人類以外にも,文化をもつ生物がいる可能性は指摘されているものの,言語を含む文化が明瞭なかたちで確認されている生物は今のところ現生人類に限られている。そのため,現在においても人類は「文化をもつ生物」として定義される。この「文化をもつ」という現生人類の特徴に焦点をあて,その文化から人類について考える学問が文化人類学である。

もちろん,人類について研究する学問は文化人類学だけではない。「文化をもつ生物」として定義される人類を研究する学問には,この文化人類学に加えて,生物学的な側面から人類について探究する自然人類学,人類の生物学的な進化史を探究する進化人類学,人類の社会・文化史を扱う歴史学と考古学,人類の社会・文化の最も顕著な特徴である言語を扱う言語学があり,これらが一つにまとめられて人類学と呼ばれる。この意味で,人類学は,自然科学と人文社会科学の両方にまたがる探究を綜合することで,「人類はどこから来て,何者であり,どこへ行こうとしているのか」という人類の過去・現在・未来について考えながら人類の普遍性と多様性を検討し,人類の限界と可能性を探る綜合科学であると言える。

こうした綜合科学としての人類学は,疑いようもなく,テクノサイエンスの一翼を担う近代の制度の一つである。このことは,人類学が自然人類学や文化人類学など,「自然／人間」の二元論に基づく分業体制をとっていることからも,大航海時代以来,西欧の諸社会が自らとは異なる諸社会と接触する中で育まれ,他の諸科学の成立と軌を一にするかた

ちで 19 世紀末から 20 世紀初頭に一つの学問分野として成立した歴史的
経緯からも明らかである。近代人類学や後期近代（ポストモダン）人類
学というかたちで人類学に「近代」ということばが冠せられる所以がこ
こにある。この意味で人類学は他の諸科学と同様に近代の申し子であり，
「自然／人間」の二元論をエンジンに恐るべき勢いで拡張してきた産業
資本制とテクノサイエンスと国民国家の複合体としてのグローバル・
ネットワークの内部の論理，すなわち近代の論理に従って展開されてき
た実践であることに疑いはない。

　しかし，そうであると同時に，人類学は近代の外側で営まれている多
様な考え方や制度や生き方を支えている論理，すなわち自己とは異質な
他者の論理に従おうとする実践でもある。ここに，もっぱら近代の論理
に従って展開される他の諸科学と異なる人類学に独特な特徴がある。と
くに文化人類学は，グローバル・ネットワークの外側で営まれてきた人
類の文化，つまり近代とは異質な考え方や制度や生き方に注目し，それ
らを支えている論理を解き明かしながら，近代を相対化するとともに，
近代とは別にありうべき考え方や制度や生き方の可能性を探究してき
た。文化人類学が批判の学と言われ，その学的探究では近代の外側で息
づいている人類の多様な生活実践に没入するフィールドワークの実践が
何よりも重視される所以が，ここにある。

　もちろん，そうだからと言って，先にみたように，文化人類学も近代
の制度の一つである以上，近代の外側で営まれている文化の論理にばか
り従うわけにはいかない。たしかに文化人類学者はグローバル・ネット
ワークの外側に赴き，そこで営まれている生活実践にフィールドワーク
を通して参加することで，近代の外側の他者の論理を理解しようと努力
する。しかし，それが民族誌のかたちでまとめられ，その成果に基づい
て議論が展開されるのはグローバル・ネットワーク内部のアカデミズム

の場であり，そこでは近代の論理を無視するわけにはいかない。「翻訳」
という実践が文化人類学において重要な議論の焦点となるのも，そのた
めである。近代の外側にあるフィールドワークの現場と近代の内側のグ
ローバル・ネットワークを行き来する文化人類学者の姿に端的にあらわ
れているように，文化人類学は近代の内側と外側の緊張関係のうえに成
り立つ学問であり，その文化人類学を含む人類学はそうした近代の内外
の緊張関係を綜合する思考実践なのである。

　ただし，ここで注意しておかねばならないのは，こうした近代の外側
はどこか地理的に遠くにある場所ではないということである。たしかに，
一般的な文化人類学者のイメージにあるように，大航海時代以来，そし
て近代人類学が始まる 20 世紀初頭以後，文化人類学者はグローバル・
ネットワークの中心である西欧から地理的に遠く離れたネットワークの
末端あるいは外側でフィールドワークを行ってきた。しかし，近代の外
側はそうしたネットワークの周縁や外側にばかりでなく，ネットワーク
の中心にもある。近代の仕組みを明らかにしたラトゥール［1999；2008］
が示しているように，近代の論理が有効なグローバル・ネットワークは
どんなに稠密に張り巡らされたとしても，ネットワークとしての性質上，
隙間だらけであり，時空間を面的に覆うわけではない。私たち自身の日
常生活を少し顧みれば分かるように，今やグローバル・ネットワークの
中心の一つになっている日本に暮らしていても，私たちは近代の論理ば
かりでなく，その外側にある複数の論理にも従って生きている。

　例えば，私たちは企業や官公庁，学校などで働き，スーパーマーケッ
トで買い物をしているときには，そうした制度が従っている近代の論理
に従っているが，葬式や墓参りや法事などで親戚づきあいをしていると
きには，近代の影響を受けながらもその外側で育まれてきた論理に従っ
て生きている。また，たしかに私たちは「自然／人間」の二元論に従っ

て，自然現象は自然法則に従っているのであって意志や感情が関与する
余地などあるはずはなく，その逆に，理性にのみ従う人間は自由である
と考えているにもかかわらず，動植物に話しかけてみたり，運命や縁を
信じて真剣に祈念したりする。近代の典型的な制度である学校に幽霊が
跋扈し，テクノサイエンスの最先端の実験室で運やつきについて真剣に
語られる。このように近代の外部はグローバル・ネットワークの隙間に
遍在している。そうでなければ，グローバル・ネットワークが全地球を
たしかに覆ってしまった今日，近代にとっての他者は消滅し，その他者
を通して人類について探究する文化人類学もすでに消えてしまっている
ことだろう。かつて近代から隔絶されていると信じられてきた人々，例
えば極北やアフリカや南米の先住民までもがグローバル・ネットワーク
に呑み込まれている今日，彼らが営んでいるいわゆる「伝統」的な文化
はネットワークの隙間にこそ息づいている。

　したがって，文化人類学，ひいては人類学は，今や全地球上に張り巡
らされたネットワークのあちこちに遍在する隙間に赴いて，そこに息づ
く近代の外部の論理に浸り込みつつ，ネットワーク内部の近代の論理に
も従いながら，そうした近代の内と外を行き来する緊張関係の中で近代
に代わる生き方を模索することで，人類の限界と可能性について考える
学問であると言えるだろう。そうであるからこそ，今日の文化人類学で
は，かつての一般的なイメージとは異なり，極北やアフリカや南米の先
住民ばかりではなく，実験室や企業，金融取引所，病院，学校，インター
ネットなど，私たちの身近にあるグローバル・ネットワークそれ自体や
その隙間やほころびでもフィールドワークを行うのである。

## （2）「人新世」時代の文化人類学の課題：「文化」の再編成を通した　新たな存在論の探究

このように近代の内と外の緊張関係の中で近代を問うてきた人類学，なかでも文化人類学にとって，近代の「自然／人間」の二元論の再考という「人新世」時代の問いは，まさに自らが学的伝統の中で一貫して問うてきた問題である。その意味で，「人新世」時代にある今こそ，文化人類学にはその真価が問われているとさえ言える。

しかし，その際に気を付けねばならないことがある。それは，近代の内と外の緊張関係の中で近代を問うことは，近代の外側の論理を包摂することができるように近代の論理を変化させることで近代の外部を近代の内部に組み込み，近代を「進歩」させることであってはならないということである。この場合でも，たしかに近代の論理はその外部の論理によって問い直されることで変化してゆく。しかし，その結果として，グローバル・ネットワークは，その外側で息づいていた近代とは異質な生活実践からその異質性を奪って自らの内に取り込み，稠密さの度を上げながら拡張してゆく。もちろん，しょせんグローバル・ネットワークはすかすかのネットワークでしかないため，どんなに稠密になってもその隙間が消え去ることはない。しかし，自らの外側に息づく他なる生活実践の論理を糧にネットワークが成長して「進歩」してゆく陰で，その外側の生活実践の場は切り詰められ，ネットワークの「持続的な発達」のために抑圧され搾取されてゆくことになってしまう。

これこそ，大航海時代以来，西欧を中心とするグローバル・ネットワークが他者の征服と支配と管理によって暴力的に展開してきた植民地主義的な実践であり，グローバリゼーションという歴史現象の果てに「人新世」という今日の危機的な状況に私たちを追い込んだやり方に他ならない。今や地球を覆い尽くすグローバル・ネットワークによって地球環境

にすら影響を与えるようになった私たちは，そのネットワークの拡張を支えてきた近代の論理によって地球のすべてを支配して管理しているつもりになっている。しかし，ネットワークはしょせんネットワークにすぎず，決して消え去ることはないその隙間でネットワークの外部の論理は息づき続け，むしろネットワークの暴力的な支配と管理と搾取に激烈に抵抗して牙をむく。近代のグローバリゼーションの結果としてむしろ全地球規模に拡張してしまった低強度紛争の嵐，グローバル都市などのネットワークの中心でこそ激烈化する貧困問題，撲滅したはずの病原体の復活と変異，ネットワークの支配と管理をあざ笑うかのように，環境変動や災害のかたちでネットワークに襲いかかる地球環境。

　「人新世」時代の状況によって修正を迫られているのは，こうした植民地主義的で暴力的な征服と支配の実践であり，たとえ「自然／人間」の二元論に代わる存在論が打ち立てられても，そうした征服と支配の実践がそのまま温存されてしまっていては何の意味もない。そこには，ただ相互に撲滅し合う不毛な暴力の応酬が蔓延するだけの未来しかない。「人新世」時代にあって求められているのは，単に近代の「自然／人間」の二元論に代わるというだけでなく，そうした植民地主義的で暴力的な実践を封じ込める存在論なのである。

　もちろん，近代の内と外の緊張関係の中で近代を問うてきた文化人類学の実践も，一歩間違えば，植民地主義的で暴力的な征服と支配の実践になってしまう。たしかに，文化人類学は 20 世紀初頭に，植民地主義的で暴力的な進化主義人類学を批判し，文化相対主義を掲げることから始まった。近代の論理や価値観などを人類に普遍的な基準として設定し，そこからの逸脱を能力の欠如とすることで，グローバル・ネットワークの外部で近代とは異質なさまざまな生活実践を生きている人々を序列化し，近代人を頂点とする人類進化の過程に仕立て上げる進化主義人類学

は，植民地主義的な実践に他ならない。多様な生活実践としての諸文化に優劣はなく，それぞれに独特なものとして尊重されねばならないとすることで，文化相対主義はそうした進化主義人類学に果敢に挑戦した。しかし，1980年代以後，とくに21世紀に入ってからは，第3章と第4章で詳しく紹介するように，文化相対主義を掲げる文化人類学にも，「自然／人間」の二元論に基づく支配と管理の実践になってしまう危険性が指摘されてきた。

　近代のグローバル・ネットワークにおいては，先にみたように，自然の秩序と人間の秩序を混同する非合理的な文化から離脱することで，「自然／人間」の二元論的な世界を実現することが目指される。そのため，人間と非人間を結びつけてネットワークを構築する正当な実践として認められるのは，人間の秩序と切り離された自然の秩序を自然法則として明らかにしようとする科学の実践か，人間の秩序である理性にのみ従って社会を築く政治の実践に限られる。また，そのネットワーク構築の根拠として認められるのも，科学の実践によって明らかにされる自然法則か，政治の実践によってつくられる法に限られる。その結果，動物と人間を混同した神話や伝説をはじめ，自然現象を人間の意志で変えようとする呪術など，自然の秩序と人間の秩序を混同している文化は，人間と非人間を結びつけてネットワークを構築するための正当な実践としても，その正当な根拠としても認められることはなくなってしまう。

　この前提があるため，「自然／人間」の二元論的な世界を目指す近代のプロジェクトに従っている限り，文化相対主義によって多様な生活実践としての諸文化が尊重されるとしても，それは科学の実践が明らかにする自然法則，もしくは理性に基づく政治の実践によってつくられる社会の法と矛盾しない限りのことでしかない。こうして多様な生活実践としての諸文化は，近代科学が明らかにするたった一つの自然の多様な解

釈（伝統的な神話や伝承）として近代科学に従属し，理性に基づく近代社会の法と矛盾しない限りで許容される慣習的実践（伝統的な習慣）として，その法をつくる近代的な政治に従属することになる。その結果，多様な生活実践としての諸文化は，独特な生き方として尊重されつつも，その「正しさ」が科学と政治によって一方的に判定される客体として，科学と政治の支配と管理のもとに編入されてしまう。

　こうして近代の科学と政治の実践は，人間と非人間を結びつけてグローバル・ネットワークを構築する唯一の「正しい」やり方として正当化され，非合理的な諸文化の歪みを矯正して啓蒙する主体の立場に立つことになる。その逆に，諸文化はどんなに尊重されても，それはあくまで科学と政治の実践が自然の真理と社会の法に即して「正しい」と認める範囲の中でのみ尊重されるのであって，自らの実践の正当性を自らの基準で示すことはできなくなり，その正当性の主張には自然法則と社会の法からの裏付けが不可欠になる。もちろん，文化にも「正しさ」は認められる。しかし，それは近代の科学と政治が認める「正しさ」と一致する場合に限られ，一致しない場合には，尊重されるとしても，現実のネットワークを構築する正当な根拠にはならない。人類の想像力の豊かさを示す貴重な財産ではあるが，現実の世界を生み出すには危なっかしい「おとぎ話」や「迷信」とされてしまうのである。

　さらに加えて，その諸文化をある人々の第二の本能のような本質として描き出したうえで，その人々が自らすすんでその「文化」に自己同一化するように仕向け，その「文化」から逸脱することがないようにしてしまえば，科学と政治の主体としての近代人に支配される客体として，その人々を効率的に支配して管理・統治することができるようになる。科学と政治の支配と管理のもとに組み込まれた「文化」の実践に自己同一化した人々は，ネットワークでの「正しさ」の基準である自然法則と

社会の法にすすんで従うようになり，それが当たり前なことになるからである。「自然／人間」の二元論に従って，「たった一つの自然の多様な解釈」もしくは「社会の法に従う慣習的実践」としての「文化」をある人々の第二の本能のような本質としてしまえば，たとえどんなにそれぞれの「文化」が尊重されるとしても，グローバル・ネットワークの外部に生きる人々を一方的に併呑して支配と管理のもとに置いてゆく植民地主義的で暴力的な征服と支配を加速させることになりかねない。

　それでは，植民地主義的で暴力的な征服と支配にならないように，グローバル・ネットワークの外部で営まれる近代とは異質な生活実践の論理をその内部の近代の論理と交錯させることで近代を問うためには，どうすればよいのだろうか。「自然／人間」の二元論に基づく「文化」が植民地主義的で暴力的な征服と支配の道具になってしまうのならば，どのような存在論に基づいて文化を捉え直せばよいのだろうか。あるいは，文化という概念に代えて，何か新しい概念を考案した方がよいのだろうか。「人新世」時代において文化人類学に求められているのは，植民地主義的で暴力的な征服と支配を加速させることがないように文化の概念を再編成することを通して，「自然／人間」の二元論に代わる存在論を提示することなのである。

## 4. 本書の目的と射程

　こうした両刃の剣のような文化人類学の実践の危うさが指摘された1980年代以来，今日に至るまで，文化人類学では文化概念の再編成を通した「自然／人間」の二元論の再検討が進められてきた。この文化人類学の挑戦は，ここで検討してきたように，「人新世」時代にあってますます重要性を増しつつある。本書が紹介するのは，そうした文化人類学の挑戦である。

　この文化人類学の挑戦によって再検討されている「自然／人間」の二元論は，本書の第3章で解説するように文化が人類の生活実践の全般を広く包含する概念であるため，多様な生活実践の領域ごとに相互に重なり合う多様な対立軸のかたちであらわれる。「自然／文化」をはじめ，「科学／文化」，「経済／文化」，「物質／精神」，「感情／理性」，「家族／社会」，「公／私」，「真理／虚構」，「世俗／宗教」，「野生／馴化」など，「自然／人間」という近代のプロジェクトが目指す根本的な二元論的世界は多様なかたちでグローバル・ネットワークに遍在し，私たちの思考や行為の枠組みをかたちづくりながら近代の制度を基礎づけている。そのため，「自然／人間」を問い直す文化人類学の具体的な作業は，これら多様な二項対立のかたちであらわれるさまざまな概念をネットワークの隙間で息づく外部の論理から一つ一つ丁寧に問い直し，それら私たちにとって当たり前になっている近代の概念を再編成しながら新たな概念を生み出してゆくかたちで行われることになる。

　もちろん，こうした多様な文化人類学の挑戦のすべてを紹介することは，本書の能力を超えている。そこで，本書では，文化を中心に，「人新世」時代の問題と密接な関係にあるいくつかの概念に絞って議論を展開することになる。

　まず，本書の前半，第2章から第4章では，文化にテーマを絞り，「人新世」時代において文化という概念にどのような問題があるのかについて検討する。この文化という概念をめぐる問題の検討につづいて，本書の中盤，第5章から第10章にかけては，「自然／人間」の二元論に基づくいくつかの概念が取り上げられ，それらをネットワークの隙間に息づく近代の外部の論理で問い直すことで，「自然／人間」の二元論に代わる新たな存在論を探究する文化人類学の試みが紹介される。さらに，本書の後半，第11章から第14章では，文化概念の再編成，さらには文化

に代わる概念の探究が紹介される。最後に，第14章では，こうした文化概念の再編成や文化概念に代わる新たな理論的枠組みに基づくフィールドワークの実践はどのようなものになり，そこにどのような可能性があるかが検討される。

　本書で紹介される「人新世」時代の文化人類学の挑戦は，現在進行中の出来事であり，どの立場，どの枠組みが正しいかは，現時点で推し量ることなどできはしない。それは歴史によって裁定されることになるだろう。しかし，「自然／人間」の二元論や文化の概念をはじめ，グローバル・ネットワークの内側で生きている私たちが当たり前だと考えている思考の枠組みをその外側で息づく論理で問い直す文化人類学の挑戦は，私たちが従ってきた近代の枠組みが根本から揺るがされている「人新世」時代にあって，ますます重要になりつつある。私たちが常識として無反省に従っている思考や行為や制度の枠組みを疑い，別の世界がありうる可能性に想像力を馳せることは，この「人新世」時代を生き抜いてゆくためには，むしろ不可欠であるとさえ言えるだろう。本書で紹介する人類学の挑戦，近代の内と外の緊張関係の中で近代を問う批判的視点が読者の思考を刺激する一つのきっかけになれば幸いである。

# 2 | 人新世とグローバリゼーション

湖中　真哉

《**目標＆ポイント**》　人新世とグローバリゼーションは，今日の人類が置かれた状況と人類がたどってきた道を語る際によく用いられる概念である。この二つの概念はどのような意味をもつ概念なのだろうか。そして，この二つの概念によって今日わたしたちが生きる世界の現状はどのように理解できるのだろうか。そして，両概念はどのような関係にあるのだろうか。本章では，主に気候変動の問題を取り上げながら，この二つの概念を理解することを通じて，今日の人類の在り方についての理解を深めることを目指す。

《**キーワード**》　人新世，グローバリゼーション，気候変動，グレート・アクセラレーション，緩和策と適応策

## 1. グローバリゼーションの時代

### （1）グローバリゼーションは何をもたらしたか？

　グローバリゼーションとは何だろうか。この概念は，地球規模の一体化現象を表しており，最初に用いられたのは，1960 年代であるが，一般にも広く用いられるようになったのは冷戦体制が崩壊した 1990 年代である。この時期にグローバリゼーションの起点となる三つの大きな転換が起きた［Eriksen 2007: 3-4］。第一に，冷戦時代の政治イデオロギーによる縛りが緩むようになり，それに代わって，権力を掌握するために民族的・宗教的アイデンティティを利用して対立を新たに煽り，民衆を動員することが盛んになった。第二に，冷戦体制が崩壊したことにより，

旧社会主義・共産主義陣営や発展途上国も市場経済に組み込まれ，その結果，地球規模の単一市場経済ネットワークが形成されるようになった。第三に，冷戦期の米軍の軍事通信技術が民生転用されたことによって，TCP/IP プロトコルによるインターネットの情報ネットワークが国境を越えて世界中を結びつけるようになった。

　つまり，冷戦体制崩壊後，世界中で相互依存関係が著しく強まり，社会や文化の在り方が大きく流動化することになった。その結果，権力，資本，情報のフロー（流れ）が国境の壁を越えて文字通り地球規模に拡大したのである。グローバリゼーションを牽引しているイデオロギーは「新自由主義（neoliberalism）」と呼ばれる。これは，人々を自発的な市場競争に誘う環境を整備することによって，最小限の政体による最大限の統治を実現する考え方である。特に誰か独裁者に支配されなくとも，幼い頃から学力テストやスポーツの競争にさらされ，日々ネット上のフォローや口コミやレビューを株価のように気にしながら生活し，「コスパ抜群」が大好きなわたしたちは，誰もが市場競争の奴隷であり，この新自由主義に骨の髄まで毒されている。

　初期のグローバリゼーション研究は，グローバリゼーションを比較的肯定的に捉えていた。確かに，インターネットは世界中を結びつける情報ネットワークをつくりあげたし，国境を越えて人やものや情報が往き来するようになった。人類学でも文化の流動性や混淆性が研究テーマとしてとりあげられた。しかし，今日，少なくとも人類学者の多くが関わってきた周縁社会について言えば，グローバリゼーション初期の楽観的な見通しは現実感を失い，それに代わって新自由主義的グローバリゼーションがもたらしてきた多くの悪影響が世界各地で顕在化してきた。グローバリゼーションは，世界に経済的繁栄ではなく富と権力の集中による格差拡大をもたらし，貧困層がプレカリアート（使い捨て労働者）化

した。経済を優先するあまりに社会や文化や福祉が切り捨てられ，インターネットは事実に基づかないフェイクニュースと攻撃であふれるようになった（**第 10 章参照**）。

## （2）逆流するグローバリゼーション

　こうしたグローバリゼーションがもたらした悪影響への民衆の不満は，2016 年に一気に顕在化した。この年には，イギリスで EU 離脱の国民投票が可決され，アメリカでは他者排斥主義的な政策を掲げるドナルド・トランプ大統領が当選した。エマニュエル・トッド［2016］は，こうした現象を，グローバリゼーションがもたらした悪影響に対する不満が「グローバリゼーション疲れ」として噴出したものとして分析している。こうした他者排斥主義は，世界各地で盛り上がりを見せており，わが国と近隣東アジア諸国の間にも同様の動きがある。つまり，国境を越えて世界中を結びつけようとするグローバリズムの流れが，今度は，国境を強化する反動的なナショナリズムの流れへと反転し，各国家の内部に向けて逆流し始めたのである。

　ただし，こうした現象を，道徳的な観点から，「他者への寛容が失われた」と嘆くだけでは不十分である。他者排斥型ナショナリズムに傾倒する人々は，マイノリティーや移民等の低所得者の増大に危機感を抱いている。そして，その危機感がいつの間にか文化的アイデンティティの防衛へと転化する。EU 離脱やトランプを支持した有権者の動機は経済的理由ではなく文化要因だったという指摘もある。グローバリゼーションの負の影響力がもたらす問題が，道徳的・感情的・文化的操作によって，ナショナル（内）がよくて，グローバル（外）が悪いという二分法にいつの間にかすり替えられてしまうのである。こうして恐怖心が文化と結びついた他者排斥型ナショナリズムが隆盛をみせているのは，グ

ローバリゼーションに対する恐怖や反発があるからである。アルジュン・アパドゥライが言うように，マイノリティーは，民族的に純粋と仮定されている国家が完全なものでないことを，絶えず思い起こさせる存在であるがゆえに暴力的に排除される。アパドゥライ［2010: 69-70］はインドの紛争について述べている。「これらの暴力の理由は，昔からの嫌悪でも原初的な恐怖でもない。そうではなく，これらの暴力は，新しく現れつつある，不確かなものを祓い除こうとする努力なのである。その不確かなもののひとつの名はグローバリゼーションである」。

　それでは，グローバリズム（外）を排斥してナショナリズム（内）に回帰することでグローバリゼーションの問題は解決するのだろうか。ここで思い切って内と外を対比する見方を捨ててみよう。クリフォード・ギアツ［2014: 312］が言うように，グローバリズムとナショナリズムは一見対立しているようにみえるが実はつながっている。国家は世界資本主義のグローバルな相互依存関係の中にあり，グローバリズムがあってはじめてナショナリズムがあり得る世界にわれわれは生きている。一方，それぞれの国家が資本主義ユニットとして機能しているからこそグローバル経済が機能するのであり，グローバリズムはナショナリズムに依存している。つまり，グローバリズム（外）とナショナリズム（内）を対比する二元論的な見方にそもそも問題があり，内と外は不可分につながっているのである。トランプ大統領は就任演説で「米国製品を買い，米国人を雇用する」と訴えたが，支持者らがかぶっていた「Make America Great Again（アメリカを再び偉大な国に）」と書かれた赤い野球帽は，皮肉にも，中国，ベトナム，バングラデシュで生産されたものであった。

## （3）人類史からみたグローバリゼーション

　これに対して，わたしたちはそもそも人種的に日本人であり，グロー
バリゼーションが進んでも，その民族としての純粋性やアイデンティ
ティは疑い得ないという反論があるかも知れない（第 4 章参照）。人種
とは，肌の色等の身体的特徴に基づいた人間の分類であり，白人，黒人，
黄色人種の三分法が一般に流布している。しかしながら，肌の色に基づ
いて人間を区別することに，科学的な裏づけは存在せず，現在の自然科
学者は，人種という概念は生物学的には定義できないと考えている。肌
の色のようなあいまいな基準とは違った方法で，日本人の起源をたどる
科学的に有効な方法がある。DNA の解析である。

　分子人類学は，DNA の解析によって，人類史の研究に飛躍的な成果
を挙げている。分子人類学者の篠田謙一 [2015] は，現代日本人の DNA
の解析に基づいて，日本人の特徴は，長期にわたって独立した非常にピュ
アな集団であるという認識に疑問を呈している。日本人は，ミトコンド
リアや Y 染色体の DNA から見れば，周辺地域には見られない非常に大
きな多様性を保持し続けている珍しい集団であるという。篠田は，この
多様性の保持には，集団の形成史の中で，他の集団を消し去るような出
来事を経験することなく，来るものを拒まなかった寛容な社会のありよ
うが存在したように思えると言う。そうであれば，日本人の独自性を排
外主義的に守ろうとすることが，いかに矛盾した振る舞いなのかが理解
できよう。日本列島はいわば袋小路のような地域で，北には北東アジア，
南には東南アジア，本土には朝鮮半島や中国地域との関係があり，さま
ざまな由来をもつ人々が混淆して，長い時間をかけて今に至る集団が形
成された。わたしたちの「内」なる DNA には，そもそもアジア各地か
らの多くの「外」が刻み混まれており，それに学べば，むしろ，逆に異
質な他者を受け容れることが，わたしたち日本人のアイデンティティの

核だという考え方もあり得るだろう。

　その日本人の起源をさらに過去にたどっていくと，アフリカにたどり着く。DNA 解析と化石の証拠によって，わたしたちの祖先は 600〜700万年前に，アフリカでヒトとチンパンジーやボノボの共通祖先から分岐したことが明らかになっている。そして，複雑な進化系統関係を経て，進化を遂げたホモ・サピエンスの祖先は約 7 万年前からアフリカを出て全世界に拡がり，さまざまな経路から日本列島につぎつぎとたどり着いたのである。人類史的な規模で見れば，ホモ・サピエンスがアフリカを出発して地球の各地に拡がったことが最初の大きなグローバリゼーションと呼び得るかも知れない。いくら国境や壁を打ち立てて，いくら自己の民族の純粋性や優越性を主張したり，それに基づいて他者を排斥したりしたところで，わたしたち人類はその起源において単一であることについて研究者の見解は一致している。人類進化の道程は，人間集団の内側と外側を区切って，純粋な特徴を備えた均質な集団を構築しようとする努力には自ずと限界があることを示しているように思われる。

## 2．人新世の時代

### （1）グレート・アクセラレーション

　次に，グローバリゼーションから人新世に目を転じてみよう。人新世という概念は，人間が原因となって地球に及ぼす影響が，今や地層年代的な水準に達していることを示している。それでは，そうした事態はいつから始まったのだろうか？　パウル・クルッツェンとユージン・ストーマーが人新世の概念を提唱した最初の論文では，彼らは，人新世が始まった時期を 18 世紀後半，特に，ジェームズ・ワットが蒸気機関を発明した 1784 年と考えていた。これは，人類が化石燃料を利用して産業を興し始めた時期でもある。

　パウル・クルッツェンも参加し，ドイツのダーハムで 2005 年に開催
されたワークショップでの議論では，人類が地球に与える影響が加速度
的に増加したことを示す「グレート・アクセラレーション（great accel-
eration：「大加速」を意味する）という概念が用いられた［McNeill and
Engelke 2016］。当時の参加者が共鳴したのが経済人類学の基礎を築い
たカール・ポランニー［1975］の古典的著作『大転換（グレート・トラ
ンスフォーメーション）』であった。ポランニーは，マルクスとは異な
る人類学的見方から資本主義社会を批判した。彼は，人類学者のフィー
ルドワークによる研究成果から着想を得て，市場経済を最優先に考える
のではなく，社会に埋め込まれたものとして捉える見方を提唱したが，
この会議の参加者達は，人類が原因となった生態学的な変化は，ポラン
ニーと同様，社会に埋め込まれたものとして捉えるべきだと考えていた。
　現在では，このグレート・アクセラレーションが始まった時期を，第
二次世界大戦が集結した 1945 年と捉え，その影響が顕著になったのが，
その後 5 年が経過した 1950 年と考えるのが一般的になっている。1950
年以降，人類と地球に一体何が起こったのだろうか？

### （2）社会と自然から突出したグローバル経済

　ウィル・ステッフェンらの研究グループは，産業革命初期から現在ま
での間に人間の活動の変化がどのように変化したのかをいくつかの指標
を用いて調査した［Steffen et al. 2004］。1750 年から 2000 年までの期
間に，人口，都市人口，実質 GDP，海外直接投資，ダム建設数，水，
肥料，紙の消費量，マクドナルドの店舗数，自動車数，電話数，海外旅
行者数が世界中でどのように増加したのかをみると，いずれも 1950 年
頃を境としてカーブを描いており，まさしく「大加速」が見られる。
　ステッフェンらは，地球システムがこうした人間の活動の結果，どの

ように変化したのかについても調査した。大気中の二酸化炭素・一酸化二窒素・メタンの濃度，オゾン層の破壊，北半球の平均表面温度，大洪水の頻度，漁獲量，エビ養殖生産量，窒素流出量，熱帯雨林の消失量，耕地等の拡大，生物種の絶滅数は，やはり 1950 年頃を境として同様に大加速というべき増大を示している。

　人類の経済活動の大加速と地球に生じた変化の大加速のカーブが 1950 年頃から突如として始まってうなぎ登りになるパターンで一致していることははたして何を意味しているのだろうか。もちろん，それは，地球に大きな変化をもたらしたのが人類の経済活動であることに他ならない。わたしたちが，人間的世界の「外」にあると考えていた地球環境は，実は，わたしたちが創り出したものでもあったのである。グレート・アクセラレーションが始まったのは，1950 年代だが，それがさらに急勾配を描いて急上昇するのは，地球規模の一体化現象であるグローバリゼーションが始まった 1990 年代である。この意味で，人新世は，グローバリゼーションがもたらした地球への影響力を表した概念とみることができるかもしれない。

　カール・ポランニーは，わたしたちが生きている資本主義社会は，人類史的にみれば，社会の中で経済だけが突出したある種異常な社会であることを指摘したが，大加速のカーブはまさに突出している。つまり，グレート・アクセラレーションは社会と自然を突き抜けて，人類と地球の歴史を一挙に塗り替えてしまい，人新世という新しい地質年代を創り上げたのである。

## （3）人新世から資本世へ

　グレート・アクセラレーションが始まったのと同じ 1950 年代にレスリー・ホワイトというアメリカの人類学者は，新進化主義を唱えた。彼

は，人類の文化の進化を E × T ＝ C という定式で表した。1 年間に一人当たりが利用するエネルギーの量（エナジーの E）と，道具（ツールの T）の質を掛け合わせたものが，文化（カルチャーの C）の進化の程度を表現するというのである。しかし，エネルギーを多く浪費したほうがより優れた文化をもつという考えは，当時のアメリカ人の浪費的な消費文化を反映したものに過ぎない。このように自分の文化の基準で世界の文化に優劣をつけるような新進化主義は，今日の人類学では否定されている。それにもかかわらず，人新世が語られる際にも，いつの間にか人類全体がひとくくりにされてエネルギーを消費する動物として捉えられてしまう傾向があることを，人類生態学者のアンドレアス・マルムらは批判している。

　途上国や先住民の社会は必ずしもエネルギー消費型の社会ではない。こうした社会では，市場での利益ではなく自給自足を目的とする「生業経済（subsistence economy）」が基調であり，ポランニーの言い方を借りれば，経済が社会に埋め込まれている。マーシャル・サーリンズ［1984］は，こうした社会は，際限なく利益を追求する市場社会とは異なり，必要な消費量以上には生産しない「過少生産構造」の特徴を持つと述べている。つまり，彼らの社会は，もともと「持続可能な社会」だったのである。

　人新世の重要な要素を占める地球規模の気候変動を例に取ろう。そもそも二酸化炭素の排出量が多いのは，中国，米国，インド，ロシア，日本，ドイツ等であり，人類学者が主な研究対象としてきた極北，太平洋諸島，アフリカ等の社会は比較にならないほど少ない。「現在のサヘル地域の遊牧民の生業経済とカナダ人の平均的経済のエネルギー消費量の差は，1,000 倍以上である［Smil 2008: 259］」。人新世を引き起こしたのは人類の爆発的な経済活動であるが，それは資本主義が発達した現在

の先進国に限られる。

　このように人新世に責任があるのは，主に先進国であるにもかかわらず，その結果起こる災害に現在最も苦しんでいるのは，途上国の社会や先住民の貧しい社会である[Chakrabarty 2015: 139]。チャクラバルティが言うように，「気候変動による影響は，われわれがすでにもつグローバルな不平等によって媒介されている [Chakrabarty 2012: 9]」。気候変動に対してはさまざまな懐疑論もあるが，こうした社会を研究してきたアメリカ人類学会は，2015年にはっきりと声明書を公開している[American Anthropological Association 2017]。気候変動は，まやかしでも未来の危機話なのでもなく，現実であり，アメリカ内外の人類に影響を及ぼしているのだと。

　そのように考えると「人新世」といっても，人類全体におしなべて原因があるかのような捉え方はそもそも間違っていて，こうした事態を引き起こした資本主義に原因があると考えるほうが適切だと考える研究者もいる。アンドレアス・マルムら [2017] やジェイソン・ムーア [Moore 2016] は，人新世ではなく，「資本世（capitalocene）」と呼ぶべきだと主張している。ムーアは，ちょうど低賃金で労働者をこき使うみたいにして，「安上がりな自然（cheap nature）」を搾取することによって資本主義社会は成長してきたことを指摘している。

## 3．人新世とグローバリゼーション

### （1）ホモ・セントリックとゾーエー・セントリック

　それでは，人新世とグローバリゼーションはどのような関係にあるのだろうか。歴史学者のデペッシュ・チャクラバルティ [Chakrabarty, 2012] は，IPCC（Intergovernmental Panel on Climate Change：気候変動に関する政府間パネル）が2007年に報告書を刊行することがなけ

れば，人類にとっての最重要課題は，おそらくグローバリゼーションで
あり続けただろうが，気候変動が新たな問題を付け加えたのだと述べて
いる。

　彼は，19 世紀以降のグローバルな志向性をもった学問領域の動向の
中には，三つの人間像があるという。一つ目の見方は，普遍主義的・啓
蒙主義的な人間に対する見方で，人間はどこでも潜在的に同じで，権利
をもった主体だと見る。二つ目の見方は，ポストコロニアル・ポストモ
ダンの人間に対する見方で，人間は同じではあるが同時に違ってもいて，
階級，セクシャリティ，ジェンダー，歴史等のいわゆる「人類学的差異」
を兼ね備えていると見る。三つ目の見方は，人新世時代の人間像で，人
間を，地質学的な力を地球に及ぼし，21 世紀の気候を変化させている
存在として見る。これらの人間像は，どれかひとつだけが正しいという
ようなものではなく，ばらばらに並立しており，同時に矛盾するように
して現れてくるという。

　チャクラバルティ［Chakrabarty, 2015］は，2015 年イエール大学で
の有名な講演で，グローバリゼーションと気候変動についてさらに考察
を深めている。彼は，まず，気候変動により責任があるのは二酸化炭素
の排出量が多い先進国であり，この意味で気候変動は，グローバリゼー
ションがもたらす不平等の歴史に位置づけられることを指摘する。その
上で，彼は，気候変動を，人類という種の内部における権力関係や差異
の問題として理解するだけでは不十分であるとも述べている。そこで，
チャクラバルティは，グローバリゼーションと気候変動は異なった出発
点をもっていることに着目する。グローバリゼーションが語られる際に
は，賞賛される場合も批判される場合も，中心となるのは人間である。
グローバリゼーションの語りにみられる見方は，「ホモ・セントリック
（homocentric：「ヒト中心的」という意味)」なのである。これに対し

て，気候変動の科学では，人間は，地球や生命の自然史という，より広い舞台の中に登場する。人間ではなく，生命を主な関心とする見方は，「ゾーエー・セントリック（zoeentric：「生命中心的」という意味)」である。例えば，人間が火星に移住することを考えてみよう。ホモ・セントリックな観点に立てば，ブルドーザーや農業関連産業によって，火星を人間が住めるように地球化（terraforming）する必要があるということになる。しかし，ここに欠けているのは，生命という視点である。ゾーエー・セントリックな観点に立てば，最初に行うべきは，火星をバクテリアにとって快適な惑星にすることであるだろう。つまり，人新世がグローバリゼーションに付け加えた新たな視点とは，このような「ゾーエー・セントリック」な問題の捉え方の必要性なのである。

### （2）人新世に対して人類はいかに立ち向かうべきか？

　今日，人新世が頻繁に話題にのぼるのは，人類が原因となった地球環境への影響が，人類の生存に対しての危機を招くかも知れないからである。人類は人新世時代をどのように生きたら良いかについては，研究者の間でも見解が分かれており，現在も激しい論争が繰り広げられている。人新世はダーウィンの進化論に匹敵する画期的な概念だと述べる研究者もいれば，科学的というより政治的概念なので使用をやめるべきだという研究者もいる。先にみたように，「資本世」等の人新世に代わる別の概念を提唱する研究者もおり，「○○新世」の長いリストが更新され続けている。荒れ狂う地球で生きていくことを悲観したり諦めたりする人々もいれば，これに立ち向かうべきだという人々もいる。

　最も極端な人新世への立ち向かい方は，この概念を提唱した一人であるパウル・クルッツェンによって提唱されたものであろう。彼は，成層圏にエアロゾルを注入することで，いわゆる地球温暖化を抑制する地球

工学的アプローチを主張している。人類が傷つけた荒れ狂う地球を，人類が地球をさらに人工的に改造し，機械のように統制することで，人類の生存を可能にしようとするこうした発想には，倫理的な反発も多い。またもしその「副作用」が地球に起こったとしたら，他生物を含めてその責任を誰がどう取るのかは極めて大きな問題である。筆者が気になるのは，この方法がしばしばコスト面で安上がりだと主張されている点である。こうした発想は，先に述べたとおり，グローバリゼーションのイデオロギーである新自由主義に他ならず，技術がいくら新しくても，人間の側の発想は決して新しくないと感じられる。

　もちろん，人新世に対して人類がいかに立ち向かうべきかという問いに，唯一正しい正解はなく，一人一人が考えていく他ないが，ここでは，気候変動を例にとり，その影響が被害をもたらしている東アフリカ遊牧社会で調査研究を継続してきた一人の人類学者としての私見を述べたい。

　気候変動への取り組みというと，人々の多くはおそらくエコバッグを持参したり，電気自動車に乗ったりすることを思い浮かべるのではないだろうか。確かに，現在の地球規模の気候変動の原因となっているのは人類が経済活動によって排出した二酸化炭素であり，その排出を削減する戦略は，原因への取り組みとして有効である。気候変動の研究では，それらは「緩和策（mitigation strategy）」と呼ばれる。

　しかし，気候変動への取り組みは，こうした緩和策だけではない。気候変動の原因そのものにアプローチするわけではないが，気候変動がすでにもたらした影響に対して取り組む「適応策（adaption strategy）」と呼ばれる戦略も必要である。例えば，バングラデシュは気候変動の影響により洪水に苦しんでいるが，洪水でも勉強できる「水に浮かぶ学校」が適応策として試みられている。国際的な二酸化炭素の排出削減への取

り組みは難航している。パリ協定は気候変動に対する画期的な成果として世界から祝福されたが，世界第2位の二酸化炭素排出国であるアメリカのトランプ大統領は，2017年にパリ協定から離脱を表明した。また，今後排出を削減したとしても，すでに大気中に放出されている二酸化炭素によってすでに水害や旱魃が頻発し，地球上の特に脆弱な立場にある社会を苦しめている。太平洋の島嶼やバングラデシュでは海面上昇による水没が，アフリカの乾燥地帯では旱魃が，極北では氷河の融解が進んでおり，すでに多くの人々の生活に多大な悪影響を与えている。

　気候変動の最も直接的な被害者である彼らに必要なことは，すでに発生している気候変動による被害を少しでも軽減することである。例えば，成人病が原因で瀕死の病人に対して必要なのは点滴や酸素マスクによる応急処置であり，病人にジョギングや健康食を勧めるのは間違っている。わたしたちがいくらエコバッグをもち電気自動車に乗ったところで，あるいは二酸化炭素排出に税金をかける炭素税を導入したところで，すでに気候変動に苦しめられている地球上の弱者をただちに救済することはできない。

　2005年にアメリカのニューオーリンズを襲ったハリケーン・カトリーナは，気候変動が原因かどうかについては異論もあり，慎重に議論する必要があるが，少なくとも，気候変動によってこうしたタイプの災害が増加する可能性はやはり高くなっていると言える。カトリーナは，ヨーロッパ系の住民よりアフリカ系の居住環境により大きな被害をもたらした。それはなぜか？　アフリカ系の貧困層は，低地にすんでいたが，そこにしっかりした堤防がつくられず住居も脆弱だったからである。地球上の大気を変化させるには莫大な資金と時間が必要であるが，適応策として堤防を建設することならすぐに可能なはずである。すぐできるはずの適応策が行われないのはなぜか？　それは，グローバリゼーション

の結果，わたしたちの世界には著しい格差が開いてきたからに他ならない。地球規模の課題に取り組む国連の目標 SDGs（**第 5 章参照**）でも「誰1人取り残さない」ことが課題として掲げられている。人類学者のシェパー＝ヒューズ（Scheper-Hughes, 2014：220）は，当時，イリノイ州議会上院議員だったバラク・オバマの言葉を引きながら述べている。「ニューオーリンズの人々はただハリケーンに襲われた時だけ見捨てられてきたのではない。ずっと昔から見捨てられてきたのだ」。

### （3）まとめ　地域社会に根差した適応策へ向けて
　IPCC の第 48 回総会は，2018 年 10 月に韓国の仁川で開催され，『IPCC 1.5℃ 特別報告書』が受諾された［IPCC 2018］。この報告書によると，産業革命前より地球の温暖化が 2 ℃ 進んだ場合，1.5℃ の場合と比べ，社会や生態系への影響が著しく深刻になるという。温暖化を 1.5℃ にとどめるには，これまでに経験したことのない大変革が社会のあらゆる面で求められるとしている。
　しかし，わたしたちの社会ではそのような大変革は起こっていない。ブルーノ・ラトゥールは，いささかの皮肉を込めて次のように言っている。「わたしたちは科学を否定していない者でさえ，みんなまだ気候変動の懐疑論者のように振る舞っている」。科学的には今のような日常生活を送っていると必ず危機が訪れることがわかっているのに，新自由主義的グローバリゼーションにどっぷり浸かったわたしたちは，それをやめずに続けている。それならば，懐疑論者でなくとも，「気候変動などまやかしだ」というトランプ大統領のような懐疑論者と結局同じことになりはしないか？
　少なくとも，わたしたちは，劇的な変革を考えるのみならず，すでに起こりつつある危機にどう対処したら良いかを考えなければならない。

今後，わたしたちは，エコバッグや電気自動車のような緩和策だけでなく，適応策，特に地球上の脆弱な立場の人達に対する適応策にも目を向けていく必要があるのではないだろうか。IPCC の報告書でも，緩和策一本槍ではなく，緩和策と適応策を組み合わせることが推奨されている。日本でも気候変動の影響が最も懸念されるのは，最も地球環境から直接的な影響を受けやすい農山漁村の地域社会である。例えば現在リンゴや温州ミカンを育てている地域は，気候が変わると，栽培できなくなる可能性があり，農林水産省によっても適応策が検討されている。第 14 章で触れるように，イノシシやシカによる獣害の増加も気候変動によって増加している可能性がある。日本の地方の社会は，もともと人口減少や過疎化によってすでに大きな打撃をうけている上に，さらに気候変動の影響が大きくなるとどうなるだろうか。もともと課題が山積みの脆弱な地域で災害が深刻化するのであり［ホフマン・オリヴァー＝スミス 2006：14-15］，それに対する適応策が重要である。つまり，筆者が人新世時代に最も必要だと考えることは，地球規模で，それぞれの地域社会に根差した変化への適応策を地域コミュニティと一緒になって考えていくことである。

　本章では，グローバリゼーションを検討し，ナショナリズム（内）とグローバリズム（外）は，不可分であることを指摘した。グローバリゼーションによって地球上の各地の結びつきが強くなればなるほど，遠くの他者が自己にも影響を及ぼす可能性は高くなる。だからこそ，「人道的危機」といわれる地球上の他者がかかえる著しい困難については，地球規模の取り組みが必要性なのである［湖中他 2018］。人新世についても同じことが言える。人新世という概念は，これまで自然（外）だと考えていた地球環境に，わたしたち人類（内）の影響が及んでおり，人間と自然は不可分につながっていることを示した。つまり，ホモ・セントリッ

クにみた人間と人間の間の関係（グローバリゼーション）についても，ゾーエー・セントリックにみた人間と自然の関係（人新世）についても，内と外は不可分につながっている。その意味で，人新世とグローバリゼーションの時代には，国境を越え，人間界と自然界の境界を越えて，内と外を区別しない新しい人類の在り方が生まれていくのかも知れない。

# 3 | 文化相対主義の悲哀：
近代人類学の「文化」の陥穽

大村　敬一

《**目標＆ポイント**》　20世紀に入って誕生した近代人類学のもっとも大きな功績の一つに，文化相対主義という思想を広めたことがある。今日，この思想に異論を唱える者はいないだろう。しかし，1980年代以後，その文化相対主義も二つの悲劇に見舞われてきた。その一つは，相互理解を阻む不可知論であるとして文化相対主義を批判する立場の登場であり，もう一つは，文化相対主義という名を騙る自文化中心主義の登場である。この悲劇の元凶は近代人類学の「本質主義」に基づく「文化」観にある。本章では，まず，文化とは何かについて解説したうえで，近代人類学の「文化」観の陥穽について考える。

《**キーワード**》　文化，自文化中心主義，文化相対主義，対話，反相対主義，本質主義，民族誌の政治性，オリエンタリズム，同一性の政治

## 1.「生き方」としての文化：人類の謎を解く鍵

　現生人類の進化史には多くの謎があるが，その一つに時間と空間をめぐる謎がある。

　時間に関する謎とは，たった約20万年という進化史的にはあまりにも短い時間で，実に多様で複雑な認知技能を発達させてきたということである。高度な道具使用を伴う産業や技術，言語をはじめ，記号による複雑な伝達や表象，複雑な社会組織や制度など，それらを発明して維持するために必要な認知技能が，遺伝子のバリエーションと自然選択から

なる生物学的な進化のプロセスで一つ一つ生み出されるとするならば，20万年という時間はあまりにも短かすぎる。

　他方で，空間に関する謎とは，大型哺乳動物の中で唯一，全地球のあらゆる環境に自力で拡散して棲息しているということである。6万年ほど前に発祥の地であるアフリカを出てから，現生人類はユーラシア大陸全体に拡がり，約4万5,000年前頃にはオーストラリア大陸に，約1万3,000年前頃にはアメリカ大陸へ，そして約4,000年前頃から1,000年前頃までにかけて南太平洋全域にまで到達し，19世紀には南極大陸，20世紀には宇宙にまで進出していった。その結果，人類は同一の生物種として赤道直下から極地にいたるまで，あらゆる環境に分布するようになっている。これほど多様な環境に同一の生物種として自力で拡散して分布している大型哺乳動物は現生人類以外にはみられない。

## （1）生物学的機構の延長としての文化

　この時空間をめぐる人類の謎を解く鍵が文化である。他の哺乳動物の場合，身体の仕組みそのものである生物学的な機構を変化させて環境に適応し，その変化を身体の仕組みや遺伝情報に蓄積して継承するため，すでに適応した環境とは異なる環境に適応すると生物学的な機構そのものが変化して別の種になってしまう。そのため，同一の生物種として多様な環境に適応するのは難しく，生息域が限られる。しかも，生物学的な機構の変化には数百万年規模の進化史的な時間が必要とされる。しかし，現生人類の場合，言語をはじめ，文化化の過程を通して後天的に学習される文化を明瞭なかたちでもち，生物学的な適応のみに頼ることなく，文化によって環境に適応してきた。そのため，生物学的な機構を大きく変えることなく，同一の種として地球上の多様な環境に適応することができた。また，環境への適応の方法を含め，一度開発された新たな

技能は文化に蓄積されて継承されるため，新たに発明されて蓄積・継承
される人工物や実践に次々に変更や改良を加えてゆく累積的な過程を通
して，生物学的な進化よりもはるかに短い20万年で，他の動物種には
ない認知技能を発達させることができたのである。

　もちろん，寒冷地適応や高地適応など，人類も生物学的に環境に適応
するのであって，文化だけで適応するわけではない。そもそも，生物学
的な進化に基づく基本的な身体の機構や技能がなければ，文化それ自体
がありえない。この意味で，文化は生物学的な身体の機構や技能を延長
させる仕組みであると言える。道具の多くが手の延長であり，顕微鏡や
電波望遠鏡は目の延長，拡声器や印刷技術は声の延長，電車や自動車を
はじめとする交通手段は足の延長，コンピューターは脳の延長，火は消
化器官の延長というように，文化は人類の生物学的な技能を延長させる。
しかも，人類にあってのみ，道具をつくるだけでなく，道具をつくる道
具を運ぶ運搬手段をつくる道具をつくる情報を伝える道具をつくる……
という具合に，そうした身体の延長を何種類も何重にも柔軟に組み合わ
せてどこまでも延長することができる。文化とは，人類の生物学的な機
構や技能をどこまでも多重かつ柔軟に延長する装置なのである。

　その結果，人類は地球上のあらゆる環境に同一種として棲息するだけ
でなく，生物学的な普遍性を基底で維持しつつ，驚くほどの多様性を示
すようになった。生物学的な機構を基礎に，多様な環境に適応する過程
で生物学的な機構の延長としての文化が環境に応じて多様になるのはも
ちろん，その延長が開発されて発達する際の相互の影響関係や歴史的過
程の偶然性によって，その多様性に拍車がかかるからである。実際，人
類は普遍的に言語を話すが，人類語というものは存在せず，日本語やイ
ヌイト語など，多様な言語のみが存在する。人類に食べない者や裸の者
や住居をもたない者はいないが，衣食住のあり方は驚くほど多様である。

文化は進化史的時間よりもはるかに短期間に生物学的な技能を柔軟にどこまでも延長し，人類の普遍性から多様性を生み出す装置なのである。

　ここに人類が「文化をもつ動物」として定義される理由がある。進化史的な時間をはるかに越えた早さで自らの技能を発達させながら，同一の生物種として全地球の多様な環境に拡散して棲息し，生物学的な普遍性を基盤に多様性を開花させているという他の動物にはない人類の特徴は，自らの生物学的な技能を柔軟かつ多重に延長する装置である文化に基づいているからである。こうした生物学的な機構の延長としての文化をもつ能力こそ，人類のもっとも顕著な特徴であり，その生物学的，神経生理学的，進化史的な仕組みのほとんどは未だ探究の途にあるものの，この能力のことを指して英語では大文字で単数形の Culture（文化をもつ能力）が使われ，その能力に基づいて現実に展開される多様な延長の具体的なあり方が小文字で複数形の cultures（諸文化）と呼ばれる。

### （2）「やり方」としての文化

　それでは，この人類の特徴を基礎づけている「文化」とは具体的にはどのようなものなのだろうか。文化の定義は文化人類学者の数だけあると言われるほど，理論的な立場によって多様であり［cf. Kroeber & Kluckhohn 1952］，これこそ決定的であると言える定義はないが，もっとも包括的で一般的な定義としてしばしば言及される古典的な定義はある。人類学の黎明期にあたる 19 世紀の英国の人類学者，エドワード・タイラー［Tylor 1871］の定義，文化とは「知識，信仰，芸術，道徳，法律，慣習，その他，社会の成員としての人間によって獲得されたあらゆる能力や習慣の複合的全体である」である。この定義から文化は事実上人類の生活のあらゆる側面を覆っていることはわかるが，後天的に獲得された能力と習慣というのでは抽象的でわかりにくい。そこで，ここ

では，食文化を事例に，文化とは何なのかについて解説しておこう。

　人類も生命体の一種である以上，生存に必要な物質とエネルギーを取り込んで廃棄物を排出する代謝と自らのコピーをつくる生殖から逃れることはできない。これらのもっとも生物学的に基礎的な条件の一つである食について，人類は他の生命体にはない奇妙な特徴をもっている。それは，他の生命体の場合には「食べられるもの」はすべて「食べもの」であるが，人類の場合には「食べられるもの」と「食べもの」（常食）が異なっていることである。

　人類にとって「食べられるもの」は意外と数多く私たちのまわりにあふれている。もちろん，水銀やプラスティック，青酸カリ，砒素，コンクリートなどは食べることができない。しかし，米，イナゴ，シイタケ，イワシ，牛，ブタ，ゴキブリ，クジラ，ウジ虫，アリ，果ては人間にいたるまで，私たちに「食べられるもの」はいくらでもある。そうであるにもかかわらず，例えば都会に住む日本人にとってイナゴやゴキブリ，ウジ虫，ましてや人間は「食べもの」でないどころか，それらを食べると考えるだけで吐き気を催すかもしれない。ところが，一昔前の日本や今でも一部の地域でイナゴは「食べもの」であり，アリやゴキブリをはじめとする昆虫を常食にする人々も少なくない。他方で，クジラを食べる私たちやイヌイトに嫌悪感を抱く人々もいる。

　このように人類にとって「食べられるもの」は普遍的だが，その「食べられるもの」から「食べもの」をどのように選ぶのか，つまり「食べもの」の分類のあり方は多様である。ここで重要なのは，ブタや牛が「食べもの」から外される場合に典型的にみられるように，この分類には宗教的信念をはじめとする存在論や価値観が関わっており，分類する人々にとっての世界のあり方が凝縮されていることである。また，昆虫を食べると考えるだけで吐き気をもよおす人がいるように，この分類は生理

的な反応を引き起こすほど「自然化」され，あたかも生物学的な根拠が
ある自然なことであるかのように感じられてしまう。そのため，自分と
は異なる食べものの分類に接すると，自分にとって自然な分類に基づい
た生理的で心理的な反応が引き起こされてしまう。食べものをめぐる分
類はそれほどまでに私たちの身体にすり込まれているのである。

　さらに，私たちは食べられるものから食べものを選ぶだけでなく，そ
の食べものを調達せねばならない。この食べものの調達にも，食べもの
の分類と同じことがあてはまる。食べものの調達は人類に普遍的だが，
野生で自生している食べものを獲ってくる狩猟や漁労や採集をはじめ，
食べものを何らかの方法で育てる多様なやり方，例えば農耕や牧畜，資
本に基づいて産業化されたアグリビジネスなど，それをどのように調達
するかは多様である。このとき重要なのは，その調達にあたって人々が
協力することである。そのため，この食べものの調達には，その協力を
組織化するための社会制度がかかわってくる。また，食べものの分類と
同じように，食べものの調達にも存在論や価値観がかかわっており，例
えば，第11章で詳しく検討するように，イヌイトの狩猟には彼らの存
在論が映し出されている。さらに，野生動物の解体は都会に住む多くの
人々に生理的な反応を引き起こすように，自分とは異なる人々の調達の
方法に接すると偏見が生じることが多い。

　こうした食べものをめぐる人類の普遍性と多様性は，この食べものの
調達に終わらない。調達した食べものを処理して貯蔵しない人類は存在
しないが，どのように処理して貯蔵するかは，乾燥，発酵，冷凍など，
多様であり，そのやり方も存在論や社会組織とかかわっている。もちろ
ん，そうして処理・貯蔵された食べものを料理することは人類に普遍的
だが，どのように料理するかは多様であり，その多様性は人々の社会制
度や社会組織，存在論や価値観と密接に連動し，生理的な偏見を引き起

こすほどに「自然化」されている。さらに，その料理された食べものを誰もが食べるが，どのように食べるかという作法は多様なあり方で自然化されており，そこに存在論や社会制度が密接にかかわっている。最後に忘れてはならないのは，食べた後の後片付け，残り物の処理や掃除，尿や糞などの排泄物の処理であり，これにも同じことがあてはまる。

　こうした食べものをめぐる人類の普遍性と多様性を次のようにまとめることができる。

　(1)　「食べられるもの」から「食べもの」をどのように選ぶか。

　(2)　「食べもの」をどのように調達するか。

　(3)　「調達した食べもの」をどのように処理・貯蔵するか。

　(4)　「処理・貯蔵した食べもの」をどのように料理するか。

　(5)　「料理された食べもの」をどのように食べるか。

　(6)　「食べられた食べもの」の残滓や排泄物をどのように処理するか。

　各項目はすべて人類に普遍的であるが，それぞれの「どのようにか」は驚くほど多様であり，この多様な「どのようにか」，つまり多様な「やり方」が文化である。このことは，人類の代謝（摂取と排泄）だけでなく，自らのコピーをつくる生殖にも，さらには衣食住から哲学的思索や宗教的信念，芸術にいたるまで，人類の営みのすべてにあてはまる。

　もちろん，こうした「どのようにか」という「やり方」としての文化は生理的な反応を引き起こすほどに自然化されているので，そのやり方で生きている人々自身には分からないことが多い。そのため，文化の認識には自己と他者の比較という「外の視点」が必要になる。また，こうした「やり方」の中には，それぞれの人に独特なやり方もあるが，そうした個体ごとの違いは「個性」であって，文化は人々の集合的な「やり方」のパターンを指す。これは文化の一つである言語（どのように話してコミュニケーションするか）に典型的で，例えば私が日本語に飽きて

「大村語」をつくって話しても，それが二人以上で話されない限り，言語ではなく，たわごとである。もちろん，このパターンには方言に典型的なように変異があり，そうした変異を含む緩やかなパターンの集合体が文化と呼ばれる。さらに，文化は蓄積されて次々と改良されてゆくため，世代を超えて継承されつつ変化しながら，それぞれの人類個体が生まれ落ちる際の所与の環境になる。この意味で「流行」とは異なる。

したがって，文化とは，「ある時代にある場所で生きる人々を外から見たときに，その人々によって後天的に学習され，世代を超えて継承されつつ，意図的あるいは意図されずに変わってゆく目に見えるもの（相互行為や社会制度，建物や道具などの物質的所産）と目に見えないもの（存在論や価値観や思考の論理などの観念）の変異を含むパターンとしてあらわれるが，その人々自身には生理的にも心理的にも自然化された「生き方」である」と定義することができる。もちろん，こうした集合的な生き方に優劣はない。それぞれの生き方は人類の重要な特性の一つであり，どの生き方もかけがえのないものである。しかし，それぞれの生き方はその生き方で生きる人々にとって生理的・心理的に自然化されているので，他の生き方に対する偏見が生じやすい。こうした偏見が「自文化中心主義」と呼ばれ，人類史において大きな問題となってきた。

## 2. 文化相対主義の悲哀：対話の忘却と偽りの相対主義

こうした自文化中心主義に敢然と挑んできた学問こそ人類学である。前世紀初頭に誕生した近代人類学が文化相対主義を支柱に文化多様性の尊重を掲げ，異なる価値観に対する寛容の精神を育んできたことはよく知られている通りである。ドイツの哲学者であるヘルダーに源流があるとされる文化相対主義は，その思想伝統を受け継いだアメリカ人類学の父，フランツ・ボアズによって人類学に導入されて以来，人類学を支え

る根本的な理念であり続けてきた。一般に，文化相対主義とは，人類は
それぞれに異なった価値観や存在論に支えられた文化に基づいて暮らし
ており，ある一つの文化の基準によって別の文化を判断するべきではな
く，それぞれの文化の基準に即してそれぞれの文化を理解し，多様な文
化それぞれの独自性を尊重すべきであるとする思想のことを指す。

## （1）近代人類学の成果としての文化相対主義

　この文化相対主義が，20世紀初頭に，それ以前に支配的だった自文
化中心主義的な進化主義人類学へのアンチテーゼとして提唱されたこと
はよく知られている通りである。進化主義人類学は，欧米の価値観や存
在論，つまり文化を人類に普遍的にあてはまる単一の基準として措定し，
その基準に従って欧米近代社会を頂点にさまざまな人類社会を序列化し
てきた。この観点からは，欧米近代社会からみて異質にみえる非欧米社
会の差異は錯誤や人間の本性の欠落とみなされ，それら社会の劣等性の
証であるとされてきた。そして，あらゆる人類社会はいずれは人類の普
遍的な価値観に基づく欧米近代社会に進化するのであって，現在みられ
るさまざまな社会は，その進化の途上にあるとされたのである。このよ
うに自文化中心主義的な普遍主義に基づいた進化主義が人種主義や民族
差別の温床となり，欧米近代社会による非欧米社会の植民地主義的な支
配を正当化する考え方であったことは言うまでもないだろう。

　こうした進化主義に対して文化相対主義は決然と異議を申し立ててき
た。いかなる文化も対等であり，単一の基準で多様な文化を計測し，そ
の優劣を決めることはできない。たとえて言えば，それは冷蔵庫とテレ
ビを比較し，その二つの優劣を決めようとするようなものである。冷蔵
庫とテレビは異なる基準に基づいて作られているのであって，その二つ
に優劣をつけることが間違っているのと同じように，さまざまな価値観

に基づいた文化に優劣をつけることに何の意味もない。冷蔵庫は冷蔵庫を基礎づけている基準に基づいて理解されるべきであって，テレビを基礎づけている基準で冷蔵庫を理解しようとしても滑稽でしかない。

　こうした文化相対主義が民族間や人種間の対立と抗争に明け暮れてきた 20 世紀の世界でもっていた意義は計り知れない。それぞれの価値観を尊重し，自己の価値観で相手の価値観を裁断したり，自己の価値観を相手に押しつけたりするのではなく，自己と相手の間の価値観や存在論の差異を認めつつ対話しようという姿勢が，凄惨な抗争や対立を引き起こす自文化中心主義的な排他主義や同化主義に抗する手段を提供したからである。この文化相対主義という思想を基軸に，人類学はさまざまな社会の文化を研究し，欧米近代社会とは異なっているが，そうであるからこそ可能性に満ちた価値観や存在論の多様なあり方を明らかにしてきた。こうした人類学の営為は，自己と相手の差異を受容して尊重しつつ，その差異を対等な対話によって乗り越えようとする立場の表明であり，人類学のもっとも誇るべき成果の一つであったことに疑いはない。

### （2）文化相対主義の悲哀：対話の忘却と偽りの相対主義

　しかし，この文化相対主義に思わぬ悲哀が訪れることになる。文化相対主義が市民権を得て広く主張されるようになるにつれて，文化相対主義が自文化中心主義に抗する立場の表明であることが次第に忘却され，自己とは異なる人々を理解するための方法であったことも忘れ去られていったことである［浜本 1996］。その結果，文化相対主義は二つの悲劇に見舞われることになる。その一つは，相互理解を阻む不可知論であるとして文化相対主義を批判する立場の登場であり，もう一つは，文化相対主義という名を騙る自文化中心主義の登場である。文化相対主義が自文化中心主義へのアンチテーゼであり，自己とは異なる人々との対話の

可能性を探る立場であるということが忘却されると，文化相対主義は相手の人々を自分たちとは本質的に異質な他者として隔離する「文化的アパルトヘイト」［スペルベル 1984］に容易に転換されるからである。

　文化相対主義からみれば，自己が当たり前であると考えてきた行動様式とは異質な行動様式の人々と出会い，その人々の生活習慣や信念に齟齬を感じたとき，それは「文化が違うからかもしれない」ということになる。そこに問題はない。「文化が違うからかもしれない」という認識は，その異なる人々がどうして自分たちとは異なる行動様式をとるのか，自分たちと相手の人々の違いをどのように理解すればよいのかということを考える契機である。例えば，道で誰か知り合いと会ったときに微笑みを交わす人々を初めて見たとき，微笑みの代わりに会釈を交わす自分たちとは違うという実感をもち，どうしてその人たちは会釈ではなく，微笑みを交わすのかということを考え始めることになる。そして，この「違う」という実感は，その人々との対話が始まる出発点となる。

　もちろん，こうした出発点では，自分たちと相手の人々の間で実感されているのは，具体的な差異と齟齬感だけであって，自己が属する「文化」と相手が属する「文化」という，明瞭に境界づけられた人間集団に均質に共有されている体系的な価値観や存在論ではない。そうした「文化」は，「違う」という実感を出発点に相手との対話を繰り返しながら自己を相対化する過程で，その対話から導き出される暫定的な推論の結果の一つにすぎない。しかも，自己も相手も常に変化し続けるので，その推論は変わりゆく相手によって常に裏切られつづける。そのため，対話に基づいて相手の文化を推論する運動には終わりがない。相手を知りたいという欲求が尽きない限り，対話を通して変わり続ける恋人たちが，飽くなき対話をむさぼるようなものである。この意味で，文化相対主義が尊重する姿勢は，対話を通して変わり続ける自己と相手が対話の度ご

とに相手の文化を暫定的に推測しあいながら，その度ごとの関係を紡ぎ
出してゆく永遠の運動をこそ指していると言えるだろう。

　しかし，「違う」という実感が，こうした終わりなき対話の出発点に
すぎないということが忘却されてしまうと，「文化が違うのだから仕方
がない」という安易な結論のもとに自他の間に境界が設定されてしまう。
相手をもっとよく知りたいという欲求によって駆動されていた恋の終わ
りである。そして，この「文化の違い」という境界が「仕方がない」と
いう思考停止のもとに固定されてしまえば，対話する者たちの間の境界
は対話を阻む壁に変質する。「所詮，私たちの間には縁がなかったのさ」
という諦めである。さらに，この思考停止が徹底されると，異なるパラ
ダイムの間では相互理解のための共通の基盤がないのだから対話が成り
立たないとする共約不可能性の議論に落ち着くことになる。理解しよう
という努力を放棄したことを棚にあげて，「恋など所詮不可能なのだ」
と開き直って屁理屈をこねはじめるわけである。こうして対話を忘却し
た人々によって文化相対主義は相互理解を阻む考え方として非難される
ようになる。反相対主義による相対主義への批判である［e.g., スペルベ
ル 1984; Block 1977］。

　さらに，ここまでくれば，「あなたはあなた，私は私，あなたが何を
するのも勝手だけれども，私が何をしても勝手でしょ」という投げやり
な自文化中心主義の変種が大手を振ってまかり通ることが可能になる。
ここから，「あなたは何をしてもいいけれど，私の邪魔はしないでね」
という他者の排斥が始まってゆく。こうした他者の排斥は「私は私，あ
なたはあなた」という一見すると相対主義のような体裁をもっている。
しかし，この相対主義では，文化相対主義にはあった自文化中心主義へ
のアンチテーゼのベクトルが抜け落ちてしまっている。そこにはただ，
自文化の基準に従って相手を裁定する自文化中心主義がいけないなら，

相手を理解することなどやめてしまえばよいという投げやりな態度しか
残っていない。相対主義の装いのもとにあるのは，他者を自己の世界か
ら抹殺してしまった完全な自文化中心主義である。ネオ・ナチをはじめ
とする欧州の極右勢力［梶田 1993］やアフリカでの先住民族に対する
新たな文化アパルトヘイト［Kuper 2003］など，文化相対主義の衣を
被った他民族排斥と民族主義の登場である。

## 3. 近代人類学の躓き：本質主義の問題

　こうして文化相対主義は冬の時代を迎えることになる。反文化相対主
義の立場から普遍主義の復活が叫ばれるようになり，共約不可能性の問
題でつまずいた文化相対主義が自文化中心主義的な他者の排斥に利用さ
れることに何の抵抗もできずに翻弄される時代である。とくに決定的
だったのは，文化相対主義があくまで相対主義であり続けるためには，
自文化中心主義であろうが，人種主義であろうが，普遍主義であろうが，
たとえ自己と相容れない立場であろうと相手の立場を尊重するという態
度を崩せないことだった［松田 1997］。文化相対主義を貫こうとするな
らば，人種主義や他民族排斥までも尊重しなければならない。こうした
状況のもとで普遍主義への回帰までもが望まれるようになっていった
［e.g., フィンケルクロート 1988］。「正義」という名のもとに他者に介
入する戦争が遂行されてしまった今日の状況は，こうした文化相対主義
の無力を露呈しているといえる。

### （1）本質主義：近代人類学の躓き

　こうした文化相対主義への批判と偽りの文化相対主義に対してその擁
護と批判をすべきであった近代人類学は有効な反論を展開することがで
きなかった。文化相対主義を掲げながらも，近代人類学の民族誌の実践

こそが共約不可能性の問題を生み出し，偽りの文化相対主義を育む温床となってきたからである。近代人類学の「本質主義」の問題である。

　『文化を書く』［クリフォード＆マーカス編 1996］の寄稿者らによって提起された「民族誌リアリズム」批判と，サイードの『オリエンタリズム』［1993］による「オリエンタリズム」批判以来，ポストモダン人類学によって，フィールドワークでの成果を基礎にある特定の「民族」の「文化」を全体的で「客観」的に描くという，近代人類学が自己の「客観性」と「科学性」の基盤としていた民族誌という方法論が，「本質主義」として批判される理論的前提を基礎としていることが明らかにされてきた。本質主義とは「オリエントやイスラームや日本文化や日本人やヌエル族といったカテゴリーにあたかも（カマキリやノウサギなどの）自然種のような全体的で固定された同一性があることを暗黙の前提にしている」［小田 1996：810；（　）内は筆者の加筆］立場のことである。

　この本質主義を支えている暗黙の前提，すなわち，民族などの人間集団を動物の自然種のカテゴリーと類比したものとして扱うことができるとする前提に立てば，人間の諸集団は動物の諸種のように境界が明瞭であり，動物種にその種の本質である本能が均質に共有されているように，特定の人間集団の中では，その本質である「文化」が均質に共有されていると考えられるようになる。さらに，この前提を徹底することによって，異なる「文化」の間の差異は異なる動物種の遺伝子の差異と同種の差異ということになり，ちょうど私たち人類がカマキリやノウサギをカマキリやノウサギの視点から理解することができないように，異なる「文化」の人々をその異なる「文化」の視点から理解することはできないという不可知論に行き着くことになる。

　もちろん，こうした本質主義は恣意的な前提にすぎない。異なる人類集団の間の関係が異なる動物種間の関係と同じでないのは自明のことで

ある。しかし，近代人類学は，社会の本質である「文化」が個人に内面化される社会化の過程のみに個人と社会の関係を還元し，人間が文化を生み出すとともに変化させることを忘却してしまうことで，本質主義に陥ってしまった［大村 2013］。本質主義を支えている暗黙の前提，すなわち，民族などの人間集団を動物の自然種と類比したものとして扱うことができるとする前提は，社会の本質として永遠に変化することのない「文化」が不可逆的に個人に内化されると仮定することで可能になるからである。社会化の過程で個人に一方的に内化される社会の本質として「文化」を捉えれば，「文化」を人間によって操作不可能な第二の後天的な本能のように捉えることができるようになる。そして，動物がそれぞれの種の本質である本能によって一義的に規定されているように，人間もそれぞれの民族の本質である「文化」によって一方的，一義的に決定づけられているかのように考えることができるようになったのである。

## （2）『文化を書く』：民族誌の政治性のメカニズム

　こうした本質主義が間違っていることは明らかである。対象社会の人々が自分たちの文化を変化させることはごくありふれたことであり，人類は「文化」という第二の本能を入力される自動機械ではない。しかし，こうした常識をどこかに置き忘れてきたような本質主義の考え方が，民族誌を書くという実践になった途端に，「科学」的「客観主義」という名のもとに平然とまかり通るようになる。このメカニズムにメスを入れたのが『文化を書く』［クリフォード ＆ マーカス編 1996］を嚆矢とする民族誌リアリズム批判だった。本質主義という奇妙な錯誤が，民族誌という学的営為の中で，「客観主義」と「科学主義」の名のもとにいかに隠蔽されてきたのかが明らかにされたのである。

　フィールドワークにおいて，人類学者は自己とは異質な現地の人々に

ついてより知りたいという欲求に駆動されてその人々と対話を繰り返し，その対話から自他の間の差異の理由を探そうとする。こうしたフィールドワークでの人類学者の対話の経験はあくまでも個人的で部分的な主観的経験にすぎず，フィールドワークという対話の実践もさまざまな社会関係に埋め込まれた社会的行為である。その意味で，対話に参加している人類学者と対象社会の人々のどちらも客観的であるわけではない。また，その対話を通して人類学者が推測する対象社会の人々の文化も推測の域を出ない。しかし，近代人類学では，人類学者がフィールドから戻って民族誌を書く段階になると，「客観主義」や「科学主義」の名の下に，あたかも唯一人類学者だけが対象社会の全体を見渡す特権的で客観的な「アルキメデスの点」，つまり，すべてを見通す「神の視点」に立っているかのように，対象社会の本質としての「文化」がその社会の人々の第二の本能であるかのように描かれてきたのである。

　これはちょうど，対話を続けてきた二人のうちの一方が，突如として対話を打ち切り，それまでの対話からの推測に基づいて「あなたはこういう人だ」と相手の本質を断定的に固定し，しかも，相手が何を言おうと，自己が描き出した相手の本質こそが正しいとするのと同じである。こうした独りよがりな断定が勝手で傲慢な態度であり，対話の相手を怒らせるのは当たり前のことである。しかし，近代人類学の民族誌は「科学」的と称する分析概念や「民族誌的現在時制」のレトリックを駆使することによって，そうした独りよがりな断定にすぎない主観的な推測を客観化して相手の本質と断定してしまう［cf. クリフォード 2003；クリフォード & マーカス編 1996；Fabian 1983；杉島 1995；ロサルド 1998］。相手がどんな反論をしようと「科学」的な人類学者が描き出す相手の姿こそがその相手の真なる本質であり，その本質に反論する相手は自己を客観化することのできない「非科学」的な蒙昧な人々というこ

とになるわけである。

　こうした近代人類学の本質主義的な民族誌の営為は，「科学」という名のもとに自己の言説をこそ正しいとする自文化中心主義に基づいており，どんなに文化相対主義を唱えようと，文化相対主義を装う自文化中心主義と基本原理に何の変わりもない。しかも，民族誌の前提となってきた本質主義のために，人間集団の間にみられる差異は動物種の間の差異と同様の本質的な差異とみなされたため，人間集団相互の対話は始めから遮断されてしまう。それぞれの「文化」の垣根を乗り越え不可能な壁に仕立て上げて共約不可能性の問題を生み出し，他者との対話を拒んで自己の内に閉じこもる自文化中心主義的な文化相対主義を育んでいたのは，本質主義的な文化観を流布していた近代人類学自身だったのである。文化相対主義を掲げながら，近代人類学も自文化中心主義を廃した他者との対話の可能性を探ることを怠ってきたと言えるだろう。

　そのため，共約不可能性の問題を普遍主義の復活によって一挙に解決しようとする反文化相対主義に対して反―反文化相対主義を掲げて反論し，自己とは異質な他者と出会ったときの重要な姿勢として文化相対主義を擁護したアメリカの人類学者，ギアツ［2002］の議論も，文化相対主義への不信感を覆すまでには至らなかった。他者と出会ったときに，安易に「人間的普遍」を口にすべきでなく，まずは自己を相対化することが大切であると言っても，その出会いの最終的な産物である民族誌が科学主義という自文化中心主義的な本質主義に基づいている限り，単なるお題目にすぎなくなってしまう。

　また，こうした民族誌の政治性を乗り越えるために，客観性を廃して民族誌家自身の経験を語る自伝モード，現地の人々と民族誌家の対話を軸に民族誌を組み立てる対話モード，さらに，フィールドでの言説をすべて並列する多声モードなど，さまざまな実験的民族誌が試みられた。

しかし，たしかに『文化を書く』によって明らかにされた「民族誌を書く」ことの問題は重要だが，第 4 章で検討するように，近代人類学の問題は同一性の政治に基づく本質主義に由来しており，この本質主義を解決しない限り，民族誌の政治性とレトリックばかりを問題化しても，何も解決されることはない。むしろ，民族誌のレトリックにばかり目を奪われすぎると，現実の世界から遊離したテキスト分析に自閉してしまい，フィールドで現実と向き合うという人類学の持ち味が消えてしまう。

## 4．近代人類学の躓きの石：オリエンタリズムと同一性の政治

　こうした近代人類学の本質主義的な民族誌の営為は，アメリカの文学者であるサイード［1993］が批判した「オリエンタリズム」と同様に他者の他者化を行う他者表象であり，他者から他者性を奪いながら自己に取り込み，世界から他者を駆逐してゆく植民地主義的な営みであった。

　サイードが批判したオリエンタリズムは，欧米近代社会が自己を合理的で能動的な首尾一貫した主体として構成するとともに，現実の東洋を支配し再構成し威圧するために生み出された。このオリエンタリズムという他者表象では，さまざまな属性をもつ多様な東洋の人々が，オリエント的停滞，オリエント的官能，オリエント的専制，オリエント的非合理性など，欧米近代社会の逆像として構成された固定的で画一的な表象に縛りつけられてしまう。もちろん，現実の東洋の人々すべてが実際にこうした属性を均一に共有しているわけではない。現実には，東洋にも西洋にも，停滞的な部分もあればそうでない部分もあり，合理的な人もいれば非合理的な人もいる。また，東洋であろうと西洋であろうと，一人の人間が合理的な部分と非合理的な部分をあわせもつのが普通だろう。しかし，実際には単一のカテゴリーに還元されえない人々が，肯定

的な要素を独占する西洋と否定的な要素だけを押しつけられる東洋という明瞭なカテゴリーに分類されてしまうのである。

　このようにオリエンタリズムの他者表象は西洋には肯定的な主体の位置を，東洋には否定的な客体の位置を割り振るため，西洋が東洋を威圧して支配する植民地支配を正当化する有効な手段となる。しかし，それ以上に重要なのは，このオリエンタリズムでは，分類不可能で捉えどころのない他者が存在しなくなる点である。もちろん，オリエンタリズムは恣意的な表象にすぎないので，このカテゴリーに合致しない人や制度は常に存在する。しかし，そうしたカテゴリーから漏れ出てしまう人や制度も「真正な」西洋と東洋からの逸脱とされ，あくまでも「真正な」カテゴリーを基準に計られることになる。オリエンタリズムの他者表象では，捉えどころのないという意味での他者性が消去されており，西洋と東洋という一貫した単一の分類基準で世界が均質に捉えられているため，そこには他者が存在しなくなるのである。こうした他者の抹消こそ，不定形で一律に把握することができない他者を一律な基準で定型化する「他者化」と呼ばれる植民地主義の他者表象である。

　こうしたオリエンタリズムと同様に，近代人類学の民族誌はさまざまな個性をもつ多様な人々を「○○民族」という単一のカテゴリーに押し込み，その民族の本質である均一な「文化」に縛られているかのように描いてきた。そして，この民族誌の営みを積み重ねることで，民族が自然な実在であり，その本質は永遠に変化することのない安定した「文化」によって規定されるというイメージを普及してきた。

　たしかに近代人類学は文化の多様性を描きはしたが，その多様性は人類学者が記述の基本的な単位として認定した民族ごとの多様性にすぎない。しかも，それぞれの民族の内部では，その成員はその本質である「文化」を均質に共有しているとされ，個性をはじめとする集団内部の多様

性については等閑視された。こうして近代人類学は，民族という内部において均質な，外部において異質なカテゴリーを固定化して自然化し，地球上のすべての動物を均一な基準で分類する科学的な動物分類のように，地球上のあらゆる人類が民族という均一なカテゴリーに分類可能であるかのようなイメージを定着させてきたのである。つまり，近代人類学の民族誌は，オリエンタリズムの他者化をさらに緻密に展開しながら地球上から他者を駆逐してゆく実践だったのである。

　もちろん，民族というカテゴリーが動物種のように人類を記述する上での自然な単位であるわけでも，動物の個体が動物種に一義的に帰属するように個人がある民族に一義的に帰属するわけでもない。拡大家族や地域集団などの他の人間集団やインターネットを通じたネットワークなどを記述の基礎的な単位として考えることもできる。また，個人がある民族集団から別の民族集団に移ったり，さまざまな民族集団に重層的に帰属したりすることもあり，民族集団は固定的でも閉鎖的でもない。むしろ，こうした内部において均質で外部において異質な民族というカテゴリーは，アメリカの政治学者であるアンダーソン［1987］が指摘した近代国民国家と同様に，欧米の植民地支配の過程で多様な人々を画一的に支配するために創造されたカテゴリーなのである。捉えどころのない多様な人々を均一なカテゴリーに一義的に囲い込み，そのカテゴリーから抜け出すことができないようにしてしまえば，支配し管理するのに都合がよい。近代に特有な支配の装置である同一性の政治である。

　したがって，近代人類学を躓かせた石は，この同一性の政治という近代の植民地主義的な支配の装置にあると考えることができる。それでは，その同一性の政治とはどのようなことであり，その問題点はどこにあるのか。そして，その躓きの石を乗り越えるためには，どうすればよいのだろうか。次章では，この問題を考えてみたい。

# 4 | 創造的対話への扉：
　　フィールドワークの現実への回帰

大村　敬一

《目標&ポイント》前章では，近代人類学が文化相対主義を掲げて自文化中心主義に果敢に挑んできたにもかかわらず，文化相対主義が他者との対話の出発点であることを忘却し，本質主義的に文化を描き出してしまったために，植民地主義的な同一性の政治に荷担することになってしまった経緯を検討してきた。それでは，同一性の政治のどこに問題があり，その陥穽から脱出するためにはどうすればよいのだろうか。本章では，同一性の政治について解説し，その政治が近代の「人間／自然」の二元論に基づいていることを示す。そして，同一性の政治を超えるためには，まず何よりもフィールドワークの現実に立ち戻る必要があることを明らかにする。
《キーワード》同一性の政治，伝統の発明，文化の客体化，先住民運動，存在論的転回，世界相対主義，フィールドワーク，創造的対話

## 1. 「文化」の息苦しさ：同一性の政治の罠

　「文化」は息苦しい。そこには同一性に基づいた支配と管理が組み込まれているからである。

### （1）同一性の政治：支配と管理の装置

　例えば，あなたがどこかの学校の教員であるとしよう。そして，その学校には，生徒はすべからく校内にいるときには常に校章のバッジを制

服につけていなければならないという校則があるとする。この校則を生徒に守らせるために，教員たるあなたはどうすればよいだろうか。

　まず考えられるのは，その校則を生徒たちが守っているのかを常に監視し，守っていない生徒がいれば注意してまわることだろう。あるいは罰則をもうけて，守っていない生徒を発見したならば，その罰則を適用してもよい。いずれにせよ，常時，生徒たちを監視下において，生徒たちが校則を守るように管理するのである。しかし，このやり方は非効率で不徹底である。生徒に較べればごく少数の教員がすべての生徒を常に監視することができるわけがない。たとえ監視カメラを校内中にくまなく設置しておいても，それを常時監視するのは大変なことである。

　それでは，どうすればよいのか。おそらく，効率よく校則の遵守を徹底するには，生徒が自ら校則に従うようにしてしまえばよい。たとえ教員に見られていなくても，生徒がその校則を自らすすんで守り，自らが自らをよろこんで律するようにすれば，教員は生徒たちを常時監視する面倒から解放される。それでは，生徒たちがそうなるようにするにはどうすればよいだろうか。校則を守ることが生徒の当然の義務であると生徒に諭すことも一つの方法だろう。しかし，「ねばならない」という義務を諭されてすすんで従ってくれる生徒であれば，そもそも校則違反などしないだろう。校則は「ねばならない」からうっとうしいのである。

　そこで一計をはかり，校則をうっとうしいものではなく，すすんで守るべき素敵なものに変換してしまえば，どうだろう。校章のバッジを着けることはとてもおしゃれであるのみならず，常時バッジをつけるという校則に従うことは，その学校の生徒としての誉れである。見てごらん，隣の学校を。あの学校の校章のバッジはダサイうえに，あの学校の生徒は校則を守ることもできない。あのようなふしだらな人間にならないように，このイケてるバッジを着けようじゃないか。私たちの学校は，あ

の学校とは違うのだ。長い伝統を誇る我が校の一員として、我が校の伝統を具現する校則に従うことは、すばらしいことなのだ。

　このようなあからさまな扇動はなかなかうまくいかないだろう。しかし、その学校の伝統を輝かしき校史として編纂し、学業やスポーツの輝かしい成果を数値として示し、学校でのすべての活動で、その伝統の一端を担う生徒としての誇りをもたせるように徹底したらどうだろう。その学校の伝統を担う生徒というアイデンティティを生徒に植え込み、その伝統を具現する校則からの逸脱に、自らの同一性を脅かす悪しきものという烙印を生徒自らが押すようにするのである。このとき、例えば学業の偏差値のように、生徒にとって校則がもはや押しつけられたものとして、あるいは選択可能なものとしてではなく、自己実現の自然な唯一の目標として感じられるようになれば、申し分ない。生徒は自ら必死になって校則という自己を実現しようとし、そこから逃れることなど考えなくなるだろう。しかも、教員にとって都合のよいことに、管理者としての教員の姿が生徒から見えなくなる。生徒は管理されているなどとは感じなくなるからである。

### （2）本質主義的な「文化」：同一性の政治の罠

　このような嫌らしい戯画を描いたのは、教員という職業を揶揄するためでも、貶めようとするためでもない。もちろん、教員が支配と管理の権化であるというつもりもない。ほとんどの教員が生徒のことを心から考えていることに疑いはないと信じている。しかし、学校が国民の教育という近代国民国家における訓練の制度である以上、こうした支配と管理の側面がないとは言えない。

　今日の世界では、この戯画の「学校」を「民族」に、「校則」を「文化」に置き換えたかたちで、しかも、民族と「文化」が「自然」化され

ることによってさらに強力に，「文化」が支配と管理の抑圧的な装置として機能していることはもはや常識となっている。

　人々のすべてが例外なく，「文化」をもつ民族というカテゴリーに割り振られ，その民族というカテゴリーに自己同一化し，その均質な「文化」を自己がすすんで従うべき規範として一律に内化することによって，そのカテゴリーから逸脱することを自らに禁じてくれれば，人々を支配して管理するのに都合がよい。そして，あらゆる人間が一つの「文化」をもつ一つの民族にだけ帰属することをあたかも人間の本性であるかのように「自然化」し，その民族だけが人間を分類するための唯一のカテゴリーであるとした上で，その民族を分類するための基準である「文化」が，人間性や生命など，その「文化」よりも上位にあってそれを包摂する普遍的な基準から一義的に導き出されたかのように「自然化」されれば，もはや支配と管理は完璧である。

　このとき，「文化」をもつ民族が恣意的な分類なのではないかという疑いを誰も抱かなくなり，誰かに支配され管理されていることに気づくこともなく，皆が自らすすんでその枠組みを強化してくれる。しかも，その強化は「文化」の内化によって進展し，その「文化」は普遍的と称されつつも，その実は分類の主体が設定した基準から導き出されたものなので，その基準に基づいて民族と「文化」を設定した主体から見たとき，すべての人々は自分の基準に従って行為していることになる。民族に自己同一化したすべての人々が自らの自己実現として主体的に進める行為は，分類の主体が設定して自然化した唯一の基準から導き出された「文化」に従っているからである。もはや，分類の主体には，想定外のことなどなくなり，すべての人々は自らの掌中にある。こうして，民族を分類して管理する主体は，自らが透明になりつつ，すべてを透明に見渡し，操作する力を手に入れるわけである。

　これこそ，民族と「文化」へのアイデンティティに基づいた近代的な
人間管理の定番，「同一性の政治」である。例えば，多様な「文化」の
共生の思想を具現する理念と制度として称揚される「多文化主義」には，
多様な個性と融通無碍な柔軟性のために画一的に捉えることができない
人々を一方的に一律に分類し，その分類された集団に個人がすすんで排
他的に自己同一化するようにし向ける同一性の政治の基本手法が隠され
ていることが指摘されてきた［松田 1996a, 2001］。ある社会で多様な
民族「文化」が認められ，その民族にさまざまな権利が与えられるとは
言っても，その民族はその社会の権力の担い手が権利の付与の対象とし
て明瞭に境界づけたカテゴリーでなければならず，そのカテゴリーに帰
属するためには，権力の担い手が認定する「文化」を内化していなけれ
ばならない［e.g., スチュアート 1998b; Stewart 2002］。多様な「文化」
の共生という美辞の背後には，捉えどころのない人々を統一的な基準で
一義的に分類し，「正しい」民族の境界と「正しい」共生のあり方を決
めて人々を支配して管理する権力の主体（多くの場合は国民国家の権力
の主体）が潜んでおり，多様な「文化」の尊重と言っても，その権力を
認めた上での差異の尊重でしかない。
　今日の世界で「文化」が息苦しいのは，こうした理由による。同一性
の政治が蔓延している今日の世界では，自らのであろうと他者のであろ
うと，「文化」について語ることは差異を同一性に還元し，同一性の基
準を決めている権力の支配と管理の枠組みを強化することになってしま
う。それでは，「文化」について語ることをやめてしまえばよいのだろ
うか。そうもいかない。多文化主義のところでみたように，今日の世界
では，そもそも「文化」をもつ民族として認定されないかぎり，自らが
尊重される共生の土俵にすらのれないからである。このことは，先住民
の人々が「先住民族」としての立場を認められなければ，政治的な交渉

の場に参加することすらできないことによくあらわれている ［cf. Stewart 2002］。だからこそ，余計に息苦しいのである。

## 2. 同一性の政治を超える試み：本質主義批判と 先住民運動からの教訓

　それでは，どうすればよいのだろうか。この「文化」の息苦しさを突破する道はあるのだろうか。それを探るためにはまず，民族と「文化」へのアイデンティティに基づいた同一性の政治が隠蔽していることを明らかにする必要がある。

### （1）同一性の政治と本質主義

　先にみたように，同一性の政治は，あらゆる人間が一つの民族に自己同一化し，人間性や生命など，普遍と称される唯一の基準に従っている「文化」を一律に内化することが，あたかも人間の本性であるかのように「自然」化されることによって完成する。ある一つの民族に帰属して一つの「文化」を内化することが人間の本性として「自然」だからこそ，誰もその背後にある支配と管理の主体に気づかなくなる。そして，「文化」の多様性が人間性や生命などの唯一の基準に基づくとすることで，差異が同一性に還元され，支配と管理の主体はすべてを透明に見渡して操作することができるようになる。

　もちろん，これら同一性の政治の前提が自然であるわけではない。個人がある民族から別の民族に移ったり，さまざまな民族に重層的に帰属したりすることはごく普通のことである。また，民族というカテゴリーが人間を分類するうえでの自然な単位であるわけでもない。拡大家族や地域集団などの他の集団や，インターネットを通じたネットワークなどを分類の基礎的な単位として考えることもできるだろう。また，文化は

自他の差異に実感され，自他の比較を通して構築される限定的な仮説であり，人間性や生命も，その比較の過程で仮説として浮き彫りになるだけである。誰かすべての人間やすべての生命の本質について全域的に知っている人間がいるだろうか。私たちが知りうるのはあくまで，今ここから以前の限定的な場の中でのことにすぎない。もし人間性について何か確実なことを言いうるとしたならば，私たちは神ではなく，死すべきさだめにある無知な存在であるということくらいだろう。

　しかし，こうした不確定であいまいで限定的な現実は，「科学」という名のもとに隠蔽される。前章で検討したように，その一翼を担ってきた科学こそ「本質主義」に立脚した近代人類学だった。そこでは，動植物の多様性がDNAのような一律な基準による同一性に還元可能であり，その同一性に基づいたカテゴリーに一義的に分類可能であるように，人間の多様性も人間性などの同一性に基づいた「文化」，つまり第二のDNAによって一律に分類可能であるとされている。この本質主義のからくりがあるからこそ，同一性の政治は機能する。同一性の政治では，この本質主義の前提に従って，第二のDNAとしての「文化」という画一的な同一性のマトリクスに，多様な個性と可能性に満ち，それゆえに捉えどころのない人々を押し込め，不定形な唯一性としての他者性を奪いながら，支配と管理に都合のよい均質な単位に閉じ込めるのである。

　「文化」が息苦しいのは，この「文化」に依拠した同一性の政治が本質主義という科学のからくりを介して同一性のもとに差異を圧殺し，同一性に還元できないからこそ，多様で自由であり，他に替えがたい人々の唯一性と可能性が，「文化」という単なる管理の単位に追い込まれ，囲い込まれてしまうからなのである。

## （2）本質主義批判と先住民運動からの教訓

　こうした同一性の政治に近代人類学が支えられていることを明らかに
したポストモダン人類学は，その基礎となった本質主義を批判し，民族
というカテゴリーのみならず，それまで民族の本質として固定されてき
た「文化」を脱構築してきた。ホブズボウムとレンジャーによる『創ら
れた伝統』［1992］を発端とする「伝統の発明」論の登場である。民族
は自然なものではなく，社会・政治的な構築物にすぎないのであって，
その本質とされてきた「文化」も虚構であることが暴かれてきた。そし
て，こうした社会・政治的構築物である民族も「文化」も，さまざまな
可能性をもつ個人が自発的に画一的なカテゴリーに同一化するようにう
ながすことによって，人々を一元的に支配し管理する同一性の政治とい
う近代の支配装置の一環となっていることが明らかにされてきた［e.g.,
アンダーソン 1987］。

　しかし，「伝統の発明」論はこうした民族誌の政治性を暴き，支配す
る側による支配装置を批判することには成功したが，逆に先住民族をは
じめとする支配される側が，支配に抵抗する際にそのよりどころとして
創造する民族と「文化」までも一緒に水に流してしまうことになる。こ
うして，先住民族をはじめとする支配される人々がその支配に対抗する
ためのよりどころとして創造する民族と「文化」を被支配者のアイデン
ティティと主体性の回復として評価する立場が生じることになった。「文
化の客体化」を軸に展開される構築主義のポストコロニアル人類学であ
る。こうした構築主義は，先住民運動をはじめ，それまで支配されてき
た人々が，支配してきた側が創造した民族や民族のイメージを主体的に
操作することで肯定的に定義しなおし，その支配に抵抗するための拠点
として逆利用する姿を肯定的に評価したのである［cf. 太田 1998；
2001］。しかし，こうした構築主義も，あらゆる民族も「文化」も社会・

政治的に構築された虚構と考える点で「伝統の発明」論と立場が同じであり，「真正な文化」という語りを本質主義とみなしてしまうため，そうした「真正な文化」をよりどころに支配に抵抗する人々から，その抵抗を阻害するものとして批判されることになった。

例えば，イヌイトの先住民運動の場合，土地権や自治権，言語権，生業権，教育権など，本来はイヌイトに固有の生得的な権利であったにもかかわらず，カナダの主流社会によって奪われてしまったとイヌイトが主張する諸権利を回復することを通して，イヌイトは「未開」で「野蛮」な「原住民族」としていかなる権利も認められず，欧米の支配社会によって同化あるいは温情的な保護の対象とされてきた「エスキモー」から脱皮し，国家と対等な立場を前提に独自の権限や主権を有する「イヌイト」という「先住民族」へ変貌を遂げようとしてきた［スチュアート 1997, 1998a，1998b］。その際に，イヌイトは否定的な「極北の幼児」としての「エスキモー」というイメージを肯定的な「自然と共生する」「イヌイト」に変換する戦略を採用し，1999 年の 4 月にヌナヴト準州を成立させるという成果をあげた［大村 2013］。

こうした先住民族の側から新たに生み出された「文化」を社会・政治的な目的のための虚構であると論じることはやさしい。しかし，先住民族の側に立てば，こうした構築主義の視点からの分析は，自分たちの抵抗の拠点を「非真正な」作り物として断罪し，その正当性を切り崩してしまうものにしか映らない。こうした人類学者と先住民族の間の軋轢は世界各地で続発し，構築主義の限界が明らかになっていった［cf. 小田 1996 清水 1992; 清水編 1998; 古谷 2001］。支配する側が支配のために駆使する「伝統の発明」も，支配される側が支配に抗するために駆使する「文化の客体化」も，民族と「文化」を社会・政治的に構築して政治的に活用するという点で共通しており，支配と被支配という立場の違

いによって前者を批判し，後者を支持しても，自発的に画一的なカテゴリーに同一化するように個々人をうながすことで人々を一元的に支配し管理する同一性の政治という近代の支配装置の枠組み自体は温存されてしまう［cf. 小田 1996］。「伝統の発明」論と「文化の客体化」論は近代の支配装置の成り立ちを教え，そのいかがわしさを暴露してはくれるが，その支配装置から脱する道を示すことまではしてくれない。

　こうした「伝統の発明」論と「文化の客体化」論の問題点は，本質主義を超えるためには，これまで自然化されてきた民族などのカテゴリーを脱構築してその虚構性を暴露するだけでなく，その自然化されたカテゴリーを利用した同一性の政治という支配の装置に絡め取られることなく，人間集団を築くための方法を考える必要性を示している。ある近代国民国家において，「○○民族」として差別されている人に対して，民族は社会・政治的な目的のために発明された虚構なのだと説いたところで，その人の救いになるどころか，その国家における民族差別の現状をただ確認して追認することになってしまう。同一性の政治という近代の支配装置に陥ることなく，社会集団を築き上げるための方法を考えてゆくことこそが求められているのであって，本質主義的な民族観や文化観がその支配装置に基礎づけられていることを確認するのは，その方法を考えるための出発点にすぎない。

## 3. 世界相対主義を目指して：「自然／人間」の二元論を超えるために

　それでは，同一性の政治に絡め取られない自他関係を築いてゆくために，人類学には何ができるのだろうか。文化相対主義の共約不可能性の問題を克服し，自文化中心主義的な相対主義に対抗してゆくためには，どのような文化観を構想すればよいのだろうか。

## （1）文化の窮状：「自然／人間」の二元論による近代の覇権

　この問題を考えるにあたって重要なのは，この本質主義のからくりを通した同一性による差異の圧殺は，近代人類学に限られたものでも，同一性の政治にだけ見られるものでもないことである。このからくりは，レヴィ＝ストロース［1976］が「科学的な思考」あるいは「単一栽培（飼育）の思考」と呼び，ミシェル・ド・セルトー［1987］が「戦略」と呼んだ近代に特有な思考のあり方に支えられており，今日のあらゆる制度に組み込まれている。この思考の特徴は，世界のあらゆる事物を一律な基準で分類，定義し，あらゆる差異を同一性に還元することで，世界全体を一望のもとに見渡して管理，操作しようとするところにある。そして，この思考は同一性の政治のみならず，数値化や一般化によって世界を一律な定義で画一的に把握して操作，管理しようとする近代科学技術，貨幣という単一の基準によって万物を一律に規定して交換する資本制の市場経済を支えており，これらの制度の全地球規模での拡大に伴って，今や地球を覆いつくさんばかりの勢いで拡張している。

　この戦略的な単一栽培（飼育）の思考こそ，第1章で検討した「自然／人間」の二元論を支えている思考に他ならない。この二元論では，宇宙全体を一望のもとに見渡す視点から宇宙を「自然」と「社会」に分割して純化するために，科学によって人間とは独立した自然の真理である自然法則を明らかにし，自然とは独立した理性に基づく政治によって理想的な社会を築くことが「進歩」として目指される。この進歩の名のもとに，科学によって明らかにされる自然法則と政治によってつくられる社会の法という単一の基準に従って，人間と非人間が次々と結びつけられながらネットワークに取り込まれ，自然法則と社会の法という単一の基準のもとに管理・統治される。

　そこでは，ネットワークに取り込まれた人間と非人間を管理・統治す

る主体は，この二元論的世界を目指す近代の科学と政治の担い手であり，自然の秩序と人間の秩序を混同する「文化」の担い手は人間と非人間をつないでネットワークを築いてゆく主体の位置から排除され，ただ一方的に管理・統治されるばかりとなる。同一性の政治による人間の支配と統治は，科学技術による非人間の支配と管理と並んで，「自然／人間」の二元論的な分離と純化を目指す近代のプロジェクトが人間と非人間を進歩の名のもとに支配して管理・統治する典型的な手法，戦略的な単一栽培（飼育）の思考に基づく管理と統治の手法なのである。

　20 世紀末から 21 世紀にかけて，こうした同一性の政治の背後にある排除と支配と統治の仕組みが，皮肉なことに，「文化の客体化」によって先住民運動が成果をあげる中で明らかになっていった。例えば，先にみたように，カナダ極北圏のイヌイトは「文化の客体化」を通して，生業権をはじめとする先住民権を部分的に回復するとともに，自らの「大地」を管理・統治して未来を切り拓く場としてヌナヴト準州を手に入れたが，その管理と統治はあくまで科学と国民国家の支配のもとでしかなかった［cf. 大村 2013］。イヌイトが「大地」の人間と非人間を管理して統治するとは言っても，その意志決定の正当な根拠として認められるのは科学的な知識とカナダの法であって，「イヌイトの知識」（*Inuit Qau-jimajatuqangit*），すなわちイヌイトの文化は，科学的な知識とカナダの法に矛盾しない限りで許容されるにすぎない。第 11 章で検討するように，イヌイトの知識では，魂をもつ動物も人間も同じ倫理に従うとされるなど，人間と自然が混同されており，「自然／人間」の二元論的世界を目指す近代のプロジェクトでは，現実の世界を生み出す「正しい」根拠とは認められないからである。

　したがって，同一性の政治に絡め取られない自他関係を築いてゆくためには，その政治の根底にある近代の「自然／人間」の二元論の分離と

82

純化を目指す存在論を再考することで，文化を近代の科学と政治の支配から解放し，世界を構築する際の意志決定の根拠としての正当性を文化に回復させる必要がある。たとえ他者との対話という文化相対主義の源点に立ち戻ったとしても，その対話が「自然／人間」の二元論的世界を目指す近代のプロジェクトに基づいたままでは，対等な対話を通した相互理解どころか，科学と政治という唯一「正しい」実践によって多様な文化を裁定することにしかならない。そもそも文化には「正しさ」が認められていないため，文化は人間と非人間をつなげてネットワークを生み出してゆく際の意志決定の根拠にはならず，物珍しいおとぎ話や習慣として客寄せに使われたり，博物館や国立公園に丁重に隔離されたりするばかりになってしまう。

### （2）世界相対主義を目指して：他者の文化を「真面目に」取り上げる「存在論的転回」

　そうであるならば，文化相対主義の源点に立ち戻って，自己とは異質な他者との対話を始めるにあたっては，「自然／人間」の二元論的な世界を目指すという近代の存在論を一旦は保留し，何よりもまず，他者がどのような世界を目指しているのかという他者の存在論を理解し，その存在論の正当性を認めるところから始めねばならないだろう。その上で，あくまでもその存在論に即して，その存在論を実現するための実践や生活習慣はもとより，それらによって世界を物理的に生成しつつ意味づけるやり方，つまり，他者の生き方としての文化を理解することが肝要になる。これこそ，21世紀になって人類学に登場した「存在論的転回」と呼ばれる動向である［cf. 春日編 2011；Holbraad & Pedersen 2017］。

　存在論とは，世界がどのようなもので，どのような存在の論理に従っているかという世界のメカニズムを明らかにする理論であり，他方で，

その世界が認知と行動を通してどのようにして知られるのかという認識のメカニズムを明らかにするのが認識論である。第 1 章で検討したように，近代人類学は「自然／人間」の二元論的世界を目指す近代の存在論を前提に，その存在論に基づいた近代科学の世界像を無反省に「正しい」としてしまったため，それ以外の存在論に基づいている他者の世界像は，近代科学の世界像で描き出される自然の解釈にすぎないことになってしまい，その正当性を認めることができなかった。こうした近代人類学への反省として，「存在論的転回」はまずは他者の存在論の正当性を認めることで，他者の世界像を単なる現実の解釈としてではなく，真理を明らかにするものとして，あらためてもう一度「真面目に」取り上げようとする [e.g., 大村 2014；Blaser 2009；Nadasdy 2007；Viveiros de Castro 1998]。

　しかし，ここで注意せねばならないのは，この「真面目」は「真に受ける」とは違うことである。この「真面目」は，自己の存在論，つまり近代の存在論を基準に，自然の秩序と人間の秩序を混同する「非合理的」思考に基づいているとか，「擬人化」や「比喩」であるとかというように，他者の存在論を一方的に裁断することでないのはもちろん，その存在論を掛け値なしに「真」であるともせず，他者の存在論がどのような仕組みで生じてくるのか，そのメカニズムを明らかにすることである。もちろん，「真面目に取り上げる」べきなのは他者の存在論だけではない。ラトゥールを嚆矢とする科学人類学がそうしているように，近代の存在論も「真に受ける」のではなく，「真面目に取り上げる」ことで，そのメカニズムを明らかにせねばならない。

　このように他者が目指す存在論の正当性を認め，他者の存在論を「真面目に取り上げる」ことからはじまる他者との対話では，単に世界がどうであるかという多様な存在論同士が対等な立場で理解し合うだけでな

く，それぞれの生き方が目指している存在論に基づいてそれぞれの世界が物質的に生成されつつ意味づけられる世界生成（worlding）の多様なやり方同士が対等な立場で交渉し合うことになるだろう。そこでは，文化は自然の秩序と人間の秩序を混同する非合理的な実践ではなく，それぞれに正当な世界を物質＝意味論的に築くやり方を指すことになる。20世紀の近代人類学の文化相対主義では，「たった一つの自然に対して多様な文化的解釈がある」，そして「たった一つの理性に基づく法に対して多様な文化的慣習がある」という前提のもとで，多様な諸文化が単なる解釈や慣習として近代科学の存在論と近代社会の法という単一の基準のもとに裁断されてしまっていたとするならば，他者の存在論を真面目に取り上げる対話では，多様な「物質＝意味論的に世界を生成するやり方」としての諸文化がそれぞれの世界生成のプロジェクトの命運をかけて相互に交渉し合う「世界相対主義」が目指されることになるだろう。

## 4．創造的対話への扉：フィールドワークの現実への回帰

　このように20世紀から21世紀にかけての文化人類学の流れを振り返ってくると，今日の文化人類学に求められているのが，自然の秩序と人間の秩序を混同する「文化」から離脱することで「自然／人間」の二元論的な世界を目指す近代のプロジェクトをまず一旦は保留したうえで，再度，文化相対主義が他者との対話の出発点であることを思い出すことであると言えるだろう。

　これまで検討してきたように，共約不可能性と自文化中心主義的な文化相対主義の問題を引き起こしてきた原因は，近代人類学が自文化中心主義を廃した他者との対話の可能性を探ることを怠り，いつの間にか同一性の政治に絡め取られてしまったことにある。異なる社会の間の差異を動物種の間の差異に還元してしまう本質主義の問題は，捉えどころの

ない人々を画一的なカテゴリーに分類することで一元的な支配と管理を
進める同一性の政治に基づいており，その同一性の政治は，対話をして
いる者たちに対話を切り上げさせ，民族や「文化」という名の閉塞した
カテゴリーに引き籠もらせることで可能になる。そうであるならば，同
一性の政治を回避するためには，対話を打ち切らせて画一的なカテゴ
リーに自閉させようとする近代の支配装置の力に抗い，対話を続けるこ
とを通して開放的な自他の関係を築いてゆけばよいだろう。

　しかし，この対話は民族や国民国家など，同一性の政治に基づくカテ
ゴリーはもちろんのこと，そうしたカテゴリーの基礎となっている「自
然／人間」の二元論的な存在論を前提とした対話であってはならない。
そうした前提に立ったままであるならば，自然の秩序と人間の秩序を混
同する非合理的な実践として文化を裁断した上で，ただ同一性の政治に
基づく本質主義的な人間集団のカテゴリーを再生産するにすぎないこと
になってしまう。したがって，他者との対話を始めるにあたっては，同
一性に基づくカテゴリーを一度は括弧に入れることはもちろん，「自
然／人間」の二元論的な世界を目指す近代のプロジェクトを保留し，他
者がそれ以外の世界を目指している可能性を常に考慮しながら，具体的
な対話の場に赴かねばならない。そのうえで，自他の差異と他者への違
和感を実感し，その差異と違和感を手がかりに，他者との対話を繰り返
してその他者を理解しようと努力することこそが必要とされるだろう。

　こうした試み，すなわち，民族や「文化」を括弧に入れることはもち
ろん，「自然／人間」の二元論的な世界を目指す近代のプロジェクトを
保留したうえで民族誌を書く試みはすでに始まっている。日常の生活実
践の場における個人の創造性や臨機応変な戦術に焦点をあてたり［e.g.,
松田 1996b，1996c；箭内 1994；大杉 1999；大村 2013；杉島編 2001；
田辺＆松田編 2002；吉岡 2005］，近代のプロジェクトを一旦は保留

して他者の世界生成のあり方を明らかにしたり［e.g., ヴィヴェイロス・デ・カストロ 2015；浜本 2001；大村 2011, 2012；ストラザーン 2015；Viveiros de Castro 1998］，近代のプロジェクトと他者の世界生成のプロジェクトの相互交渉によって新たな世界が生成してゆく様子を追跡したりする民族誌［e.g., de la Cadena 2015；Omura, Morita, Satsuka & Otsuki eds 2018；Tsing 2004, 2015］である。

　もちろん，こうした多様な世界生成のプロジェクトの遭遇と接触には常に摩擦や紛争が伴う。新たな民族誌はむしろそうした遭遇と接触の場にこそ注目し，人びとが日常のありふれた生活実践の中で，摩擦や紛争にあっても対話を諦めず，相手に合わせて調整し合うことで，自らの生き方の独自性を失うことなく，相互に折り合いをつけながら，それぞれの世界生成のプロジェクトをより豊かなものに変化させていることを教えてくれる。そうした遭遇と接触の場では，多様な世界生成のプロジェクトを実践する人々が出会い，相互の世界生成のやり方を翻訳し合いながら交渉する中で，紛争や摩擦を超えて柔軟な人間関係を築きつつ，新たな世界を生成する対話を終わることなく繰り返している。近代の世界生成のプロジェクトに一方的に呑み込まれるのではなく，そのプロジェクトに基づく同一性の政治に抵抗しつつ新たな世界を生成してゆく創造的実践は，すでに人々の日常的実践の中で営まれているのである。

　そうした人々の実践に学びながら，新たな世界を拓いてくれる創造的な対話の扉を開くこと。人類学者がフィールドに赴くのは，そのためなのである。

# 5 | 人新世時代の SDGs と貧困の文化

湖中　真哉

《目標＆ポイント》　世界の貧困根絶を掲げる SDGs が人新世時代の人類の目標として掲げられた現在，貧困と文化の関係とはいかなるものだろうか。果たして貧困層の人々が貧困に陥ったのは，彼らがもつ文化が原因なのだろうか？　本章では，ケニア遊牧民の初等教育の普及やラオスのコーヒー農家のフェアトレードの事例を通じて，貧困と文化の関係を考え，わたしたちが陥りがちな文化概念の危険性を考えながら，人新世時代の人類が新たに生みだされる貧困に立ち向かう可能性を考える。
《キーワード》　貧困の文化，SDGs，プラネタリー・バウンダリーズ，犠牲者非難，フェアトレード，構造的暴力

## 1. 人類と貧困

### （1）人類社会と貧困

　現生人類ホモ・サピエンスが約 20 万年前にアフリカに登場した当時の主な生計維持手段は狩猟採集であり，小規模な社会集団を形成していたと考えられている。当時の人類は，現在のわたしたちに比べると，物質的な絶対的基準では，貧困に分類される生活を営んでいたかもしれないが，その社会内部における階層化は進んでおらず，貧富の差は比較的少なかったと推定されている。人類社会において階層化が進んだのは農耕と牧畜の開始を伴ういわゆる新石器革命が紀元前約 1 万年に起こってからである。しかし，それ以前の文明とは比べものにならないぐらいの巨大な貧富の差を地球規模でもたらしたのは，16 世紀から 18 世紀にか

けてヨーロッパが周辺諸国を従属させることによって形成してきた世界システムによる資本主義経済である。2018年1月に，国際NGOオックスファムは，世界人口の1％にあたる富裕層が1年間に生み出された富の82％を独占した一方, 所得の低い人口の約半分の財産は増えなかったとの報告を発表した。こうした巨大な格差の拡大に対する解決策を未だ人類は手にしていない。

　近代的な国民国家がヨーロッパで成立した19世紀以降は，貧困削減の担い手とされたのは主に国家であったが，20世紀後半以降, 人類社会の課題として国連を中心に貧困削減に取り組む動向が活発化した。21世紀を迎えて，東西冷戦を乗り越えた人類は，先進国と途上国の南北格差を人類が取り組むべき次の課題として掲げるに至った。それが，国連の「ミレニアム開発目標（MDGs）」であり，そこでは，人類全体の課題として2015年までの開発の具体的な数値目標が初めて明記された。例えば，極度の貧困の撲滅のために，「2015年までに1日1ドル未満で生活する人口比率を半減させる」という数値目標が掲げられた。MDGsの報告書では「極度の貧困を半減する」等の諸目標は達成されたものの，5歳未満の子どもや妊産婦の死亡率の削減は目標の水準に及んでいないことが指摘されている。

## （2）人新世時代の人類の目標としてのSDGs

　MDGsの後継目標として，国連は，2015年9月に2030年までの開発目標として，「持続可能な開発目標（SDGs）」を定めた。SDGsは，ヨハン・ロックストロームらが提唱した「地球の限界（プラネタリー・バウンダリーズ）」という概念が基礎となっている［ロックストローム・クルム 2018］。彼らは，現在，地球上では，生態系とグローバル化した社会・経済が密接につながっており，人間が地球に与える圧力の増大に

よって，地球の回復力（レジリアンス／レジリエンス）が緩やかに喪失されつつあることを警告している。とりわけ，二酸化炭素濃度，生物多様性，土地利用，窒素生産は，すでに危険域に達しており，オゾン層，化学物質汚染，海洋酸性化，大気汚染，淡水利用も安全域内とはいえ悪化しつつある。こうした警告の結果，SDGs では，MDGs に比べて気候変動に対する取り組み等が強化され，持続可能な開発が強調されている点に特徴がある。つまり，SDGs は，ある意味で人新世時代の人類の開発目標を定めたものであると言って良い。

　SDGs は 17 の目標と 169 の達成基準を定めており，例えば，「2030 年までに，現在 1 日 1.25 ドル未満で生活する人々と定義されている極度の貧困をあらゆる場所で終わらせる」ことが達成基準とされている。わが国でも政府，自治体，企業によってすでに多くの取り組みが進められている。しかしながら，SDGs はもともと MDGs の後継目標であり，MDGs では，アフリカを中心とする世界の最貧困層に焦点が当てられていたことは忘却すべきではない。SDGs は，「誰 1 人取り残さない（no one will be left behind)」を理念としているが，現状では地球上の多くの人々が，貧困に苦しみ，将来への展望が描けない状態に取り残されており，そうした人々は SDGs の存在すら知らない。現在の人類は環境への配慮と極度の貧困の削減という二つの課題を同時に解決するという難題を背負っていることを，SDGs はそのまま反映していると言えよう。

### （3）貧困とは何か

　それではそもそも貧困とは何だろうか。どのように定義されるのだろうか。OECD の定義では，等価可処分所得（世帯の可処分所得を世帯人員の平方根で割って調整した所得）の中央値の半分に満たない世帯員の割合が貧困率とされ，日本の貧困率は 15～16％ で推移しており先進

90

国の中では高い水準である。これは一国の中での「相対的貧困」である
が，人類規模で貧困を問う場合には「絶対的貧困」が問題とされる。「絶
対的貧困」とは，人間としての最低限の生存条件を欠くような貧困のこ
とを意味する。例えば，先に挙げたSDGsの中では，極度の貧困層が，1
日1.25ドル未満で生活する人々として絶対的に定義されていた。絶対
的貧困の考え方は，人間としての最低限の権利を定めた人権の概念とも
かかわっており，こうした開発へのアプローチは，「人権アプローチ」
と呼ばれる。

　貧困を捉えるにあたって，こうした所得や生活水準だけではなく，そ
の人物がどのような生活を送ることができるか，どのような選択ができ
て機会が拓かれるかを問題にしたのがアマルティア・セン［1999］であ
る。彼は「潜在能力アプローチ」と呼ばれるアプローチに基づく「人間
開発」を打ち出し，この流れは，MDGsやSDGsにも影響を与えている。
　人類学者達は，先住民や途上国の最貧困層を主な研究対象としてきた
が，その一方で，貧困の概念とはまず距離を置くところからアプローチ
してきた。とりわけ，人類学者が批判してきたのは，貧困概念がステレ
オタイプ・イメージとして機能し，自己を優位な支援者，他者を劣位な
被支援者にみる見方を助長しがちな危険性をはらんでいる点である。そ
うした見方は，パターナリズム（父権的温情主義）と呼ばれるが，植民
地主義と根を同じくする。人類学者が貧困を問題にする際には，相手の
側の貧困を一方的に問うのではなく，こうして，まず，他者を貧困とみ
るわれわれのものの見方を問い直すことが逆に要求される。

## 2. 貧困は文化が原因か？

### （1）貧困の文化

　それでは，人々はなぜ貧困に陥るのだろうか？　一般的には貧困の原

因は所得等の経済的要因に求められるが，意外にもその原因を文化に求めたのは，人類学者オスカー・ルイスである。彼は，プエルト・リコ，メキシコ・シティ，ニューヨークのスラム街で実施した現地調査成果に基づいて，1960 年代に「貧困の文化（culture of poverty）」概念を提唱した［Lewis 1963; 1966; ルイス 1969: vii-xxv; 1970: 1-45; 2003: 17-42］。ルイスはまず，貧困そのものと「貧困の文化」を区別する。そして，ルイスは，貧困を「文化」として，つまり，「それ自身の構造と根本原理を持つ部分文化として，家系に沿って世代から世代に受け継がれる一つの生活様式として［ルイス 1970: 33］」捉えようとする。それゆえ，貧困は文化の作用によって，世代を超えて再生産される。また，ルイスによれば，この「貧困の文化」は，地域，民族を超えて，貧困状況下に置かれた人々の間で著しい類似性を示す。それゆえ，ルイスは「貧困の文化」を「貧しい人々の一群の中で発達する生活様式」と位置づけ，「約 70 の互いに関連する社会的，経済的，心理学的な特性を挙げることができる」と述べている。

　具体的なその特性として，ルイスは，1）貧民がより大きな社会の主な制度機構に有効な形で参加し融合していない，2）大家族のレベルを超える組織化が低水準である，3）子供として保護されている時期が短く，母中心家族へ向かう傾向がある，4）強い周辺性意識，絶望感，依頼心，劣等感，現在への指向性，諦観や宿命論を持つ，などの特性を挙げている。ルイスは，貧困の解消には，こうした貧困の文化の根絶が必要であると考えたのである。ルイスのこの理論は，その後，米国の貧困政策にも影響を及ぼした。国際開発においては，その後，学校教育を重視する方向が打ち出されたが——学校教育を通じて貧困の文化の根絶を目指すという点において——この貧困の文化論の残響が聞き取れる。

## （2）アフリカの遊牧社会ではなぜ学校教育が普及しないのか？

　次に，このルイスの貧困の文化論の妥当性を，初等教育の普及を例にとって考えてみたい。普遍的初等教育の欠如は，極度の貧困を招く根本原因のひとつと考えられたため，MDGs や SDGs にも含められている。例えば，MDGs では，ターゲット 2A として，2015 年までに，すべての子どもが男女の区別なく初等教育の全課程を修了できるようにすることが目標として掲げられている。SDGs では，ターゲット 4.1 として，「2030 年までに，すべての子どもが男女の区別なく，適切かつ効果的な学習成果をもたらす，無償かつ公正で質の高い初等教育及び中等教育を修了できるようにする」ことが掲げられている。

　ここでは筆者が調査した東アフリカ・ケニアの遊牧民サンブル社会の事例を検討する［湖中 2012］。遊牧民は，普遍的初等教育の目的達成の最後の大きな障害と認識されている。遊牧民の子どもは「特別なニーズ教育に関するサラマンカ宣言および行動要綱（1994 年)」においても，教育に関して特別なニーズを持つ子どもとして位置づけられている。そして，遊牧民に対する学校教育の導入が失敗してきたのは，遊牧文化に原因があるというのが「主流派の説明」である［Kratli 2001］。そこでは，遊牧民の文化が学校教育に関心を示さないことや，文化が保守的で新しい変化に抵抗する特徴を示すことなどが指摘されている。より大きな社会への融合を拒絶することや保守性を文化の特徴とみなすこうした主流派の説明は，ルイスが挙げた「貧困の文化」の特徴とも共通している。

　さて，それでは，アフリカの遊牧社会に学校教育が普及しないのは——そしてそれゆえ遊牧民が貧困に陥っているのは——文化が原因なのだろうか？　ホルスティーン［Holsteen 1984］は，サンブル文化と学校文化の両立不可能性の事例として，1）長期に及ぶ成人儀礼への参

加のために児童が学校を欠席すること，2）放牧労働のために学校を欠席すること，3）誇り高い文化を持つ青年が教師による体罰を恥と見なすこと，4）牧草と水を求めて遊動する遊動生活が，校舎を固定する学校教育を馴染まないことの 4 点を挙げている。

　しかしながら，筆者の調査によれば，上記の4点は，現在では，以下のように，必ずしも当てはまらないことが明らかになった。まず，1）成人儀礼を夏休みに行うことで，サンプルは儀礼と学校教育を両立している。また，2）放牧労働のローテーションを編成したり，成人女性が放牧したりすることで，子どもが通学できるよう配慮されている。そして，3）青年が体罰を受けることを恥と感じることは，青年の文化の側の問題ではなく，体罰を許容する暴力的な学校文化にむしろ問題がある。さらに，4）人々はむしろ学校の近くに居住することを好んでおり，学校の近くに向けて遊動してきた事例も見られる。つまり，遊牧民サンプルは，遊牧文化に固執して学校教育を拒絶しているのではない。遊牧民自身は，遊牧文化と学校教育を必ずしも対立的には捉えておらず，自らの文化を柔軟に調整して，遊牧文化と学校教育を並存させるためのさまざまな試みを模索しているのである。

### （3）貧困の文化論への批判

　それではなぜ遊牧民の社会では学校教育が普及しないのだろうか？筆者の検討の結果から，学校を建設しさえすれば，サンプルの就学者数はそれに対応して増加していることが明らかになっている。教育サービスに対して，明らかに地域住民は積極的に反応し，熱烈に歓迎さえしているのである。「主流派の説明」は，遊牧民に対する学校教育の導入が失敗した場合，その失敗要因をすべて遊牧民の「文化」に責任転嫁してしまう。遊牧民の社会の多くは，それぞれの国家において周縁化（marginalization）されており，十分な教育リソースが振り分けられていない状況にある。失敗の主因が，実は，教育サービスの不十分さや不適切さにある場合でも，こうした地域住民の文化への責任転嫁は起こりえる。

　「貧困の文化」についてもこれと同様の批判がなされている。貧困の原因を貧困層の文化に求めるルイスの議論は，ある種の犠牲者非難（blaming the victim）——つまり，「不平等の犠牲者の弱点を見出すことによって不平等を正当化する［Ryan 1976：xiii］」——に陥っているというのである［Ryan 1976：117-141；Small, et al. 2010：7］。確かに，国家による周縁化の犠牲の結果，貧困に陥っている貧者に対して，貧者自身の文化が原因で貧困に陥っていると主張するのは，問題のすり替えに過ぎない。わたしたちが「貧困の文化」について語る際には，こうした犠牲者非難に対して注意を払う必要がある。また，ルイスの貧困の文化論における文化概念が，あまりにも固定的，実体的であり，人々の変化に対する柔軟性をみてこなかったことも批判されている［Small, et al. 2010：8；Leacock 1971：34；江口 1998：6］。「世代や国境を越える貧困の文化という固定したものは有り得ない［江口 1998：6］」。「文化という用語は，我々の社会において，貧民が不健康で役に立たない価値観に固執している結果，貧困を永続化させているという意味で用いられる場合には，不適切に使用されている［Leacock 1971：34］」。その結果，貧困の文化として描かれる「文化」が貧民像をゆがめ，ステレオタイプ・イメージを形成してしまったのである［Leacock 1971：10］。

# 3．貧困を乗り越える文化

## （1）なぜラオスの農民は，フェアトレードの市場にすべての農産物を売却しないのか？

　次に，貧困削減の問題を考えてみよう。貧困を削減するために，世界各地でさまざまな取り組みが実施されているが，フェアトレードは日常的な商品の消費を通じてこうした取り組みに参加できる機会としてわたしたちにも馴染み深い。フェアトレード（公正貿易）はフリートレード（自由貿易）と対置される貿易の形態である。宗教的慈善活動として第二次世界大戦後に始まったが，1960年代頃から途上国生産者の自立を促す活動に展開した。その後，オランダのマックス・ハーベラーがフェアトレード商品にラベルを貼る認証化を始め，それが1997年に国際フェアトレード認証機構（FLO）へと発展し，今日わたしたちが目にするような認証に基づくフェアトレードの形態が確立した。

　わたしたちは通常消費者としてこのフェアトレードに接しているが，途上国生産者の側ではいったいどのようなことが起きているのだろうか。ここでは，箕曲在弘が現地調査を行った東南アジア内陸部に位置するラオス南部のボーラヴェーン高原のフェアトレード・コーヒー農家の報告事例から考えてみたい（箕曲 2014）。

　箕曲は農民世帯の家計調査を行い，フェアトレードによる買取は，各世帯の収入にある程度貢献していることを明らかにしている。しかし，同時に箕曲はそのような世帯であっても，フェアトレードの市場にすべての豆を売却するわけではないことを明らかにした。なぜ彼らは貧困削減に効果があるとされるフェアトレードの市場に全ての豆を売却しないのだろうか？

　箕曲によると，ラオスのコーヒー生産者は，コーヒー以外にも，キャ

ベツなどのさまざまな作物を育て，一部は換金している。コーヒーです
ら，協同組合を通してフェアトレードの市場に売却するだけではなく，
仲買人を通して一般の市場にも売却している。したがって，コーヒー生
産者に対してコーヒーを優遇された価格で買い取りさえすれば，彼らの
収入が安定するような単純な因果関係は成り立ちにくいのである。

　例えば，農民は，6月から8月という彼らが最も困窮する時期に，仲
買人から高い利子の付いた融資を受けなくてはならない状況に陥ってい
る。農民がなぜ一見，優遇されているように見えるフェアトレードの市
場にすべての豆を売らないのかは，この仲買人と農民との関係に注目し
なければ理解できない。農民がすべての豆を協同組合に売らないこうし
た理由を，現地で支援するラオス人を含めて，誰も理解していなかった
ことを箕曲は指摘している。

　それでは，どうして農民がフェアトレードの市場に豆を売らない理由
に目が向けられないのだろうか？　この理由に目が向けられなかった要
因の一つに「ラオスの農民は，概して真面目に働かない」というステレ
オタイプ的な文化イメージがあることを箕曲は指摘している。実際，現
場の支援者たちの一部は，ラオスの人々でさえ，「農民は品質の良いコー
ヒーをつくりたがらず，怠けたいから，組合に豆を売らないのだ」と解
釈していたという。

　フェアトレードの推進者が語る小規模なコーヒー生産者は，一般的に
コーヒー栽培に依存し，仲買人の搾取的な買取の前になす術のない人々
として描かれがちだが，この見方は，あまりに生産者のイメージをステ
レオタイプ化し，誤った支援の仕方を喚起してしまいかねない。しかし，
彼らの実状を調査してみると浮かび上がってきたのは，農民の生活サイ
クルからくる現金不足と，仲買人との間の持ちつ持たれつの関係であっ
た。

## （2）構造的暴力の人類学

　ケニアの遊牧民とラオスのコーヒー農民の事例の共通点として浮かび
上がってくるのは，外部者が貧困層に対して抱くステレオタイプ的な文
化イメージの問題である。ケニアの遊牧民は伝統文化に固執していて学
校教育を拒絶していたわけではないし，ラオスのコーヒー農家は，品質
の良いコーヒーをつくりたがらず，怠けたいから，組合に豆を売らなかっ
たのではない。この意味において，貧困はたんに貧困層の側の問題では
なく，こうしたステレオタイプ的な文化イメージを創り上げているわた
したちの側のものの見方の問題でもある。

　途上国の貧困の問題を考える際には，貧困層や彼らが持つ貧困の文化
の側に，貧困削減策や開発政策がうまくいかなかった原因を求めるので
はなく，途上国の社会がいったいどのような状態に置かれてきたのかを
まず分析する必要がある。例えば，東アフリカ遊牧社会は，そもそも国
家の開発計画の対象外におかれ，植民地時代も独立以降も，長らく国家
から簒奪され，住民がその恩恵を被ることはごくわずかで，彼らは最低
限の生活水準の維持もままならない状況に置かれていた。こうした状況
をヨハン・ガルトゥングは構造的暴力（structural violence）と呼び，
たんなる経済的貧困ではなく，静かな目に見えない暴力の一種として捉
えている（ガルトゥング 1991）。構造的暴力においては，「暴力は構造
のなかに組み込まれており，不平等な力関係として，それゆえに生活の
機会の不平等としてあらわれる［ガルトゥング 1991: 11-12］」。人新世
時代に多発することが予想されている気候変動によるさまざまな災害
は，この構造的暴力のひとつとして検証されねばならない。二酸化炭素
の排出により大きな責任があるのは，産業が活発な先進国であるにもか
かわらず，それが引き起こす気候変動の結果発生する洪水や旱魃等の影
響に苦しめられているのは途上国の貧困層であり，それは不平等な力関

係による――地球システムを介した――暴力といっても過言ではない。

　ガルトゥングの構造的暴力の概念を人類学に導入したポール・ファーマー［2012］は，文化人類学者が陥りがちな文化相対主義の陥穽を痛烈に批判し，構造的暴力と文化的差異を混同すべきではないと主張している。人類学者の研究対象は異なる文化に属しており，したがって異なる世界，異なる時間に存在していることになってしまうが，それが悪用された場合には，例えば拷問等の人権侵害行為は，「彼らの文化の一部」「彼らの特異な性質」と解釈されてしまうことになる。彼は述べている。苦しみを容認し，永続させ，正当化し，解釈する際に用いられる文化的境界線は，不平等を生み出し深刻化させる国家的・国際的なメカニズムの一部でしかない。「文化」では苦しみは説明できないし，最悪の場合は言い訳を提供することになる。

## （3）まとめ　人新世・SDGs 時代の貧困と文化

　SDGs によって，環境への配慮と貧困削減の両方が次の人類の課題として掲げられているが，人新世時代に至って気候変動等の影響により極貧層の生活がより悪化することも懸念されている。しかし，SDGs のような人類の目標を決めているのは一体誰なのだろうか？　ここで採り上げたケニアの遊牧民やラオスのコーヒー農家の意見が反映される過程はあったのだろうか。人類が地球規模の課題を多く抱える現在，SDGs のような人類の開発目標は重要であり必要である。しかし，同時に巨大な格差と無限の多様性を抱えた人類がこの単一の開発目標を実際に着地させるには――スローガンとして理念的に唱えるのとは異なり――無数の摩擦と衝突と調整を伴うであろうことは疑いを得ない。そしてもしその目標が達成されなかった場合，貧困層の無知や無理解に責任を転嫁すべきではないことを本章で紹介した事例は示している。

　それでは，人新世時代において，貧困や開発の問題を扱う場合には，文化の概念をどのように捉えるべきなのだろうか。「貧困は貧困層がもつ貧困の文化に原因がある」。「貧困層が開発政策を受け容れないのは，貧困層が保守的な文化や怠惰な文化を持つからだ」。こうした誤った考え方の前提は，固定的な文化概念であり，その流布が人々の偏見やステレオタイプ・イメージを助長し，ひいては文化の悪用を招いてきた。そのような固定的文化概念は，決して相手の側に内在する客観的属性ではなく，こちら側が勝手につくりあげた自らに都合の良いイメージに過ぎない。

　人新世時代の人類学は，そのような既存の固定的文化概念を再生産するのではなく，破壊することによって，それに囚われずより自由に考えられる可能性を拓くことだろう。人新世時代の人類学は，もはや手つかずの純然たる自然環境を前提としないのと同様，純然たる固定的な文化概念からは出発しない。貧困や開発を考える際にもそれは当てはまる。人新世時代においては，文化はたんなる不変の伝統ではなく，もともとの文化と外部からもたらされる市場経済や学校教育等が混淆してできあがったものとして捉え直されねばならない。

　ルイスは，貧困解消のためには，貧困の文化の根絶が必要だと考えていた。そのように考えると文化は開発の阻害要因に過ぎないだろう。しかし，人新世時代の人類学では，むしろ，文化はさまざまな接触と混淆を通じて，新しい可能性を産み出す潜在的可能性としても見直されなければならない。ケニアの遊牧民が学校へ向けて遊動していることは，彼ら自身の教育開発としてもみるべきではないだろうか。ラオスのコーヒー農家と仲買人の持ちつ持たれつの関係は，彼ら自身のローカル・トレードとしてもみるべきではないだろうか。それらは誰からも記述されず，いつの間にかなかったことにされてしまう。文化は開発の阻害要因

にもなれば推進要因にもなり得る。文化がそのどちらの要因になるのかは，わたしたちが文化をいかに記述し，いかにして開発のあり方に反映させられるかによって決まるだろう。

　本章では，固定的な文化概念に基づいている点でルイスの貧困の文化を批判してきた。その一方でルイスは貧困状況への適応や反発として貧困の文化を捉えてもいる。「貧しさの文化は，成層化し，高度に個体化した資本主義社会における貧民が，自らの周辺的な地位に対して示す適応と反発である［ルイス 1970：34］。彼がこのように言うとき，柔軟な文化概念に基づく貧困の文化概念の可能性が垣間見える。もし，貧困層にそのような「適応と反発」が存在するのだとしたら，おそらく，人新世時代には，気候変動に対して最も脆弱な社会において新たに生じた環境の異変への「適応と反発」が，さまざまな形で現れてくることだろう。人新世時代においては，気候変動によって生みだされる新しい状況に対応して新しく混成的な文化を創り出すことで——そしてそれを外部からの支援と組み合わせることで——貧困層が最低限の生存条件を維持できるかも知れない。その時，混成的な貧困の文化は，気候変動への適応策のひとつとして見直されるかもしれない。ただし，その際には，本章で扱ったように，貧困層が構造的暴力の犠牲者となってきたことを思い起こし，犠牲者非難を繰り返さないように留意しなければならないだろう。

# 6 | 人新世時代のものと人間の存在論

湖中　真哉

《**目標＆ポイント**》　人新世時代の人類は，人間をどのような存在として捉えればよいだろうか。人新世時代においては，自然と文化の境界が揺らぎ，それに伴ってさまざまな人間とそれ以外の動物やものや機械との境界も揺らぐ。ここでは，すべてのものを捨てて避難しなければならなかった東アフリカの遊牧社会の国内避難民の事例を検討することで，人間とものが一体化した物質文化（ものの文化）を検討する。また，人間を越える人工知能の問題を考えることを通じて，人間を閉じた存在ではなく，非人間とのネットワークにひらかれた存在として捉え直す。そして，こうした事例をもとに，人新世時代のものと人間の存在論を考える。
《**キーワード**》　構造主義，存在論，サイボーグ，人工知能，シンギュラリティ，国内避難民，クトゥルー新世

## 1．人間と非人間の境界

### （1）人新世時代の人間とは何か

　人間とは何だろうか。人類史上，この問いは幾度となく繰り返されてきた。この問いは，また古典的な人類学の問いでもあった。ここでいう人間とは，生物学的にはホモ属サピエンス種であり，それは「知性のヒト」を意味する。このホモ・サピエンスには，さまざまなパロディが存在する。「ホモ・ファーベル（つくるヒト）」，「ホモ・ルーデンス（遊ぶヒト）」，「ホモ・エコノミクス（節約するヒト）」，「ホモ・ロクエンス（言葉のヒト）」，「ホモ・レリギオス（宗教のヒト）」，「ホモ・デメンス（錯

乱するヒト）」，「ホモ・パイロフィリス（火のヒト）」「ホモ・デウス（科
学の発展の結果神に近づいたヒト）」。これらの概念は，いずれも人間の
もつさまざまな特徴を反映していてそれぞれ興味深いが，人新世時代の
人類学は，人間をどのように定義したらよいのだろうか。

　そもそも初期人類史において，人間とは何かという問いは，さほど重
要ではなかった。ヨーロッパでも近代以前には，重要だったのは人間よ
りも人知を越えた神であり，人間は神に従うべきであり，神を問うこと
がすなわち学問の中心的課題であった。近代に入って，神中心主義は人
間中心主義にとって代わられる。神の死が宣告され，神の権威は失墜し，
神に代わって人間が万物の主役として躍り出ることとなった。人文・社
会科学を中心とするリベラル・アーツは人間の解放を目的としており，
そこにはこうした人間中心主義が色濃く刻印されている。人間とは何か
という問いは，こうした人間中心主義の産物といえるだろう。

　1950 年代，ちょうどグレート・アクセラレーションの初期に始まっ
た（第 2 章参照）構造主義は，こうした人間中心主義に転回を迫った。
構造主義とは，システムを差異の体系としてみる立場であり，構造とは
無関係に人間の思うがままに主体的な生を生きられるという楽天的な考
えを批判した。ミシェル・フーコー［1974: 409］は，「人間は，われわ
れの思考の考古学によってその日付の新しさが容易に示されるような発
明にすぎぬ。そしておそらくその終焉は間近いのだ……賭けてもいい，
人間は波打ち際の砂の表情のように消滅するであろうと」と述べた。ク
ロード・レヴィ＝ストロース［1977: 356］は，「世界は人間なしに始まっ
たし，人間なしに終わるだろう」と述べた。人新世を扱う研究や芸術が
しばしば SF 的なイメージとともに人間が死滅した後の世界を問題にし
ているのは，そしてそれが自然科学のみならず哲学の問題でもあるのは，
こうした構造主義以降の考えに立って，人間を問うているからなのであ

る。人新世時代に人間を問うこととは，こうして神中心主義の時代も人間中心主義の時代も終焉した後に，再度，地球との関係において人間を問うことにほかならない。

### （2）人間と動物の境界

　しかしながら，人新世時代の人類学は，先に示したようなホモ・サピエンスの特徴を考えることからは出発しないだろう。人間しかみない限り，人間中心主義からは脱却できないからである。ここで「人間とは何であるか」という問いから出発するのをやめて，あえて「人間とは何でないのか」という問いから出発してみよう。

　もし，あなたが動物だと言われたらどのように感じるだろうか。いや，わたしは動物ではなく人間だと答えたくなるのではないだろうか。しかし，生物学的には，ホモ属は動物界の一部であり，わたしたちは植物ではない以上，すべて動物である。しかし，わたしたちは——ほとんど無意識のうちに——人間には他の動物にはない優れた特徴が備わっており，他の動物とは区別されるべきだと考えている。人類学は，人間が他の動物と区別される特徴を，知性，言語，道具の使用，大脳の発達，直立二足歩行等に求めてきた。しかし，ヒトとチンパンジーの DNA の塩基配列は，約 98.8％ が共通していることはよく知られており，人間より高い瞬間記憶力を持つチンパンジーもいる。ならば，その違いたるや決定的ではなく程度の問題ではないだろうか。人間と人間以外の動物の境界はどこにあるのかを探ろうとする人類の営みは，アメリカ大陸の先住民族は人間なのか，それ以外の生物なのかを真剣に論争していた 16 世紀スペインの論争を思い起こさせる。こうした線引きは，線引きをする側の優越感と無関係ではない。人間とは，他者との線引きをすることで，自己の優越性を確定したがるプライドの高い——そしてそれゆえ

にちょっと困った動物なのかもしれない（かたやチンパンジーの側は，おそらく，チンパンジーと人間の線引きにはさほど熱心ではないだろう）。人間と人間以外の動物の境界を探るのをやめて，むしろそれがいかに設定されてきたのかを問題にしたのはダナ・ハラウェイである。彼女は，フェミニズムの立場から霊長類学的研究を分析し，人間と人間以外の霊長類の生活について，科学者によるどのようなかたちの理想化が，科学知として公認されることになるかを問題化した。その結果，彼女は，霊長類の研究において，雄を中心とする学説と雌を中心とする学説では，全く説明が異なっていることを見出している。彼女は言う。「人間の独自性に残された最後の堡塁も，遊園地にされることこそ免れたものの，既に汚染されている。ことば，道具の使用，社会行動，精神活動のいずれをとってみても，人間と動物の区分を納得できるかたちで確定してはくれない［ハラウェイ　2017: 291］」。

## （3）人間とものの境界

　「人間とは何でないのか」という問いについて，次は人間とものの関係から考えてみよう。わたしたち人間は，身体という物質的基盤をもっており，その身体はいわばものである［湖中 2011］。さらに，その身体は，皮膚で区切られるものではなく，身体以外のものともつながっている。眼鏡，補聴器，義肢義足や人工臓器の例を考えてみればわかるとおり，身体とものの境界はしばしば曖昧であり，ある種のものは身体の一部と化している。文明が創り出した衣服や道具や自動車や住居をメディア研究の立場から「身体の拡張」として分析したのは，マーシャル・マクルーハン［1987］であった。スマホを手放せない現代人は，すでに電子の脳と一体化して生きていると言えるかも知れない。再びダナ・ハラウェイは言う。「理論的にも実質的にも，人間は機械と生物の混合体（キ

メラ)と化した。つまり，わたしたちはすでにみなサイボーグなのだ［ハ
ラウェイ他　2001：31］」。わたしたち人間には，人間は特別であり，動
物やものではないと主張したがる傾向があるが，実際には，人間と人間
以外の動物やものとの境界は，わたしたちが主張する程には明確ではな
く，人間だけが特別であり他と区別されるべきだという主張にはさほど
の根拠はない。

　ただし，このように人間と人間以外の動物やものとの境界があやふや
であると認めたからといって，人間を動物やものとして扱うべきである
という主張を正当化することはできない。例えば，人間の身体をまるで
もののようにして扱う奴隷制や臓器の売買に対して，わたしたちは強い
倫理的な反発を感じるはずだ。奴隷制を研究したイーゴル・コピトフ
［Kopytoff 1986；Cf. 内堀 1997］は，人間世界のものを，誰かと交換
できるかどうかという可能性（交換可能性）という点から考察した。彼
によれば，人間世界のものは，貨幣のようにありとあらゆるものと交換
可能なものの極と，人間の身体のようになにものとも交換できないかけ
がえのないもの極との間を揺れ動いているという。例えば，親の形見の
ように強い想い出が込められたものは，たとえどのような高額で取引し
ようと言われても，応じられないだろう。それは，それが交換不可能で，
かけがえのないものの極の近くに位置しているからである。

　コピトフの考え方に倣って言えば，人類にとって，自らの身体以外に
もうひとつかけがえのないものが存在する——それは地球である。呼吸
を例にとれば明らかなように，人間の身体は，地球との相互作用によっ
てしかその機能を維持できないが，地球は何ものとも交換できない。人
間だけが特別であるという優越感を捨てた時に見えてくるのは，人類は
——他の動物と同じく——地球というかけがえのない「もの」の一部だ
ということである。人新世時代とは，ものの人類学的に言えば，地球と

いう「もの」が，市場において取引可能な交換可能性の極にはなく，交換不可能なかけがえのないものの極にあることに，人類がようやく気づいた時代と言えるかも知れない。

## 2. 東アフリカ遊牧民の国内避難民は何を持って避難したか？

### （1）避難の物質文化

つぎに，人類とものの関係を，筆者が調査してきた東アフリカ遊牧社会の国内避難民の事例から考えてみよう［湖中 2019］。東アフリカ遊牧社会では紛争が頻発しているが，ここでは近年発生した３つの民族集団をめぐるある紛争をとりあげる。この紛争は，殺人，傷害のほか，家畜の略奪，家屋や家財の焼き討ち等，多大な被害をもたらしたがほとんど報道されることがなく，ある国際機関の報告でも，紛争についての情報が不足し，紛争によって発生した国内避難民が無視されてきたことが指摘されている。一連の紛争の死者総数は 600 人，国内避難民総数は 37,000 人と推定される。紛争の要因は民族集団Ａの政治家による選挙の得票目当ての扇動である。紛争は結果的には相互の報復を招いたが，当初，近隣民族集団に攻撃をしかけたのは民族集団Ａであった。民族集団Ｂ，Ｃ，Ｄは，いずれもＡからの攻撃を受け，大量の国内避難民が発生した。

筆者は，この一連の紛争の過程で国内避難民となった３つの民族集団のうち被害が最も深刻であった世帯を対象として，各世帯が保有する生活用品の調査を実施した。調査した物品の総数は，民族集団Ｂが 567 点，民族集団Ｃが 218 点，民族集団Ｄが 156 点を数える。筆者は，この調査を行う過程で，国内避難民が持って逃げたものに一定の共通性があることに気づいた。ここでは，国内避難民が避難の際に持って逃げた物品に着目し，彼らがもつ避難の物質文化について分析と考察を行う。東アフ

リカ遊牧民の国内避難民は何を持って避難したのだろうか？

　筆者は，各民族集団の国内避難民が避難時に持参した物品の種類別割合を検討したが，その結果，全ての民族集団において，衣類と装身具が最も高い割合を占めていることが判明した。これらの衣類や装身具は，そのほとんど全てが，調査対象者が避難の際に身につけていたものであり，調査結果は，彼らが文字通り着の身着のまま避難したことを反映しているに過ぎない。そこで，衣類と装身具を除外して，それ以外に彼らが避難時に携行した物品を分析する必要がある。国内避難民が避難時に携行した物品のうち衣類や装身具を除いた物品の数は，民族集団Bでは21点，民族集団Cでは22点，民族集団Dでは9点である。衣類と装身具を除く避難時に携行した物品の構成をみると，民族集団Bの場合，家畜の乳容器が29％，鉈が24％，椅子が19％，敷物が10％をそれぞれ占めている。民族集団Cの場合，家畜の乳容器が50％，ロープが14％，篦（へら）が14％，家畜の乳容器の攪拌機が9％をそれぞれ占めている。民族集団Dの場合，商店で購入した食器・調理器具が44％で，あとは椅子，篦，かき混ぜ棒，水容器がそれぞれ少数の割合を占めている。

## （2）なぜ遊牧民は最低限のもののセットを持って逃げたのか？

　これらの物品は，貨幣との換算価値でみれば，たいした価値をもたないが，それぞれの民族集団内の日常生活で一定の生計道具としての役割を担っている。例えば，家畜の乳容器は搾乳や乳の保存に使用される。各民族集団において，避難時に携行すべきとされてきた物品は，歴史的に，生業経済を基盤とする各民族集団の遊動生活において，必要不可欠な物品のセットを構成してきたと考えられる。つまり，紛争や旱魃等の危機状況に直面した各民族集団は，それぞれの遊動生活において，避難する際に，最低限持って逃げるべき「最低限のもののセット」とでもい

うべき物品のセットを設定してきたと考えられる。これが最も顕著なのは，民族集団Cであり，彼らは，家屋内の一定の空間に，家畜の乳容器，篦，かき混ぜ棒等をまとめて配置している。非常時にこれらのものを持って迅速に避難できるように，ふだんからこれらのものをまとめてあるのだという。これらの物品は，避難と同時に携行できなかった場合，敵の襲撃後も捜索される。危険を顧みず，敵の襲撃後の居住地跡まで戻って，これらの物品を探して，避難先に持ってくることさえみられる。

　しかしながら，こうした生計道具としての役割だけでは，各民族集団の国内避難民があえてこれらの物品を優先的に持ち出した理由は説明できない。まず，各民族集団とも，現在の日常生活においては，鍋やスプーン等の商品経済を通じて入手した世帯用品を使用しており，国内避難民が携行したような生計道具にまさるとも劣らぬ実用的役割を果たしているが，それらはあまり持ち出されていない。また，民族集団BとCの国内避難民は家畜の乳容器を優先的に携行して避難していたが，搾乳可能な家畜を連れて避難できた世帯はほぼ皆無であった。事実，調査の時点において，これらの世帯の家畜の乳容器は長期間空のままであり，本来の用途にはまったく役立っていなかった。また，他の物品にしても避難先で容易に代替品を調達することが可能なものが多く，あえてそれらの物品を携行しなければならない理由は，それだけでは説明しにくい。なぜ遊牧民は最低限のもののセットを持って逃げたのだろうか？

## （3）身体の一部としての最低限のもののセット

　各民族集団では，もし，避難時に持って逃げなければ，その所有者に不吉なことがおこると考えられている特定の物品が存在する。例えば，民族集団Bでは，それらの物品は，家畜の乳容器，家畜の皮の敷物，椅子である。家畜の乳容器は，割礼の際に，割礼を受ける少年の母親によっ

て彼女の息子のためにつくられる。その家畜の乳容器は彼の身体であり，さらに固有名であるとされる。彼が死亡したら，彼の家畜の乳容器を藪の中に捨てる。家畜の皮の敷物は，割礼の手術をする際に身体の下に敷かれるが，その上に手術を受けた者の血が流れるため，その人物の身体と言われる。家畜の皮の敷物は，その人物が死亡したら，家畜の乳容器と同様に藪に捨てられる。椅子は家長が保有し，来客をもてなす際に使用されるほか，割礼の際の剃髪と祝福に用いられる。椅子は家長の象徴であり，父親から長男に譲られる。

　つまり，国内避難民が避難時に携行する最低限のもののセットは，その保有者の身体と深く結びついているのである。彼らにとっては，家畜の乳容器や家畜の皮の敷物は，たんなる物品ではなく，保有者各個人の身体と不可分なその一部である。最低限のもののセットがそもそもものではなく，身体の一部であると考えると，これらの物品を残して避難することが，あってはならない事態であることは理解できる。最低限のもののセットが身体の一部である以上，その一部を残して避難することは，いわばわれわれが手足や目鼻といった身体の一部のみを残して避難するのと同様に，極めて不自然なあり得ないことと言わねばならない。家畜を放棄せざるを得なかった世帯が避難時に携行した物品は，家畜に価値を置く遊牧社会において家畜以上の究極の価値を持つと語る遊牧民もいる。最低限のもののセット自体は，貨幣価値においても，生計道具としての価値においても，それ自体が高い価値をもつわけではない。しかし，もし，最低限のもののセットがたんなるものではなく，身体の一部であるとすれば，一見すると取るに足らないように見えるこれらのものが究極の価値を体現していることは自然に理解できる。

　東アフリカ遊牧民は，元来，家畜と少数の生計道具とともに頻繁に移動を繰り返してきた。人間の身体は，家畜や生計道具と不可分に移動し，

遊牧の移動基本ユニットを構成していたと考えられる。彼らの社会では，遊牧生活を通じて，自己と家畜やものが一体化しているので，それらはそもそも何らかの対象ではなく，自己の一部だということになる。東アフリカ遊牧社会では，過剰な身体装飾が行われるが，これは装飾品として用いられるビーズ等のものが身体の拡張として捉えられていることを示している。また，耳朶に穴を開けたり，抜歯を行ったりする身体加工も東アフリカ遊牧社会においては広くみられるが，それは身体がもののように扱われることを示している。つまり，遊動性を前提とした東アフリカ遊牧社会では，長い遊動の歴史の中で，人間身体とものの間の境界が消滅し，ものが身体であり，身体がものであるような関係性が形成されてきたと考えられる。

　人新世時代とは，自然と文化の境界の消失が前提となる時代である。身体とものが渾然一体となった東アフリカ遊牧社会の事例は，わたしたちには一見奇妙に思われるかも知れないが，それはたんに近代社会では自然と文化を区別することが習慣化しているからに過ぎない。先に述べたように，眼鏡や人工臓器の例を考えればわかるとおり，実際にはわたしたちの社会でも自然と文化は混じり合っている。東アフリカ遊牧社会においては，もともと自然と文化が渾然一体となった存在論が形成されてきたのであり，自然と文化をあえて区別しようとさえしなければ，それは何ら奇妙な現象ではないのである。

## 3．人新世時代のものと人間の存在論

### （1）人工知能（AI）は人間を超えるのか？

　さて，人新世時代のものと人間の関係を考える上で現在耳目を集めているのが，人工知能（AI）の問題である。2045年頃に，人類は，コンピューターが人間を上回る知的能力をもつ「シンギュラリティ」に到達

すると予測されている。果たして，人工知能は人間を超えるのだろうか？
その時，人間はどうなるのだろうか？

　久保明教［2018］は，新しい人類学の立場から，コンピューターの将
棋ソフトと人間の棋士の対戦を研究した。将棋ソフトは，盤上に起こる
出来事を棋士とは異なる仕方で把握し，組織し，評価している。人間と
機械が生きる世界は部分的につながっているが，完全に同じものではな
い。したがって，将棋界や囲碁界におけるソフトの躍進に伴って繰り返
し提示されてきた「機械は知性において人間を超えたのか／超えるのか」
という問いは常に不完全な問いに留まらざるを得ない。それは，超えた
か否かを判断できる共通の基準が存在しないからである。もしも，知性
において人間をはるかに超える機械が現れたならば，その機械の知的判
断が妥当であるか否かをもはやわたしたちは判断できなくなることにな
る。

　久保は，重要なのは，「むしろ人間とは異なる仕方で世界を生きる機
械と私たちはいかにつきあうことができるのか，機械との関係を通じて
人間なるものはいかに変化していくのかという問いである」と述べてい
る。例えば，将棋の電王戦における棋士とソフトとの相互作用を通じて，
将棋の「強さ」なるものは著しく不安定化した。例えば，棋士がソフト
の弱点を突いた場合に，それは棋士の「強さ」と言えるのだろうか？
棋士仲間を団体戦敗北に追い込まないためにソフトと戦うベテラン棋士
の「強さ」の評価には，「仲間想い」という通常はカウントされない要
素が入り込んだのではないか？　つまり，電王戦の興行を通じて，「強
さ」という観念自体がさまざまに変化し，機械という異質な他者との関
わりを通じてさまざまな観念や人間の在り方そのものが変容しつつある
のである。

## （2）AIが世界を支配するか？

　それでは，わたしたちは人間と機械の関係をどのように捉えたらよい
のだろうか。シンギュラリティに達すると，機械が世界を支配するのだ
ろうか？　わたしたちは，知能機械であるAIに置き換えられる。同時
に，わたしたちは機械ではないから，知能機械に置き換えられない余剰
としての「私」が残る。しかし，知能機械を操作できれば，わたしたち
は機械に対する受動性から解放される。こうした筋書きを久保は，「機
械──人間のイマージュ」と呼んでいる。例えば，面倒なことは何もか
も機械がやってくれるのに，なぜか「好きなこと」だけは人間に残され
ているという虫の良い発想もこれに当たる。ただし，こうした発想は，
機械を奴隷に置き換えれば，奴隷制プランテーションを経営する植民地
主義者と何も変わらない。むしろ，ここでわたしたちが考えるべきこと
は，人間が支配するのか機械が支配するのか，というありがちな問いで
はなく，先に挙げた将棋の電王戦の「強さ」の議論と同様，「支配する」
というのはそもそも一体どういうことなのかという──機械が提供して
くれた──新たな問いである。

　このように，わたしたちは，自らとは異質な他者との相互作用を分析
し判断する土台としてわたしたち人間の世界を維持しようとつねに務め
ている。しかしその一方で，わたしたちは，さまざまな異質な他者と部
分的につながった世界をすでに生きており，機械はその一つである。久
保は，断絶する世界を，「人間」という最終的な根拠によってつなぎと
め，さまざまな現象を人間／非人間という二項対立に還元するような従
来からの世界理解の方法を思い切って放棄してみることを提案してい
る。それはあらかじめ他者とはそもそも異なるものとして自己や人間を
定点的に確立するのではなく，未知の他者と同一平面でかかわることで
私たち自身や人間の在り方を新しく変化させていく新しい世界理解の方

法と言えるだろう。久保は，「わたしたちは機械ではない」という自己
規定に代わって，むしろ「わたしたちは人間ではない」という規定を採
ることに伴うさまざまな困難と可能性を捉えようとしている。こうした
久保の「人間なきあとの人類学」の試みは，人新世時代のものと人間の
存在論を考える上で，重要なヒントを与えてくれるだろう。

### （3）まとめ：クトゥルー新世と人間の溶解

　本章では，人新世時代のものと人間の存在論を問うてきた。ひとたび，
わたしたちの思考を縛り付けている人間中心主義を離れてみれば，人間
と人間以外の動物やものや機械との境界は決して明確ではないことが理
解できる。東アフリカ遊牧社会の事例が示すように，身体とものの境界
線を越えた存在論をもつ人々もいる。

　ダナ・ハラウェイは，人新世や資本世といった概念は，自然界の中で
人間だけは例外だとする人間例外主義（human exceptionalism）と個人
主義に基づくものだと批判している。人間例外主義に立てば，第2章で
述べた通り，人新世は人類にとっての危機であり，諦念をもって人類の
絶滅を受け容れるか，地球工学などの科学技術によって地球を改造する
ことによって危機に立ち向かうかの二者択一しかなくなる。AIによる
人類の支配を受け容れるのか，それと戦うかという二者択一もこれと同
じ図式である（人新世の地球もAIも人間が創り出した手に負えないモ
ンスターである点は共通している）。しかし，彼女は，この二者択一を
退ける。

　そこで，ハラウェイが用意した回答に人はあっけにとられるに違いな
い。彼女は，人新世時代においてわれわれは，ヒューマンではなく，ヒュー
ムス（腐植土）だという。ポスト・ヒューマン（より進化した人間）で
はなく，コンポスト（終わった後の時代をともに生きる堆肥）だという。

そこには，人新世という地質年代を人間例外主義によって捉え，地球と切り離された特権的な位置に人間を置く見方に対する強烈な皮肉が込められている。彼女は，人間を腐植土や堆肥とみることによって，人間は有限であり，いつか土と化す限りにおいて，そもそも地球の一部であることを喚起している。人間を地質と切り離して，地質に影響を与えるほどの存在だという言う以前に，そもそも人間は地質の一部に過ぎない。彼女は，人間をあえて土とみることを通じて，人間と地球の間に境界線を引き，危機を唱えて自己や人間の砦を守ろうとしたり，反対にそれに絶望したりする人新世をめぐる従来の思考法に根本的な異議を唱えているのである。

　彼女は，人新世や資本世に代えて，「クトゥルー新世（*Chthulucene*）」をある種のSF的な思考実験として提唱しているが，それが地を這うクモやタコのような触手状の生物をモチーフとしていることは興味深い。クトゥルー新世においては，人間はもはや境界をもち外界と区別される自立した生物ではなく，他の生物や地球上のものとの間で複雑につながった触手状のネットワークの一部として捉えられている。

　いくら科学技術が発達しようとも，わたしたちが近代に縛られた古い人間中心主義に縛られている限りは，わたしたちの文明はいびつな方向にしか進まないだろう。いびつな方向に進んだつけが，現在，人新世となって現れているのである。人新世時代の人類にとって最も必要なことのひとつは，既成概念に囚われずに，人間概念と人間の在り方を思い切ってつくりかえていく発想の転換である。人新世時代にふさわしい人間の在り方は，他者や地球とは異質であり区別されるべきものとして自己や人間を定点的に確立する在り方ではなく，他者や地球と同一平面でかかわることで私たち自身や人間の在り方をネットワーク上の関係性の中に溶解させていく在り方なのではないだろうか。レヴィ＝ストロース

［1976：296］はかつて述べた。「人文科学の究極目的は人間を構成することではなく人間を溶解することである」。人類学者がフィールドワークを通じて文字通り体当たりで行ってきたのは，地球や他者と融解した新しい人間の在り方を追求することであったのかも知れない。

# 7 | エイジングの人類学

| 髙橋　絵里香

《**目標＆ポイント**》「我々はどのように老いていくことが望ましいのか」という問いは，現在に生き残る我々が，他社会や過去における老年の位置づけに対して投影する解釈・評価と結びついている。本章では，「年を取ること＝エイジング」が家族や社会をめぐる自他の比較から集合的に構想され，価値づけられてきたことを具体的な事例から理解していく。世界人口が爆発的に増加する一方で，日本では少子高齢化の進行が懸念されるという矛盾した時代において，高齢化問題を相対化していくことが本章の目標となる。
《**キーワード**》 老年人類学，人口高齢化，ローカル・バイオロジー，サクセスフル・エイジング

## 1．老いの問題化

### （1）人新世時代の「高齢者問題」

　私たちはどうして高齢化という言葉に未来への不安を感じとるのだろうか。

　日本は現在，地球上でもっとも高齢化が進む国である。国連の報告［United Nations 2017］によると，2017年時点で人口にみる60歳以上の割合は33％と他の国々を突き放している。人口高齢化はグローバルな問題でもあり，発展途上国を含む各国においても高齢人口は増加している。2017年には9億6,200万人いた60歳以上の人口は，2030年には14億人に，2050年には21億人に増加すると見こまれており［United Nations 2017: 11］，その単純な数の大きさには圧倒されてしまう。ま

た高齢化が加速していることも不安を誘う。人口高齢化は「マクロ経済への負担，新たな技術，新たな疾病のパターン，社会規範の変化を伴い，これらの変化は政策立案を要求する」［Kinsella 2009：13］からである。我々はこうした現実の変化するスピードに追いつくような対処法を編みだすことができるのだろうか。

　こうした不穏な未来の予感は人新世時代に典型的なイメージであるように思える。だが，第 1 章でも説明されていたように，人新世とは人間の活動の増大が地球そのものに影響を及ぼすようになった時代であるので，高齢化よりも世界人口の増加と深くつながった問題である。一方，高齢化はむしろ人口の減少（正確に言えば出生率の減少，平均余命の伸び，出生時死亡率の低下）と連動する現象である。地球という規模で考えるなら，人類が地球で生存し続けていくためには人口の増加を抑制する必要があるのだから，各国における人口高齢化は甘受すべきであるということになりはしないだろうか。

　もちろん，実際問題として国家は現在も社会保障をはじめとするさまざまな制度の実施単位であるから，世界人口がどのように推移しているにせよ，国内での高齢世代と現役世代の人口比率が社会保障の仕組みにダイレクトな影響を及ぼすことは避けられない。例えば，日本の場合は 2015 年の時点ですでに 65 歳以上の者 1 人を現役世代 2.3 人で支えるという状況になっている［内閣府 2018］。将来的に社会保障費が増大していくという見こみについて，何らかの対応が求められていることは確かである。

　だが，人新世が近代国家という枠組みを乗り越える思考であるとすれば（第 1 章参照），国家単位を前提とする高齢化をめぐる語り口も見直す必要があるはずだ。では，近代国家という仕組みに基づく問題認識は，私たちに「老い」をどのような状態として突きつけているのだろうか。

## （2）老年の疎外？

　哲学者の鷲田清一は，現代日本における老年の位置づけについて，次のように描写している。

　　早朝の公園や街路に，昼下がりのスーパーマーケットの休憩所に，〈老い〉が片時せりだす時間がある。地域というよりは社会の隙間とでもいわなければならない場所に，である。一方，アパートの個室に，あるいは病院，施設という，生活感のない抽象的な空間に，〈老い〉が人知れず押し込められていることもわたしたちは知っている。【中略】　〈老い〉は「現役」ばりばりのひとをのぞけば，まっとうな場所をもたないまま，社会をその断層に沿って漂流しているかのようである。いうまでもなく，その漂流の中に〈老い〉のかたちはない。そして封じられた〈老い〉があらわに社会に出てきて，それに介入してゆけば，「老害」や「お荷物」といったラベルが貼られる［鷲田 2003：16-17］。

　老年の疎外という問題意識は，定年退職を伴う就労という社会構造の中に埋めこまれていることが，この文章からみてとれる。社会を主に支えているのは働いている人々であるという通念があり，その通念に基づいて社会制度が配置されている。だからこそ鷲田は，定年退職した人々が社会の周縁に追いやられていると解釈しているのである。疎外への方策として，例えばこの放送大学のような生涯学習の場が設けられたり，定年後の再就職を容易にする法制度が導入されたりしてきたことも，「現役中心」の社会通念への対応であると言えそうだ。人口の高齢化を問題として捉える発想の背後にも，こうした社会構造が控えている。社会保障や家族介護の負担といった人口高齢化が引き起こすとされる問題は，いわゆる「現役世代」にとって老年が介護や扶養の対象であることに起

因しているからだ。

　このように，人口高齢化を社会問題として認識する枠組みは，同時に老年の社会的疎外を嘆く語り口を生み出してきた。こうした語り口の問題は，老人が「社会の中心」に位置づけられていた理想的な過去があったと想定する点にある。

　鷲田は同書の中で民俗学者・宮本常一の『家郷の訓』［1984］を紹介し，隠居という慣習によって「年寄りと孫」の親密な関係が生まれていたことを「かつてこんな老いがあった」［鷲田 2003: 25-28］と回顧する。だが，現代日本から「年寄りと孫」の関係が失われたわけではない。むしろ，子育て中の女性の就労復帰が課題とされる中，祖父母の存在が孫の育児において重要な意味を持つ場合も多いのではないだろうか。

　老年の疎外論は，どうしてこのような単純化された対比によって過去と現在，伝統と近代を比べようとするのだろうか。人新世時代の問いが近代の再考を起点とするならば，高齢化問題・老人問題もまた再考されなくてはならない。そして，この問いに答えていくためには，「年を取ること＝エイジング」についての人文社会科学の議論と社会問題をめぐる言説の関係を見ていく必要がある。そこで本章では，老年人類学がどのように老いをめぐる二項対立の中に議論を位置づけてきたのかを確認していく。

## 2．老いをめぐる伝統／近代

### （1）エイジズム批判と老年人類学の誕生

　老年人類学（anthropology of aging/ageing）は，年を取っていくこと・老年期を関心の中心に据えた人類学の下位領域である。老年についての社会的認識や価値観，老年期にある人々のふるまいや人間関係，社

会組織や制度などが研究対象に含まれる。もちろん，生物医学的に理解される加齢という現象が対象から外れるわけではなく，近年は社会的な側面と生物学的な側面が切り離せない形で絡みあっている状況についての研究も多い。

このように，現在の老年人類学には幅広い研究対象が含まれるが，初期の研究はより限定的な文脈，具体的にはアメリカにおける老年の社会的疎外を批判する文脈において発展してきた。例えば，1963年に書かれたジュールズ・ヘンリーの『文化に抗する人間（Culture against Man）』［Henry 1963］はアメリカ合衆国の老人ホームにおけるフィールドワークを元に老人虐待の実態を告発する本であり，その後に次々と出版されていくこととなるナーシングホーム民族誌（nursing home ethnographies）の議論の流れを位置づけることとなった著作である。ヘンリーは劣悪な施設を批判する一方で，質の良い施設であってもそこに暮らす老人たちは疎外されていると述べる。老人ホームのスタッフは居住者の介護や食事，衛生管理といった業務に終始しており，居住者の社会生活は存在しない。親族の訪問やテレビ鑑賞がわずかな日常の彩りとなっているだけであるからだ。これは，達成・競争・利益を重んじる「アメリカ」固有の価値観が原因であるとして，ヘンリーは自社会への反省をうながすのである。こうしたヘンリーの描写するアメリカの老人の行き場のなさは，鷲田の描写する現代日本の老いとも共通している。これらの研究はいずれも，エイジズム（ageism），すなわち老年に対するネガティブなステレオタイプの付与［Featherstone & Hepworth 2008：138］に対する批判と抵抗の試みであると言えるだろう。

老年人類学は自社会における老年をめぐるイメージや言説への反省をうながす一方で，いわゆる「伝統社会」における「別の年の取り方（other ways of growing old）」［Amoss & Harrell 1981］を記述してきた。例

えば，田川玄は「老いることによって獲得され，老人であるからこそ社会に及ぼすことのできる何がしかの力を〈老いの力〉」［田川　2016: 7］と呼び，「〈老いの力〉の息づくアフリカ社会を知ることは，老いの否定性を相対化し，老いることの可能性を広げることにつながる」［田川2016: 8］としている。アフリカの世代間関係や老人の権威についての研究は，エイジズムの背景にある加齢と衰えを結びつける考え方が普遍的な真実ではないことの証左であると考えられてきたのである。

　では，アフリカをはじめとする「伝統社会」において老いの力が息づいているとすれば，なぜ欧米や現代日本ではその力が失われたとみなされているのだろうか。初期の老年人類学は，人間は本来であれば年をとっても社会生活に参与し続けることが可能であるが，近代化が進むことで社会における老人の地位が低下したために疎外状況に置かれるようになったと理解した。こうした近代化理論（modernization theory）［Cowgill & Holmes 1972］と呼ばれる構図は，欧米や日本といった社会における老年の疎外を近代に特有のものであると位置づけることで，年を重ねても社会的な役割を維持することのできる伝統社会の「老人」を対比してきたのである。

## （2）現代社会の老年

　ここまで見てきたように，初期の老年人類学の議論は，伝統／近代の老いを対比し，伝統社会における老年の位置づけを称揚することで，自社会におけるエイジズムを批判する役割を果たしてきた。それは自社会の風潮に異を唱えるという意味で重要な貢献ではあるのだが，語り口としてはいくつかの問題をはらんでいることも忘れてはならない。

　まず，対立の構図に乗せられてしまうことで，「伝統社会」の老年を単純化・理想化してしまう危険があることは，第1節でとりあげた『家

郷の訓』［宮本 1984］の受容のされ方からもみてとることができるだろう。だが，宮本常一の子ども時代（20世紀初頭）の平均寿命が30歳代であったこと，国家による社会保障や健康保険制度が存在しなかったことを考えれば，明治〜大正期の日本を現在の基準から理想化することは無理がある。

また，社会の近代化が一様な過程ではない以上，老年の位置づけの変化も多様である。前述の近代化理論では，「伝統」社会における老人の権威を支えているものは伝統的な知識であるという前提に立ち，近代化に伴う都市化や公教育の普及によって老人による知識の占有が否定されると考えられてきた。だが，例えば上橋菜穂子［2004］によると，オーストラリア・アボリジニには近代化理論の図式が当てはめることができないという。アボリジニの長老たちの中には，隔離政策によって子どもの頃に親元から強制的に引き離されて施設で暮らしていた過去を持つ者がいる。こうした人々は，アボリジニの伝統的な知識を学ぶことができなかったために，長老としての権威を裏づけるものがない。長老の知識と評価がむしろ近代の文脈において再獲得されたものである場合，近代化理論を適用することは難しいだろう。

さらに，グローバリゼーションが進む中で，近代と切り離された伝統社会がもはや存在しないことが了解されるようになった。老年人類学の研究対象も，例えば欧米諸国に暮らすさまざまなエスニック・マイノリティ集団における老年の位置づけ，世界各地の災害や政変や社会変容が老いの経験にもたらす影響，人の移動や情報通信技術が老年期の家族関係にもたらす変化など，より多様な社会的文脈を含むようになっている［cf. Sokolovsky (ed.) 2009］。こうした状況において，伝統と近代を二項対立的に捉える語り口の有効性が薄れてきているのである。

伝統／近代という対立軸のもう一つの問題点は，人間は老いていく過

程に主体的に参与すべきであり，その参与の結果として老いることに成
功／失敗する可能性があるという考え方を十分に相対化できないところ
にある。近年は日本でも一般的な用語になりつつあるサクセスフル・エ
イジング（successful aging）は，1961年に教育学者のロバート・ハヴィ
ガーストによって提唱された用語である［Havighurst 1961］。雑誌「ジェ
ロントロジスト」の第1巻第1号の巻頭に載せられたこの論文では，老
年学は人生の後期を「生き生きと過ごす」（adding life to the years）とい
う実用的な目的を持っており，社会と個々人の選択に対して有益なア
ドバイスを行うためにはサクセスフル・エイジングについての理論が欠
かせないと述べられている［Havighurst 1961：8］。

　だが，サクセスフル・エイジングもまた老年の社会的疎外を解消しよ
うとする思想であり，運動であり，学問実践であることを見逃してはな
らない。人類学者のサラ・ラムによれば，サクセスフル・エイジングに
は　①個人の行為主体性，②自立に価値を置き，依存を退けることの重
視，③生産性と活動性に価値を置く点，④エイジレスであることや不変
的な人格を目標とするような，まったく年を取らない未来像，といった
特徴があり，これらはアメリカ社会に特有の価値観に端を発するという
［Lamb 2014：43］。

　このような学問的な達成目標としてのサクセスフル・エイジングを，
老年人類学は全面的に受け入れてきたわけではない。例えばハリー・
ムーディーは，サクセスフル・エイジングという発想が「老人（elderly）」
を病気の老人（"ill-derly"）と元気な老人（"well-derly"）［Moody, 2009：
68］に二分すると批判している。こうした二分法は，健康を害してい
る人や積極的に社会参加していない人は年を取っていくことに失敗して
いると断じてしまうからである。また，サクセスフル・エイジングの思
想が人々に加齢へ抵抗することを過度に要求する点も問題である。その

ため，例えば医療現場において，たとえ当人が望んでいなくとも延命治療技術を拒否することが難しくなっているといった状況が出現しているのである［Kaufman et al. 2004］。

　このように，老年人類学はアメリカを中心に発展してきたからこそ，アメリカ社会に特有の価値観を相対化し，サクセスフル・エイジングに懐疑的な立場をとってきた。ただし，サクセスフル・エイジングが理想とする活動的な老人像もまた老人を疎外する近代社会批判から立ちあがってきたものであり，伝統社会における「老人の力」に近似している部分があることも見逃してはならない。年を重ねても社会において積極的な役割を維持することが成功した老いの指標であるとすれば，年齢体系制度を維持する社会の長老は，ある意味でサクセスフル・エイジングのモデルケースであることになりはしないだろうか。もちろん，性別と年齢に応じて人びとに役割や規範を割り振るというシステムは，老人だけではなく，子供や若者にも相応の役割を期待する［cf. 田川・慶田・花渕 2016］。その意味で，老年期だけを切りとるサクセスフル・エイジングの実践とは根本的に異なる制度である。だが，批判の矛先が同じ近代的エイジズムであるために，老年人類学は，「伝統社会」を研究対象とした途端，サクセスフル・エイジングを間接的に肯定しているように見えてしまうのである。

　では，伝統／近代の二項対立に拠ることなく，人口の高齢化や現在・将来の老年人口を負担とするような発想から距離を取ることは可能なのだろうか。一つの可能性は，年を取ること（＝加齢）の生物学的側面ともう一度向きあうことである。

# 3．人新世時代の老年

## （1）老年の生物社会性

　ここまではっきりと定義せずに用いてきた「老年」，「老年期」という概念について，あらためて考えてみよう。そもそも「老年期」は自然科学的な研究によって客観的に把握可能な実体としてあるわけではない。生物学的に言えば，加齢は疾病ではなく「死亡のリスク増と関連づけられるような斬新的変化の連なり」［Moody & Sasser 2018：18］でしかないのだ。

　例えば，アメリカ国立老化研究所の後援によって行われた「ボルチモア老化縦断研究（The Baltimore longitudinal study of aging）」は，大規模な集団の健康状態についての長期的な追跡調査から，老化の程度を生理学的な諸機能の変化として科学的に測定することを試みた［Shock et al. 1984］。これはのちに老化バイオマーカー［Baker & Sprott 1988］研究として発展していったが，単一の指標はいまだに発見されていない［Jylhävä, Pedersen & Hägg 2017］。つまり，年齢以外の方法で老年を測定することはできていないのである。

　それでも老いは身体的な現象であり，加齢という経験は生物社会的（biosocial）に規定されている。例えば，閉経をめぐる女性の認知と経験は一様ではないことが世界各地で報告されてきた［Beyene 2009］。これは，地域によって女性の身体そのものが異なっているからなのだろうか，それとも人々の間にある何らかの価値観や生活様式を反映しているのだろうか。マーガレット・ロックは『更年期』［2005］の中で，1980年代の日本において昭和一桁世代の女性が語る「更年期」の経験を記述し，それが北米において「メノポーズ」として経験される身体症状とはまったく異なることの意味を検証した。「メノポーズ」がホットフラッ

シュや寝汗といった症状を伴う1〜3年間の変化であるのに対して，日本の「更年期」は10年近くにわたって続く多岐に渡った症状であると捉えられてきた。こうした相違は一般の人々の認識の中にだけあるのではなく，医師の診断にも差異がみられるという。だとすれば更年期／メノポーズをめぐる北米と日本の違いは異なる価値観にのみ収れんされるものではない。かといって，身体的差異に一元的に起因させることもできない。そこでロックはローカル・バイオロジー（local biology）という概念を提唱している。

　幸福，健康，病をはじめとする身体感覚が体現化された経験は，生物学的身体によって一部つくられ，その生物学的身体はそれ自体が進化や，環境，食生活その他の要素に依存して生じる。体現化（embodiment）は，自己や他者がその知識や経験のローカルなカテゴリーによって，身体をどのように再現し語るのかにもかかっている。もし体現化が社会的に行われるとすれば，歴史も，政治も，言語も，また利用しうる限りの科学的知識を含むローカルな知も，必然的に関係してくる。生物学的なものも社会的なものも，双方ともに不確かで偶然的である，したがって——両者ともローカルなものなのだ。［ロック2005: 6］

　こうした生物社会的なアプローチは，加齢にかかわる他の病気についての研究にも採用されている。特にアルツハイマー病／認知症は，人々にとって強い意味づけと否定的な価値を喚起する病気（第8章参照）である。だが，この病気についてもグローバルに標準化された診断が明確に下されているわけではない。また，認知症の診断において重視される症状は，老年学，神経学，精神医学といった専門性によって異なってくることが明らかになっている［Graham 2006］。

　更年期もアルツハイマー病も，加齢とともに確認される現象である。だが，これらの現象が加齢に伴う症状に過ぎないのか，それとも病理として扱うべきなのか，という点では生物医学の内部においても理論的な緊張関係がある［ロック 2018］。また，それらの病気が薬の投与によって抑えられるような器質的異常であるのか，それとも病歴や社会関係といったさまざまな要因が影響しているのかという点においても，判断が分かれている。

　ここまでみてきたように，生物医学が加齢（老化）という現象をどこまで身体の病理として扱うべきなのか，という点についてはいまだに明確な線引きがなされていない。にもかかわらず，加齢と関わる領域において生物医学の存在感は増すばかりである。こうした加齢をめぐる正常と病理の線引きの揺れは，老年を社会問題とみなすのか，それとも社会の積極的な成員とみなすのかという，我々の社会において議論されてきた対立を映しだす。だからこそ生物社会的な経験として加齢に迫ることは，伝統／近代の二項対立にとらわれずに老年を考えるための一つのアプローチであると言えるだろう。

### （2）クトゥルー新世の老年

　ここで，冒頭の問いに戻ってみよう。社会が高齢化することは本当に問題なのだろうか？　地球規模では人口が急増しているとしても，国内の人口高齢化を抑制するために出生率を上げていくべきなのだろうか。科学史研究者でフェミニスト理論家のダナ・ハラウェイは，出生率が低下している国々において，移民への恐れが問題であることを認め，人種の純粋性を守ろうとするような計画や幻想が出産促進論を駆り立てていることをはっきりと認めるべきだと主張している［Haraway 2016: 209］。ハラウェイは「赤ちゃんではなく親類を作ろう（Make kins, not babies）」

という標語を唱えているが，ここでいう「親類」とは血縁でつながる家族のことではなく，風変りなつながりを作りだすことを意味している。つまり，出生率を上げることで人口の高齢化を食い止めようとするのではなく，血縁ではないつながりを模索していくべきだと提案しているのである。人口爆発によって地球にも副次的被害が及ぶことが予想される中，もはや手遅れであると悲観するのではなく，厄介事とともに留まる（Staying with troubles）ことが必要であるとハラウェイは述べる。それは，人新世から「クトゥルー新世（Cthulucene）」（第6章を参照）という，傷ついた地球への応答可能性の中で生きて死んでいくような時空間へと発想を移していく試みであるという。

　ハラウェイの提言は，人口の高齢化を当然のように問題視する語り口からエイジングを解き放つ考え方の一つであるだろう。人新世時代の老年人類学もまた，高齢化や老年の問題化／理想化を懐疑しつつ，別の語り口を模索してきたのである。

# 8 | 医療とケアの民族誌

| 髙橋　絵里香

《**目標＆ポイント**》　医療人類学は，近代的な生物医学を相対化しながら，患うことと健康にかかわる広範な実践を研究対象としてきた。ただし，相対化の前提にある疾病／病いという二項対立は現代世界において有効性が薄れてきている。そこで，本章ではケアという概念を切り口とすることで，この二項対立にとらわれない視角から医療とその周辺の現象について考えていく。保育や介護をはじめとして，誰がどのような対象をケアすべきであるのかという問いは，政治経済的な制約を道徳に変換する言説として機能してきた。一方で，ケアは科学技術を具体的な人間関係に基づいて経験する過程でもある。そこで本章では，医薬化や新自由主義の進展といった，今日では地球各地に遍在する現象を題材として，医療をめぐる二項対立的な理解を問い直していく。

《**キーワード**》　医療人類学，医薬化，新自由主義，ケア

## 1. 医療人類学と生物医学

### （1）医療人類学の視座

　風邪をひいたことのない人はいない。それくらい一般的な経験であるにもかかわらず，人々の風邪への対処法はさまざまである。さっさと病院へ行くという人もいれば，家で暖かくして寝るという人もいるだろう。市販薬を買う人もいれば，家族に伝わる特効薬——日本であれば，ネギ・大根・生姜辺りの食材は「風邪に効く」と言われている——を飲む人もいるかもしれない。一方で，ただの風邪だと思っていたものがインフル

エンザである可能性も検討しなくてはならない。その場合は48時間以内に病院へ行って抗インフルエンザ薬をもらう必要があるということが日本では常識になっている。インフルエンザだと診断されると、学校に通っていれば熱が下がってから2日間は休むことが法的に義務づけられているが、会社に勤めている人であれば仕事に穴をあけることに申し訳なさを感じるかもしれない。家で一人で寝ている人もいれば、家族の誰かが面倒を見てくれる人もいる。

　風邪とインフルエンザを区別して大きく異なる対処法をとるのは、実はかなり局所的な治療体制でもある。国によっては、インフルエンザにかかっても、子供や高齢者といった高リスクのグループでなければ抗ウイルス剤を処方することは必須ではなく［Uyeki et. al. 2019］、自然治癒を図る場合が多いからだ。だが、日本では、インフルエンザは近代的な生物医学（biomedicine）の領域において対処されるべきものであり、早急に薬剤を摂取すべきであると考えられている。それは、風邪であれば自己流の対処をしながら完全回復する前でも学校や仕事に復帰しようとする態度と対照的である。このような私たちが経験する病気と科学との距離感は、都市部における人口の過密や、学校・会社を休むことへのプレッシャーといった社会の構造的な部分とも連動していると考えられる。

　風邪／インフルエンザという現象一つをとっても、無数の要因が絡み合って私たちの経験や実践を形作っている。そこでは、生物医学に端を発する治療と、それとは別個に発展してきた病治しの体系が共存している。「面倒をみる」家族のように、風邪／インフルエンザへの対処とは直接かかわらない実践（後述するが、これを本章ではケアと呼んでいる）も含まれる。しかも、毎年のように型の異なるインフルエンザが地球規模で流行しているように、患うことはグローバルに共有された課題でもあり、だからこそ市場経済と政治の構造がかかわってくる。このように

規模の異なる複数の問題領域の重なる現象を，どのように整理して理解していけばいいだろうか。そこに「人新世時代」という切り口はどのように絡んでくるのだろうか。それはどんな人類学ならではの視角によって読み解けるのだろうか。

　患うこと，健康であることに関わる人々の考え方や行動，それを規定する膨大な背景のすべてを研究の視角に含みこむ学問領域が医療人類学（medical anthropology）である。研究対象の性質上，医療という枠組みと深く関わっているものの，それを自明のものとせずに包括的に理解していこうとする立場をとる。

　こうした包括的理解の整理のために，アーサー・クラインマンは，生物医学をひとつの説明モデル (explanatory model)［クラインマン 1996：157］として捉え，生物医学の領域において診断という形で説明される対象を「疾病（disease）」と呼んだ［クラインマン 1996：4］。疾病は主に医療専門家によって把握される身体の異常な状態であり，その診断は生物医学の知見やテクノロジーに基づいて下されるものである。一方，患者や周囲の人々が日常の領域や経験，関係に基づいて捉えている病んだ状態は「病い（illness）」と呼ばれる。そして，医療人類学は後者を主な研究対象とする学問であると考えたのである。確かに，私たちも風邪をひくと個人的な生活環境に照らし合わせて「疲れていたから／忙しかったから／体を冷やしたから」といった説明を提示するし，必ずしも生物医学に根拠を置かない方法で風邪を治そうとする。これは異なる説明モデルが併存している状況であると捉えることができるだろう。また，疾病とは治療される（cure）ものであり，病いとは癒される（heal）ものであるというように，人々による対処の方法も分かれるとされてきた。初期の医療人類学は，病いをめぐる説明モデルとそれに対する人びとの対処法としての癒しの実践について，主に研究を行ってきたのである。

　疾病／病い，治療／癒しの二分法は，患者が自らの不調を説明する語り（narrative）に真剣に耳を傾けることで，臨床の現場においては無視されがちな病いの説明モデルに接近する方法を切り開いた。また，中国医学やアーユルベーダといった伝統医療，ホメオパシーやカイロプラティックといった補完代替医療（complementary and alternative medicine），シャーマンや呪医といった民俗治療者の実践などが生物医学に対峙する領域として同定された。医療人類学はこれまで迷妄の類として片づけられてきた，これらの実践を肯定的に記述してきた。特に，生物医学とは区別されるような現地の人びとの病気理解や治療の編成を，初期の医療人類学は民族医療（ethnomedicine）と呼んだ。そして，生物医学を含む様々な実践が共存する状況を多元的医療体系（pluralistic medical system）として解釈することによって，生物医学を相対化していったのである。

## （2）生物医学の人類学

　こうした初期医療人類学の研究成果は，生物医学の背景にある身体観や思想の特殊性を認識する契機となっていった。

　例えば，生物医学においては人間の身体の生物学的な普遍性と共通性が強調される。それに基づいて身体の正常な状態が割り出され，そこから逸脱した状況が治療の対象として同定される。子供の発達を考えてみればよい。「発育不良」は同月齢の子どもの体重や身長の平均値と比較することによって診断される。だが，そこで診断される「正常」とは統計的な平均値でしかない。すべての身体的な特徴や状態において平均値をとる人間など存在しないからである。また，そもそも地球上の全人類にとっての「正常」を設定することは，健康をめぐるローカルな文脈を捨象することにつながってしまう。その意味で，人間の身体に「標準」を

設定しようとする生物医学のアプローチは，客観性においても公平性においても問題を含んでいる［Lock & Nguyen 2010: 32-56］。

　さらに，生物医学の根底にある物質主義（materialism）も，西洋に特異の発想として理解する必要がある［Pool & Geissler 2005］。物質主義とは，身体の状態をいくつもの物質の作用によって説明しようとする思想であり，この思想に基づけば目に見えない人間の感情や認識もいくつもの物質的な要素に切りわけて理解できるということになる。つまり，病気とは人間の身体を構成する物質に生じた異常であり，科学的・客観的・臨床的に把握できるということになる。もちろん，我々の経験する苦しみ（ソーシャルサファリング［クラインマンほか 2011］）は物質に還元されることで軽減されるわけではないので，その乖離によって患者はしばしば困難を経験する。こうした医療人類学の視角は，西洋の思想を起源とする生物医学の特殊性を明らかにすることで，医療制度の世界的な拡大が引き起こす摩擦を説明してきた。

　医療人類学の研究成果は，生物医学が決して普遍的・客観的な営みではないことを明らかにしてきた。それでも，生物医学の知見が近代においてその適用領域の拡大を続けてきたことも確かである。「医療化（medicalization）」は，これまでは医療の枠外において捉えられてきた社会現象が身体の異常として捉えなおされることで，医学的な治療の対象となっていく過程を意味する概念である［ヘルマン 2018: 13］。例えばメタボリックシンドロームや学習障害，そして第 7 章で取りあげた更年期などが医療化として捉えることができる。また，アラン・ヤングは心的外傷後ストレス障害（PTSD）が精神医学的なカテゴリとして成立してきた歴史を分析している［ヤング 2001］。そこからは，「科学的事実」そのものが時代の背景のなかから立ちあがってきたものであることが明らかになっている。

　PTSD をはじめとする生物医学の領域にある疾病もまた社会的に構築されているとすれば，疾病／病いを二項対立的な構図として捉える意味も減じてくる。そこでヤングは，人々によって問題とされる行動や生物学的兆候が社会的に解釈されていく過程を「病気（sickness）」と呼ぶことで，疾病・病いが社会化されていく過程をフラットにとらえることを提案した［Young 1982］。このように，生物医学が社会から独立した体系でないとすれば，これまでは病いの領域と交わらない純粋に疾病の領域にあると考えられてきた実践もまた，人類学の対象範囲であることになる。

　例えば，アンマリー・モルは『多としての身体』［モル 2016］というオランダの大学病院を舞台とした著作の中で，医療人類学が疾病・病いを区別したうえで後者について研究する学問であったことを批判し，実践において行われるものとしての疾病について記述することを宣言している。そして，動脈硬化という「疾病」が，診察室，手術室，ラボラトリー，学会といったさまざまな場において，診断と治療の相互作用の中でそれぞれ異なる対象として存在していることを描きだした。

　あるいは製薬という過程について考えてみよう。薬剤は治療において用いられる道具である。同時に，「製薬産業（pharmaceutical industry）が生物医学やヘルスケアシステムに対する影響力を拡大する過程やそのさまざまな帰結」［島薗・西・浜田 2017: 606］が医療現場に与える影響は増大している。これは「医薬化（pharmaceuticalization）」，つまり人びとの社会的，行動的，身体的な状態が薬剤を用いた治療／介入が必要であるとみなされるようになる過程が進行しているためだ［Biehl 2007］。薬剤は生物医学の研究成果であるだけではなく，「薬剤の開発，マーケティング，疾病への適応といった多面的な過程」［島薗・西・浜田 2017: 607］でもある。

　このように，生物医学的に把握される疾病もまた知識・モノ・組織・政治経済的状況の中で産出されているとすれば，疾病・生物医学の領域を取り除いた病いの領域も恣意的に生み出されていると考えられる。ことさらに疾病を病いと質的に異なるものとして分けて論じる必要性はないということになるだろう。医療人類学は生物医学という近代的な知の体系の絶対性を疑い，その前提にある自然（疾病）／文化（病い）という二項対立を再考してきたという意味で，人新世時代の問題系に関わってきたのである。

　ここまでみてきたように，医療人類学は疾病とその治療を研究対象に取りこむことで，医療人類学はその研究領域を拡大してきた。さらに近年では，病気に対する人びとの集合的な対応についても，治療／癒しという対立軸に拠らない議論が増えている。そこで着目されているのが「ケア」という概念である。

## 2. ケアの境界

### （1）治療・癒しからケアへ

　考えてみれば，人々が健康を保つ／取り戻すための行為を指し示す語は治療と癒しだけではない。看護，介護，ケアといった単語によってあらわされるような行為もまた関わってくる。特に，ケアはキュア（治療）と対比されることが多い語句でもある。例えば厚生労働省は 2017 年に発表した『保健医療 2035 提言書』において，「疾病の治癒と生命維持を主目的とする「キュア中心」の時代から，慢性疾患や一定の支障を抱えても生活の質を維持・向上させ，身体的のみならず精神的・社会的な意味も含めた健康を保つことを目指す「ケア中心」の時代への転換」［保健医療 2035 策定懇談会 2015: 10］を唱えている。ここでは，ケアという語の持つ人間的で望ましい行為という含意によって，医療費抑制の

提言が正当化されている。つまり，ケアという概念は生物医学のパラダイムに収まらない行為として価値が与えられ，政治と関わるような場面において積極的に用いられているのである。

　ただし，例えば子供を育てることもケアと呼ぶし，スキンケアやシューケアといった人の部位やモノの状態を保つための手入れもまたケアと呼ぶように，ケアは必ずしも疾病／病いの二項対立や病気への対処にとどまらない広がりを持った概念でもある。では，これほどまでに幅広いケアという概念について，どのように輪郭をとって考えていけばいいのだろうか。森明子は，ケアという概念には「人やモノに対して行う行動としての「世話」と，心のなかで思う「配慮」のふたつが含まれている」［森 2019: 4］と捉え，「持つ者（ケアの与え手）と持たざる者（ケアの受け手）のあいだで，世話（サービス）と配慮のやりとりをめぐって展開する現象として理解」［森 2019: 4］することを提案している。つまり，ケアのニーズが人々によって認められ，ケアが実際に行われる過程において，「ケアに連なっている人々のあいだに，ある種の共同性が生まれ」［森 2019: 8］る点に特徴があると言えるだろう。

　こうしたケアの共同性について，アンマリー・モル［Mol 2008］は"選択の論理"と対比している。モルは医療実践の背後にあるロジックを"選択の論理"と"ケアの論理"に分別し，例えば，市場によって促進される実践は"選択の論理"の一部をなすと考えた。「市場の論理が動員されるとき，患者は"カスタマー"と呼ばれる。彼らは金を渡すことでケアを買っている」［Mol 2008: 14］のであり，患者は自分にとって魅力的な商品を選んでいることになる。これは，ケアの論理に基づく場合，その目的はケアの受け手にとって「ためになる」ことであるのと対照的である。治療には失敗の可能性があることがはっきりと述べられるし，実際よりも期待できるように表現することは，ケアの論理に基づ

けば罪深い行為である。ケアとは「いじくりまわして修繕すること(tink-ering)」［Mol, Moser & Pols 2010］であり，必ずしも劇的な改善には結びつかないからだ。それに対して，例えば医療機器のコマーシャルでは魅惑的で魔法のような効果が宣伝されるように，選択の論理は劇的な解決を期待させる。

　さらに，選択の論理は市場とは異なる領域においても浮上する。それはシチズンシップに基づいて権利を主張する場面である。市民(citizen)としてのケアの受け手は，インフォームドコンセントを受け，自らの意思で納得できる診断や治療を選ぶ権利を持つ。例えばインフルエンザの予防注射を受けるとき，私たちは副反応についての説明の書かれた文章を読み，その危険性を理解したうえで注射を受けることに同意して署名をする。

　だが，たとえ同意書に署名していたからといって，実際に重い副反応が出たときに自己責任だと納得できるものだろうか。また，選択の論理は，ケアの受け手に対して，自分自身を統治し，健康を保つことを期待する。市民としてのケアの受け手にとって，自らを律することは義務であり権利であるからだ。しかし，ケアが身体的な不調をはじめとする何らかの脆弱さを抱えた人間に提供される行為であることを考えれば，彼らに自立した強い個人としての行動を要求することはなかなかの難題でもあるだろう。

　このように，共同性を前提とするケアという実践は，自立した個人を前提とする政治経済的な選択とは異質な行為として浮かびあがる。ただし，二つの論理はそれぞれ一貫した制度として別個に存在しているわけではなく，医療実践の中に混在している。また，ケアの論理は選択の論理と比べて優れているといった単純な判定を下すことはできない。ケアという実践は共同性を喚起するがゆえに，自分の集団を他と区別すると

いう機能を発揮することもあるからだ。

## （2）ケアの尺度

　ここまで説明してきたように，ケアが共同性と親和的な論理であることは，それが多くの状況において現実的でプラクティカルな解決をもたらす実践であることを示唆している。だが同時に，ケアの共同性は人びとの集団を囲いこみ，我々と彼らの間に境界線を引くきっかけとなることもある。これは，疾病／病いという病気の説明モデルが治療／癒しの効果の有無によって位置づけられるような世界観の衝突であったのに対して，ケアは良い／悪いという別の尺度を喚起する概念であることも関係している。[Mol, Moser & Pols 2010]。例えば，母親による子供のケアは暖かく，外部のプロフェッショナルによるケアは冷たい（だから保育園に預けるのはかわいそう）という言説がある。ここでは，私的なケアと公的なケアであれば前者が望ましいものであるというように，実践の間に境界を敷き，どちらか片方のタイプのケアをもう一方に比べて優れていると位置づけられているのである。こうして，ケアという実践はしばしば私的／公的，伝統的／近代的，小規模／大規模といった二項対立によって理解されてきたのである。ここでは，ケアの論理／選択の論理という対置は崩れ，政治的なものがケアという実践のなかにふたたび取りこまれていく。

　どうしてこのような対比がケアという概念を通じて喚起されるのだろうか。タチアナ・テーレンは，ケアをめぐって社会が組織化され，境界線が敷かれてきたことに着目している [Thelen 2015]。例えば国家が移民をケアの受け手として認めないとき，インフォーマルなケアの領域を称揚するとき，ケアは人々の政治的所在を明らかにする役割を果たす [Thelen, Vetters & von Benda-Beckmann 2018]。あるいは，「高齢者の

介護や子育ては女性が行うべきである。なぜなら，日本では昔から女性の役割であったからだ」という主張がなされるとき，ケアすべき人々／ケアすべきでない人々という区分が生じ，政治・経済的構造が織りこまれ，過去との対比において現在が位置づけられる。このように，ケアをめぐる行為の連なりが呼び起こす共同性は，時として制度や組織間に境界を敷く。だとすれば，こうしたケアの境界線が変更されるとき，ケアをめぐって組織化された集団はどのような影響を受けるのだろうか。

### （3）事例紹介：フィンランドの親族介護支援制度

　ケアをめぐる体制が変更されるとき，我々は一つの対立軸に沿って重心の移行が起きていると捉えることが多い。大きな福祉国家が解体されれば，従来は行政組織によって提供されていた高齢者介護が，家族や民間企業によって担われるようになる。こうした場合，フォーマルな領域からインフォーマルな領域へとケアの重心が移行すると考えられてきた。だが，実際には何がフォーマルな領域に属するケアであり，何がインフォーマルな領域に属するケアであるのか，という区分もまた体制の移行とともに変更される。

　例えば，いわゆる北欧型福祉国家と呼ばれる社会民主主義的な福祉制度で知られるフィンランドにおいても，新自由主義的なケア制度改革が進行している［髙橋 2019］。特に高齢者介護の領域では，人口の高齢化に伴う社会保障予算の抑制が大きな課題となっている。公的なケアサービスの予算を縮小しようとする試みの中で拡大しているのが，親族介護支援制度である。これは，家族をはじめとするインフォーマルな介護者を行政が「親族介護者」として認定し，経済的支援とレスパイト（休息）を保証するという制度である。

　こうした国家的な試みは，これまで公的な組織が提供してきたケア

サービスを縮小し，インフォーマルケアの実践を拡大しようとするものであるようにも思える。だが，これまでは私的な領域で介護を行ってきた家族・親族に労働者としての権利（給料・休暇）を保障することで，この制度は親族介護者をケアワーカーに準じるものとして位置づけているとみなすこともできる。つまり，従来はインフォーマルな領域にあった家族・親族によるケアが公的な領域へと組み込まれていく動きとして理解することができるのである。

　さらに，親族介護者支援制度にはもう一つ興味深い側面がある。それは，この制度が「親族」の領域を拡大している点である。日本で家族介護といえば，典型的な介護者として思い浮かぶのは配偶者や子供であるだろう。だが，フィンランドの親族介護支援法では親族介護とは「高齢者，障害者，あるいは疾病者のケアを親族，あるいはケアを必要とする者の側にいる誰かの助けによって行うこと」と定義されている。つまり，制度的には「親族」が被介護者と血縁関係や姻戚関係にある必要はないのだ。実際，行政のサービスが行き届かない遠隔地，例えばフィンランド沿岸の群島地方では，高齢者の面倒をみるさまざまな関係者を「親族」介護者として認定する動きがみられる。つまり，ケアを与える／受けるという関係が，ケアの与え手と受け手を公的に「親族」にしていると解釈できるのである。行政による親族介護支援制度の進展は，ケアをめぐる公私の境界の位置をずらし，ケアのやりとりの根拠となる関係を強化してきたと言えるだろう。

　こうした関係の生まれ方を理解するにあたって参考になるのが，「関係性（relatedness）」という概念である。ジャネット・カーステンは，マレーの漁村における親族の様態についての研究から，彼らにとって親族の間のつながりを保証しているものは血縁という生物学的なつながりではなく，衣食住を共有することによって身体のサブスタンスに共通性

が生じることだと主張した［Carsten 1995］。つまり，親族とは，血縁によってあらかじめ保証された固定的な関係があるとは限らず，与えること（feeding）によって生成・変性していくような物質的なつながりでもありうるのである［cf. 髙橋 2019］。

　ケアという行為もまた，相手の身体に働きかけることで身体の状態そのものに干渉する実践である。だからこそ，ケアは誰かを家族・親族として包摂し，誰かを他人として排除することにつながる。フィンランドにおける親族介護支援制度もまた，ケアを通じて親族という関係性を醸成しているのである。

## 3. 現代社会の医療とケア

### （1）事例紹介：医薬化と治験

　制度変更が新しいケアをめぐる共同性を生み出す一方で，ケアはその一連の行為が位置づけられる文脈を逆に揺り動かすこともある。例えば製薬という過程について考えてみよう。前述の「医業化」が進行する過程において，新たな薬が開発されてから我々が実際に服用するまでには膨大な手続きが踏まれている。その中でも重要なのが「治験」である。臨床試験（治験）は，開発中の医薬品などを病人や健常者に投与し，新薬の安全性と効率性を評価する仕組みであり，この過程を経ずに医薬品の販売が認可されることはない。

　アドリアナ・ペトリーナは，医薬品の販売規模が地球規模で増加してきたことで，中・低所得国における治験対象者の募集が拡大していることを指摘している［Petryna 2009］。また，カウシック・ラジャンは，創薬の基礎となるゲノム情報の提供元として，インドが資本主義市場に参入しつつある状況を指摘している［ラジャン 2011］。例えばアメリカで販売される薬剤は，インドや東欧などから得たゲノム情報をもとに創

薬され，これらの国々で行われる治験により効果や安全性が確かめられ，ローカルな医療制度に影響を与えている。医療制度はある程度整っているが治験のコストが低い地域において，人びとは実験の対象になることを合意することで，薬剤にアクセスする機会を得ているのである。（ただし，治験に参加しても偽薬を投与された人は実質的には薬剤を手に入れることができない）

　こうした政治経済的構造が治験を形づくる一方で，治験が実験室というある意味で閉ざされた環境で行われる厳密な実験ではないことも見逃してはならない。モハーチ・ゲルゲイは，ハンガリーの臨床試験センターの事例から，治験に参加する人々の実践が製薬そのもののありようを形作っていることを明らかにしている［モハーチ 2017］。治験は，一方では実薬と偽薬を比べる実験の場であるが，他方では病気を患っている人々の苦痛を和らげるという治療，看護，予防の実践でもあり，新しい身体感覚や集合性を生成させる仕組みでもある。治験を実行する施設から派遣された看護師は，訪問先の被験者に対して薬剤を投与するだけではなく，着替えの手伝いや食事の介助といった訪問介護のようなケアを不可避的に提供してしまう。被験者自身も，自らが服用する薬剤が実薬であるのか偽薬であるのかと勘繰ることをきっかけとして，日々の体調管理への意欲を持つようになる場合もあるという。たとえそれが治験という目的を伴っていたとしても，患う人々に対する投薬の場にはケアという行為が含まれてしまう。ケアのニーズが呼び起こされ，治験を遂行する人々がそのニーズに応答することで，治験とケアの境界があいまいになっていくのである［Timmermans 2010］。

## （2）人新世時代の人間，病気，ケア
　ここまで紹介してきた二つの事例に共通しているのは，背景に新自由

主義の進展が見え隠れしている点である。現在，医療・福祉をめぐる仕組みはグローバルな趨勢に従って変動している。国家によって保障された公的制度の適用範囲を縮小し，人々は個々人の判断に基づいて営利企業の提供する商品をより多く購入するようになっている。本章でとりあげたフィンランドにおける親族介護支援制度の展開も，医薬化によるグローバルな治験の拡大も，医療や福祉といった領域における新自由主義の世界的な躍進と連動している。その意味で，新自由主義はローカルなケア制度を改革する原動力であり，グローバルな製薬企業の拡大を裏打ちする論理でもあると言える。

　ただし，人間の健康と病気に関わる要素のなかで，グローバル化しているのは市場経済とそれを駆動するイデオロギーだけではない。人新世時代の地球環境は，人類の健康にも影響をもたらしているからだ。医学雑誌「ランセット」は 2017 年から「プラネタリー・ヘルス（Planetary Health）」という専門雑誌をオンラインで発行している。創刊号の巻頭言では，大気汚染をはじめとする人間を介した地球環境の悪化が，人間の健康に悪影響をもたらしていることが述べられている［The Lancet Planetary Health 2017: e1］。

　さらに，環境の変化が人間の健康に関わる行動に一方的な影響を及ぼしているのではないことにも注意を払う必要があるだろう。例えば医薬化の進行によって人類が大量に使用するようになった抗生物質は，人間や家畜の身体から排出され，河川や土壌，動植物の中に蓄積されていることが問題となっている。抗生物質汚染は，耐性菌の増加というかたちでふたたび人間の身体へとフィードバックされる。人類の治療行動は地球に足跡を残し，改変された地球環境は新たな病気を生み出すという終わりのないループは，医療人類学にとっても重要な課題であると言えるだろう［Chandler et. al. 2016］。

　本章では，世界中の人々が「患うこと」をどのように捉え，対処してきたのかという問いについて，医療人類学がどのように整理してきたのかを概観してきた。医療人類学は，西洋を起源とする生物医学が絶対的な真理を生産しているわけではなく，特殊な思想に基づく特殊な実践であるという了解のもとに，疾病とその治療がどのように編成されているのか，その偶有性を明らかにしてきた。さらに，ケアという概念を用いることによって，生物医学との対比ではなく，選択の論理との対比によって浮き彫りになるような実践や，病気という枠組みを越えて広がる問題系があることも議論してきた。

　こうして政治経済的なものと対置されるケアという実践は，人びとのあいだに（あるいは人とモノや動植物とのあいだに）共同性を喚起するがゆえに，社会を組織化し，同時に分断する作用を持つ。それでも，治験とケアが実践において混然一体となっていたように，ケアは別の目的をもった実践のなかにも忍び込んでいく。なぜならば，「患う」ことは深く身体と関わる経験であるからだ。身体が「意のまま」にならない状況に置かれることに対して，生物医学や選択の論理は，自律と自立によって特徴づけられるような近代的な自己の概念を呼び出してきた。だが，私たちは常に自らを律し，賢く選択できるわけではない。患っている状態であればなおさらだ。そうした相克をくみ取るために，医療人類学は疾病を解体し，近代的な医療制度の規定や科学的知見からはこぼれおちるような，ケアの現場において生まれる関係や集合性をすくいあげてきた。さらに，プラネタリー・ヘルスが環境や地球へのケアと人間へのケアを同時に喚起するように，人新世時代において，ケアすることとケアされることは双方向的にループしていく。このように，地球環境が加速的に変化し，同時に生物医学や薬剤をめぐる仕組みがスケールを拡大する中で，医療人類学の方向性や役割もまた常に変わり続けているのである。

# 9 │ 世俗と宗教

│ 川田　牧人

《**目標&ポイント**》　前世紀半ばには世俗化によって衰退すると予測された宗教は，今日再び活発化している。本章では，ものに表象される宗教的観念が人々の日常生活の深部を成り立たせている様相を，セブ市のサントニーニョ聖像の事例に基づいて考える。また宗教的なものがいかなる感覚によって感知され，同時にいかなる感覚を喚起させるかを祈禱という宗教的なコミュニケーションの形態に着目しながら掘り下げる。これらの現象から，人新世時代において揺らぎつつある世俗と宗教の二分法を乗り越え，宗教を通した新たな対話の可能性について考える。
《**キーワード**》　世俗化，宗教復興，物質宗教論，聖像，祈禱，感覚

## 1. 世俗化以降の世界における宗教

### （1）現代世界を宗教からみること

　第73回ヴェネチア国際映画祭（2016年開催）でオリゾンティ部門最優秀作品賞を受賞した『悪魔祓い，聖なる儀式』（フェデリカ・ディ・ジャコモ監督，原題『Liberami』）という映画がある。イタリアで実際に活動する悪魔祓い師（エクソシスト）の活動を題材としたドキュメンタリー作品である。カトリックにおける悪魔祓い（エクソシズム）の資格を持った司祭の活躍は，かつてヒットした映画『エクソシスト』で一躍有名となった。あらためて見ると神学的な内容を踏まえて制作されたことが分かるこの作品は，公開された1974年が「日本オカルト元年」などと称される契機になったともいわれ，日本におけるオカルトブームの象徴的

作品であったことからも明らかなように，センセーショナルなシーンばかりが有名なホラー映画としての扱いでもあった。しかし『悪魔祓い，聖なる儀式』はシチリア島の一神父の悪魔祓いの実際の活動を克明に記録するものである。科学的合理主義が蔓延してしまったかにみえる現代世界においても，心身の不調が悪霊にとり憑かれたことによって生じるという観念や，それに対処する所定の儀礼的手続きなどが重要であることが淡々と映し出されている。そして映画のエンディングでは，『ルモンド』紙の 2014 年 1 月の記事を引き合いに出しながら，エクソシストが急増する模様がキャプションで紹介される。それによると，フランスでは各教区に 1 名ずつ，ミラノやローマでは倍増，アメリカではこの数年で 10 倍に増えたなど，著しいものである。正式にエクソシストを認可しているヴァチカンでは，養成コースの拡大を余儀なくされているという。

　このような例は極端でまれなケースであり，われわれの暮らしとはかけ離れたものであると即座に退けてしまうことは妥当だろうか。日本国内の身近な生活に目を転じてみても，そのさまざまな局面には宗教的要因が関与している場合が多い。特定教団や宗派への統計上の帰属は減少し宗教そのものが社会の表舞台からは後退しているように思われがちであるが，その一方で，易や占い，禁忌などの意識は依然高く，習俗化した年中行事の持続性も認められ，「あの世」や「奇蹟」を信じる若年層の割合も増えている。「宗教っぽいもの」にはむしろ関心が集まっている様態が指摘されるのである。また，より巨視的に国際関係や政治社会を捉えようとするとき，宗教のファクターを看過することはできない。例えば民族紛争や政治的対立が宗教的要因と不可分に絡まり合っていたり，近代国家の建設過程で宗教に起因するナショナリズムが用いられたり，そのため戦没者の慰霊や国家英雄の顕彰などが宗教色を帯びたりすることも往々にしてみられるのである。

## （2）世俗化の諸特性

　このように，20 世紀の末頃から，とりわけ 21 世紀に入ってからますます，宗教をめぐる動きは活発化している。これは，20 世紀の中頃あたりまでに指摘されていたいわゆる「世俗化」とは少し違った様相を呈しているといえよう。宗教社会学の古典『聖なる天蓋』において，P・バーガーは次のように世俗化に言及している。「われわれのいう世俗化とは，社会と文化の諸領域が宗教の制度や象徴の支配から離脱するそのプロセスである。……現代世界は，世界と自分の人生を宗教的な解釈の恩恵なしに眺める人々をますます数多く生み出してきたということである」［バーガー 2018: 189-190］。世俗化は長い歴史的プロセスの中で醸成されてきたきわめて多義的な概念であり，研究者によって指摘される側面はさまざまである。例えばホセ・カサノヴァは，宗教の「衰退」，すなわち世俗化の結果，宗教が次第に縮小していき，ついには消滅するという傾向性や，宗教の「私事化」つまり宗教が公的世界から後退して個人的事象にとどまるという考え方，宗教の「周縁化」，あるいは公的世界から後退した宗教の社会の周縁部への位置づけ，といった諸特徴を指摘する［カサノヴァ 1997］。またドベラーレは，社会の非聖化，宗教変動，宗教の関与の衰退などの側面に着目している［ドベラーレ 1992］。このような諸説をいくつか比較してみると十人十色とはいえ，そこにはいくつかの共通性を見出すことができる。

　①**宗教の（公的領域からの）後退と私事化**：まず宗教の社会的プレゼンス自体が低下し，中世のように公的世界を統御するものとしてではなく，近代世界にあって信教の自由を保障されながら私的領域にとどまるという考え方である。

　②**政教分離**：上記の特徴は，とりわけ政治的世界においては政教分離という明確な様態となってあらわれる。例えばフランスにおけるラ

　イシテは憲法に規定された政教分離であり，フランスという国家が
形成される基調ともなっている。
③**宗教の希薄化と日常生活への浸透**：上記①②とは逆に，宗教はむし
　ろ日常生活の中に溶け込んでいるという見方である。しかし宗教そ
　のものとして普及するというより，「宗教っぽいもの」として希薄
　化した状態で，いわばサブカルチャーのような形として位置づけら
　れる。例えば映画や音楽の中に神話的世界観や宗教的メッセージが
　読み込まれるなどして，宗教と民衆文化が主題化する問題系である。
　以上のような特徴はいずれにせよ，近代世界の合理的思考とは相容れ
なくなった宗教がかつての活力や精彩を失っていくことを前提とした考
え方であり，宗教の社会的有用性が役目を終えるのが近代化以降の世界
であるとみなされたのだった。


### （3） 世俗化論の修正と宗教への回帰

　ところが20世紀末には，このような「予測」は必ずしも的確なもの
ではなかったことが指摘されるようになってきた。先にあげたバーガー
自身，次のような軌道修正を余儀なくされるようになる。「1950年代か
ら60年代の「世俗化論」の考え方はきわめて単純で，近代化は社会に
おいても個人の意識においても，宗教の衰退を導く，というものであっ
た。そして確実に，この基本的アイデアは誤りであることが判然とした
のである。……強力な反世俗化運動が起こり，社会レベルの世俗化と個
人意識レベルのそれが必ずしも連結しなくなり，新旧さまざまな宗教的
信念と実践が個人生活の中に息づいたり，新たな宗教制度が形成された
りした。……控えめに言っても，宗教とモダニティの関係はきわめて複
雑化したのだ」［Berger 1999: 2-3］
　世俗化論自体もきわめて多義的であったが，それに対する以後の動き

も多様である。それにはいくつかの傾向があり，例えば近代的合理主義が被覆しつくしたかにみえる現代世界に対して自らの「誤りなき」聖典の絶対性を確信する立場は，原理主義（ファンダメンタリズム）と称されることもあるが，特定の価値を含んで誤解を招く恐れがあり，近年では語としての使用は限定されている。もっとも現象としての宗教復興・宗教回帰は広範にみられ，アメリカにおけるプロテスタント保守派が国家政治に近接して活発化する動きや，世界中にみられるイスラーム復興運動などを例に挙げることができる。これらの動きの共通性として，かつての政教分離を覆してむしろ政治化しやすい様相を呈するというのも世俗化後の宗教の特徴であろう。冒頭にあげたエクソシズムの再活性化などは，定形化された制度的な宗教に対峙する人間の霊性や神秘力を強調する方向性として，やはり世俗化以降の動きの特徴の一端とみることができる。また宗教の日常への浸透という世俗化の特徴は，それに対抗するというよりもむしろその動きに促進される形で，日常にみられる「宗教っぽさ」が新たな活力を得るという現象も生じており，これは「宗教と民衆文化」論（Religion and Popular Culture）の分野で研究がなされている。例えば宗教的な主題や筋立てが映画や小説などの民衆文化のコンテンツとして流用されるなど，宗教化する民衆文化の傾向がみられる。またその逆に民衆文化化する宗教の傾向として，既存の活動の中に民衆文化を取り入れて「テレビ宣教（televangelism）」が行われたり，現代キリスト教音楽（contemporary Christian music）がR＆Bやヒップホップ，ロックなどの音楽ジャンルを融合させて創作されたりするものなどがみられる。そこでは宗教は日常に浸透して「希薄化」するのではなく，より「濃厚」なものとなって，人々の生活に直結するのである。

## 2．ものからみる宗教生活

### （1）物質宗教論のアプローチ

　前節で述べたように，現代世界をみるとき宗教の要因はこれまでにもまして重要になってきている一方で，その視角はきわめて多様であり，さまざまなアプローチが考えられる。しかも高度に難解な教義・神学や政治的に先鋭化したイデオロギーが関連する場合もあり，現代における宗教の理解は一筋縄ではいかない。そこで本章では，近年注目される物質宗教論（material religion）という立脚点から，生活実践の現場でものと人がいかにかかわり，ものが人の宗教的感受性をいかに刺激し，そして宗教的世界がいかに成り立っているかを考えたい。

　物質宗教論とは，物質文化の側面から宗教実践を捉えていこうとする近年興隆してきた研究分野であり，簡潔にいうと超越的存在に対する抽象的思弁性を伴う宗教理解に対して，可視性や身体性を通して宗教理解に向かうアプローチであるといえる。イメージと人造物ならびに自然物などの複合的な組み合わせを用いて，抽象的な宗教的観念を日常の営為や儀礼的行為に具現化させるという基本視角をもつが，その守備範囲はきわめて広範であり，近年の研究では，図像や仮面，食物などのいわゆる物質文化そのものから，信念，祈禱，儀礼といった従来の宗教人類学で取り扱われてきた宗教活動の範疇，さらには視覚や触覚などの感覚や記憶に至るまで，人の活動領域の大部分がカバーされる［King 2010, Plate 2015 など］。宗教的な物質文化とは「信念が形をなすような物，空間，実践，観念」［Morgan 2010: 73］の集積として考えられるわけだ。物質宗教論的研究としては他にも，印刷出版や声による伝達などのメディアという点から物質性の枠をひろげようとするもの［Engelke 2012］，これまでの教典などのテクスト中心主義的な教理・観念の研究

の中に聖像や工芸品などの資料を持ち込むことにより，テクスト研究と連携させようとするもの［Fleming and Mann 2014］，また神学的立場と社会科学の両極を調停的に統合させ，表現文化やパフォーマンスなどを対象化するもの［Arweck and Keenan 2006］など，かなり多彩な研究展開をうかがうことができる。

　このような物質宗教論的視角は，本章で扱うような地方都市における一般信徒の日常的実践としての宗教を考える際のメリットとして，少なくとも以下の二点を挙げることができる。１）難解な教理や複雑な観念を直接取り上げるのではなく，視覚や触覚など，具体的な感覚に訴えるもの，実感を伴ったものの喚起力などに着目することによって，高度な宗教知識をかならずしも必要としない普通の一般信徒の宗教実践を取り扱うことができるという点，２）パフォーマティブな側面，可動性の高い事象，オーディオ＝ビジュアルの領域など多岐にわたってひろがっている現代世界における人間活動全体の中に，宗教実践をより総合的に位置づけて捉えることができるという点である。

## （2）セブにおけるサントニーニョ崇拝の実践

　ここでフィリピン・セブ市の事例を取り上げてみたい（詳しくは［川田 2018］参照）。観光地としても有名なこの地では，童子のキリストを象ったサントニーニョという聖像が町なかのいたるところに祀られている。1521 年のマゼランの到来，さらに 1565 年のレガスピによる征服という二度にわたる伝来と，それにともなうさまざまな奇蹟譚などによって，この聖像に対する篤い信仰が生まれた。セブを起点としてフィリピン全土にも広まったが，とくにセブの地域ではサントニーニョを祀る小聖堂も多く，個人の家では家庭祭壇にサントニーニョが祀られている。それだけでなく，例えばタクシーのダッシュボードの上や売店の棚の上，

高級デパートではショーケースの上などにサントニーニョの聖像が安置されている。セブの人々の生活のきわめて身近なところにあるものが，サントニーニョの聖像なのである。

　サントニーニョはセブ市の守護聖人ではない（幼いながらイエス・キリストであるので三位一体の神であり，人としての守護聖人にはなりえないというのがカトリックの解釈である。セブ市の守護聖人はグアダルーペの聖母である）が，このように人々の篤い信仰の的となっており，セブ大聖堂の横に特別聖堂（バジリカ）が併設され，教会所有の聖像はふだんはそこに安置されている。毎年1月第3週の週末に行われるシヌログという祝祭はサントニーニョのセブへの到来を記念するもので，輿に乗せられたオリジナルの聖像が街中を練り歩き，その後を200万人とも言われる会衆が手に手にサントニーニョ聖像を携えて行列に参加する。そして祝祭の最終日にはストリート・ダンスのコンテストが行われる。マドンナと呼ばれるリーダーが隊列を従え，思い思いに装飾を施した数十センチのレプリカ聖像を抱え踊る華麗なダンスで競い合う。セブの町は無限増殖したかのようなサントニーニョ聖像で埋め尽くされるのである。

　このようなサントニーニョに溢れたセブの日常／非日常に接していれば，聖像という着眼点から聖童子サントニーニョに対する宗教実践を考えることの可能性もおのずとみえてくる。以下では聖像の生産・流通・消費のそれぞれの局面を詳しくみていきたい。

### （3）聖像の生産・流通・消費

　サントニーニョ聖像の生産地として知られているのは，セブ市の隣のタリサイ市であり，聖像職人が集中して住んでいる。聖像職人は，主に鋳型に樹脂を流し込んで成型する鋳型聖像師と，一本木を彫り上げてい

く木彫り聖像師の二派に分かれており，それぞれＡ家，Ｂ家という特定の二大家系の家業として受け継がれてきた経緯がある。鋳型聖像師は多くの職人の分担を決めて一つのラインにつかせ流れ作業で大量生産していくシステマティックな分業体制をとっている。このためその技術伝承はＡ家だけに限らず，外部にも技術が伝承されていく。それに対して木彫り聖像師は一人で一体の聖像を完成させるので，本人の技術修練が重要であり，大量生産より個別生産に特徴がある。この二派は対立しているわけではなく，鋳型聖像師から木彫り聖像師に転身する場合もあるし，鋳型を木彫り聖像師に作製してもらう場合もあるなど，技術交流もみられる。また，流通業者の技術習得にも力を貸しており，その技術伝承は開かれたものである。

　次に流通の側面であるが，主に，聖堂内のオフィシャルグッズショップ，聖堂外壁沿いの売店，路上の露天商，の三つの販売形態がある。グッズショップはエアコンの効いた教会オフィスの建物内で営業しており，扱われている聖像の値段も総じて高めである。サントニーニョ特別聖堂は外国人観光客も多く訪れるが，彼らでも安心して買い物ができる。聖堂の外壁に沿って軒を連ねた長屋風売店では聖像そのものだけでなく，衣装や装飾品のパーツなども扱っている。聖像自体の販売だけではなく，修理や部品の交換，衣装の取り替えなども引き受け，聖像に関するさまざまなメインテナンスが可能なのである。それよりさらに周辺部の路上で販売するのが荷車に最小限の商品を陳列した露天商で，これが三つ目の形態である。どこでも商売ができる可動性と，扱う聖像が安価である点に特徴がある。

　これら三者の特徴をまとめた表からは，それぞれの流通形態の強みが読み取れる。グッズショップの強みは恒常性・安定性であり，観光客でも気軽に買うことができる。売店は品揃えの豊富さからメインテナンス

表 9-1　三つの流通経路の比較

|  | (1)グッズショップ | (2)売店 | (3)露天商 |
|---|---|---|---|
| 値段（安さ） | △ | ○ | ◎ |
| 値引き交渉 | × | ○ | ◎ |
| 品揃え | ○ | ◎ | △ |
| 製作・補修 | × | ◎ | ○ |
| 主な販売対象 | 観光客中心 | 得意客中心 | 一見客中心 |
| 恒常性（安定性） | ◎ | ○ | × |

［川田（2018：61）を一部修正］

などのサービスに長けており，顧客との継続的関係も構築されやすい。そして露天商の魅力は値段の安さであり，値引き交渉も可能である。

　最後に消費の過程であるが，これは上記の流通の段階が消費者のニーズに対応して一種の棲み分けをなしていたことからも考えやすい。消費者のニーズには多様性があって，その多様性に応えられるように，さまざまな流通過程が用意されているということもできよう。例えば，安い聖像を求める場合や，予算に合うよう値引き交渉をしたい場合は露天商を利用する。公共の場での聖像の設置や子孫への贈り物など，ある程度高級な物を求め値段にステータスを感じる客はグッズショップを好む傾向にある。また継続的な人間関係を店側と築き，毎年の聖像のメインテナンスを継続したい場合，売店で得意客関係を形成する。生産・流通過程のバラエティというのは，消費のバラエティにも対応しているといえるのである。

## 3．身体と感覚を通した宗教実践

### （1）祈り方の諸相——踊る，触れる，書く
　前節で指摘した聖像の生産・流通・消費の各側面におけるバラエティ

から，聖像に対してオリジナルを尊重するという一面的な態度ではなく，個人ごとの好みに合わせて着せ替え人形のように嗜好を反映させるという姿が浮かび上がってくる。これはすなわち聖像と人との関係が，個人的で永続的な関係を築けるようにという期待に支えられた実践であるからだといえる。この局面にあってはものそのものというより，ものを感知すると同時にものによって喚起される感覚・感性などの領域が注目に値する。概してものには，取扱説明書の文言を厳密になぞっていかなければ操作できない精密機械のようなものと，ユーザーが物質的側面を捉える感覚と物質そのものが喚起する感覚の双方的な流れによって直感的に操作法が体得できてしまうようなものがあるが，聖像の場合，後者としての性質がきわめて濃厚であり，所有者個々人による思い思いのカスタマイズに向いているのである。

　聖像をめぐる感覚経験は，サントニーニョの場合，祈禱という営みに顕著にあらわれる。あるいは聖像に対する祈禱行為が感覚経験に根ざしているともいえる。前節では，サントニーニョがシヌログという祭礼でストリートダンスの中心に位置づけられると述べたが，聖像とともに踊ることがこの祭礼の不可欠な要因である。もともとシヌログ sinulog の語根「sulog」は潮流を意味しており，2歩進んで1歩下がるという繰り返しで，波が寄せては返す動きを踊りのステップとして表現している。そして実際，このステップはサントニーニョ・バジリカにおけるロウソク奉納で用いられるステップである。踊りのステップという身体運動そのものが祈禱になっているのである。

　感覚経験が祈禱と結びついている様態は，最も単純には聖像に触れる行為自体にも見出される。信徒が教会に行くと，まずは聖像の足の部分などに触れ，あるいはハンカチなどで拭って聖像に呼びかける。ガラスケースに覆われている場合には，ガラス越しにハンカチで拭うといった

極めて直接的な行動も頻繁にみられる。そのため手の届くところにある聖像は，足元の部分がツルツルに磨耗していることもしばしばである。触れるという祈り方は，身体接触によって聖像とのつながりを直接的に感じることができる方法である。

　そして三つめの様態として，書くという行為を指摘することができる。これは聖像の台座の下に願かけの文句などを書きつけた小紙片を挟み込んでおくという祈禱の方法である。文字を書くというのは一定のリテラシーを要求するため，身体的というより主知主義的行為であると思われがちであるが，この文字祈禱は「××回同じ文句を書きます」という反復筆写によって祈願を達成させようとする内容であり，ここではその繰り返しによって（小学校のときの書き取りの練習のように）文字に対する身体的反応を喚起させる点に着目したい。つまり書くという行為そのものが筆記者と聖像を結びつける一種の感覚経験になっているのである。

## （2）信念の個別化，感覚の共有

　感覚経験としての祈禱という視角から人とものの結びつきに光をあてたが，それを少し展開させて，個別の聖像体験が共有されて一定のひろがりを生み出す側面についても考えを深めよう。聖像というものがその所有者の嗜好を反映させ，両者のあいだに個別的な関係が結ばれるとしたら，それはどのようにして共有されていくのだろうか。

　具体的な事例として，サントニーニョ聖像をめぐる奇蹟譚について考えてみよう。ある人の農耕用野牛（カラバオ）がいなくなり，ほぼ同時に家庭祭壇の聖像も紛失した。しかし翌日，見知らぬ少年がカラバオを彼の家へ引き戻してくれたのを近所の人が目撃し，実際にカラバオは聖像とともに戻ってきた。よく見ると聖像の衣装の裾にアモルシコ（ひっ

つき草の一種）がついており，カラバオを探して連れ帰ってくれたのは
サントニーニョだったのだと気付くという話がある。これのバリエー
ションとして，火事場で避難路を示してくれるサントニーニョの話もあ
る。煙に巻かれて逃げ道が分からなくなったとき，どこからともなく現
れた少年の後をついて避難したら火の手から逃れることができた。後日，
焼け跡に戻ると家は全焼しているのに，サントニーニョの聖像だけは衣
装の裾が少し焼け焦げただけで，祭壇に安置されたまま残っていたとい
う。また別の話では，衣装が古くなったサントニーニョ像が捨てられて
いたので持ち帰り，きれいに衣替えして家庭祭壇に安置した。それ以来，
時おり衣装が乱れたりくたびれたりしてくると定期的に衣替えなどメイ
ンテナンスをしているが，どうやら衣服の乱れや汚れは姪に踊りを教え
るため，いっしょに踊っていることが原因のようである。姪はそのおか
げで毎年フェスティバル・クイーンに選ばれるようになったそうであ
る。

　このようなサントニーニョの聖像をめぐる奇蹟譚は枚挙にいとまがな
いが，いずれも，あくまでも個人の身の上に起こった個別の出来事のよ
うにして語られる。その点においてこれらの奇蹟譚は個人の経験を超え
ることのない「個別の信念」のはずである。しかしその一方で，このよ
うな奇蹟譚はひろく語られ，先に挙げた教会のオフィシャルグッズ
ショップでは『サントニーニョの奇蹟 (Mga Milagro ni Sr. Santo Niño)』
という公定ストーリー集が活字化されるなど，「共有される知識」とし
てもひろがっている。しかしそれは，話型やプロットを共有していると
いうだけではなく，聞き手を強く引き込む要因があるように思われる。

　これまでの考察を踏まえると，これらの奇蹟譚が広く受容される要因
として「感覚の共有」が働いていることに思いいたる。それは聖像の今
にも動き出しそうな姿勢やひっつき草が付着しやすそうな衣装の素材と

いったマテリアルな側面から喚起される感覚でもあるし，毎年のシヌログでサントニーニョ聖像を携えて人々が華やかに踊る視覚イメージ，また実際にシヌログでストリートダンスをするという身体感覚の共有でもある。聖像というものが喚起させる感覚が，具体的な祝祭や祈禱の体験と相乗しながら，人々のあいだに共有されていくのである。

### （3） まとめと展望：感覚の共有から捉える世俗と宗教

　本章では，世俗と神聖が単なる線引きで二分される前提が崩れた現代世界において，宗教の営みがどのような様相を示すかという問いから出発し，それが日常の生活文化の中に実際にどのように溶け込んでいるかを考える材料として，セブのサントニーニョ聖像を取り上げた。聖像は従来の宗教的文脈においては明らかに神聖世界の中に位置づけられるものであったが，可視性や可触性を伴った物質的な側面に焦点をあてることによって，人々のじっさいの生活経験における日常的な目線に近いところから宗教を捉え直すことが可能になる。可視性や可触性とはすなわち視角や触覚といった感覚が発動されるという意味であるから，ここで論じたのは，ものとそれにまつわる感覚のセットによって宗教を捉え直す試みであったともいえよう。

　聖像などの宗教的物質をめぐるさまざまな実践は，個人の嗜好や個人的こだわりなど，きわめてパーソナルなものとして立ちあらわれる。しかし同時に，そこから喚起される感覚は他者と共有されうる可能性に開かれている。この感覚の共有性については，高取正男の農事暦に関する以下のような説明が示唆的である。自然の運行に合わせていつどのような農作業をおこなうかに関する農事暦は，基本的には農民たちの自然観察に基づくものである。しかしそれははじめのうちは，科学的な自然観測ではなく主観的で曖昧な自然の感知に過ぎない。その意味で第三者が

自ずと納得できるような普遍性や客観性を備えているわけではない。同じ村人どうしでもＡさんが感じる春の訪れと，Ｂさんが判断する春のはじまりと……というふうに個人の感覚に頼っている限りにおいてはばらばらで足並みは揃わない。ただしその中でも「共同の主観」によって，多くの者が許容範囲とみなしうる春の訪れが暗黙のうちに設定され，「そうした主観の暗黙の一致のうえに，客観的な自然現象が指摘され，このふたつが感応しあって，その現象に意味がつけられ，農事開始の宣言となる」のだという。すなわち農事暦は客観的な暦数というよりも，「人の心と外界の現象，主観と客観の微妙なふれあいのうえに構築されている。それはまさしく，フォーク（folk・常民・民俗）の論理としての，ことよせの論法」であると高取は考えるのである［高取 1995：175］。ここで高取は「フォークの論理」と述べているが，生活宗教の自明性と置き換えうるならば，「共同の主観」とか「主観の暗黙の一致」といった一見どのようにして実現可能かと訝ってしまうような主張は，ビサヤ社会におけるサントニーニョ聖像の祀られ方や，それに付随する伝承知識という点でも同様のことが生じていることが分かる。個々人がその所有聖像と切り結ぶ関係はパーソナルなものであり，聖像経験とでも呼ぶべきものはまさに個人個人ばらばらである。しかしその関係性は他者にも通じて十分理解可能なものであり，あるいは類似した聖像経験の語りが重ね合わされることによって，典型的な語り口が共有されたりする。ここには，感覚を通した宗教的共同性の理解の糸口も示されているのである。

# 10 | 現実と虚構のはざまのメディア／知識

川田　牧人

---

《**目標＆ポイント**》　グローバル化した世界では，メディアを介して流通する情報があふれ，それに伴って人々の知識も多様化している。だがそこでは確かな情報と信頼できない情報が混在し，フェイクニュースやオルタナティブファクトなどが社会問題となることもある。このような現実と虚構の境目が揺らいでしまう現代世界において，われわれの思考や行動には何が必要とされるだろうか。本章ではメディアにおける意図的な作為を読みとる作法を考えるとともに，一見無限に広がったかに見えるが実は限定的閉鎖的である情報空間を成り立たせている背景にまで視野を広げ，人新世時代における生き方を考えたい。
《**キーワード**》　メディアスケープ，ローカルメディア，異文化のメディア表象，フェイクニュース，オルタナティブファクト，陰謀論

---

## 1. ローカルメディアと知識共同体

### （1）グローバリゼーションとメディアスケープ

　A・アパデュライは，グローバリゼーションについて五つの文化フローの次元に着目し，それらが矛盾や分裂を孕みながら重層化する過程として捉えた。五つのフローのうち，エスノスケープ（人の移動によって現出する地景），テクノスケープ（技術的流動性・転移による地景），ファイナンスケープ（巨大資本の世界規模での流通による地景），イデオスケープ（イデオロギーや理念・観念などが共有される地景）と並んで指摘される，「メディアスケープ」すなわち新聞やテレビなど情報生

産や配信が地球を覆い尽くし，またメディアによって創造されるイメージが世界中で共有される地景が，本章で扱う中心的なテーマである。

　人類史において情報伝達の技術は目覚ましい発展をとげてきた。視覚的信号や声による対面的コミュニケーションの時代から，文字・活字による伝達，画像や映像による伝達，さらに近年における電子的伝達などによる間接的コミュニケーションにいたるまで，長い時間的推移の中で日進月歩を遂げ，情報が共有される範囲も広範囲にひろがっていった。とりわけ 19 世紀末から 20 世紀に入ってからの間接的コミュニケーションの進歩は急速でこの 100 年ほどの間に，なかでもデジタルメディアの普及はここ 60 年あまりの短期に加速的に躍進している。そのようなメディアの変化によってもたらされたこととして，さしあたり以下の 2 点に注目したい。ひとつはメッセージの受け手の範囲の拡大である。間接的コミュニケーションは直接対面できない人同士を結びつけ，「想像の共同体」を生成させたとする B・アンダーソンの議論をまつまでもなく，メッセージの受容範囲は拡大した。空間的な側面ばかりでなく，活字メディアではリテラシー（識字能力）という条件があったが，近年のインターネットにおけるデジタルマルチメディアの普及は，受容する人の資質能力の幅も拡げた。もう一点は，メッセージの発し手の多様化である。さまざまなローカル・レベル，パーソナル・レベルの情報発信が大量になされる様相は，とくにインターネット上のウェブサイトなどを想定すれば容易に理解できよう。すなわち現代世界のメディア環境においては，個人レベルで世界に発信することが可能になったのである。

　文化人類学はこれまでも，知識生成や情報伝達の技術や方法について，人類史の長いスパンの中で捉えてきた。従来の研究では対面的コミュニケーションが中心的に取り上げられる傾向があったが，上記のようにデジタルメディアによる間接的コミュニケーションが趨勢の現代世界に

あって，そちらに照準を合わせた研究も近年では増えている。また，価値の多様化とともに発信主体も複数化したメディア状況を対象にすることは，文化的多声を聞き分けることを中心に展開してきた文化人類学の学的営為の本流であるといえる。「文化の多声性」は近代人類学において重要な課題であり続けてきたからだ。さらに，グローバリゼーションと連動した地球規模の新たな共同性が生まれることは，そこでの人間の創発性という能力特性にかかわることであり，「人新世」時代の人間の可能性を探るという本講義の全体的主題にも通じるのである。

### （2）セブのローカルラジオ

そこでまず，多元的情報発信の一形態としてのローカルメディアについて考えてみたい。誰でも発信者になれるメディアスケープの「多声性」の特徴は，インターネットの時代には顕著であるが，昨今にわかに備わったものではなく，中心と周縁を相対化するオルタナティブとしてのローカルメディアにはその特徴の原型がみられる。

フィリピン中央部・ビサヤ地方のセブ市を中心とした広域都市圏には，FM・AM 合わせて約 40 のラジオ局が開設されている。当該地域には 250 万人ほどの人が暮らしており，人口に対する放送局数の多さがまず注目される。もっとも数の多さだけでなく，人々の日常生活に普及し親しまれている様態がきわめて特徴的なのである。以下では 3 点ほどにしぼって，その特徴を述べる。

①**番組への直接参加**：セブのラジオ番組の特徴の一つは，リスナー参加番組の多さである。参加形態には電話参加と直接参加の二通りがある。電話参加の方は FM 放送にあっては音楽番組への楽曲リクエスト，AM 放送では生活レポート番組での電話相談など，日本でもよく聞かれるパターンである。とくに楽曲リクエストで特徴的なのは，特定の

人物や集団への伝言メッセージが付けられていることで，これにより
ラジオ放送が声の伝言板のようになる。もう一点，リスナーによるラ
ジオ局の直接訪問は AM 局に特徴的であり，くじ引きで景品（45 キ
ロ入りの米 1 サックや T シャツなどが景品である）をもらえるよう
なリスナー参加型のゲーム番組には多くの人が集まる。

②**間接的参加としての情報提供**：実際に番組に出演する以外にも，日常
　生活上の苦情をラジオ局に持ち込み，番組に取り上げてもらおうとす
　る場合も，人々はラジオ局を訪れる。局では，医療や行政の不十分な
　サービス，給料不払いなどの労働問題，役人や警官による不正など，
　リスナーからさまざまな生活上の苦情を受け付け，それを調査して現
　地レポート番組を制作する。そして住民にとっては不十分な行政サー
　ビスを補完する機能にもなりうるのである。直接間接のリスナー参加
　を如実に物語るかのように，FM 局は山の手にスタジオを持つのに対
　し，AM 局は下町に棲み分けるという特徴的傾向がある。実際，かつ
　ては五つ星ホテル内にスタジオを持っていたが，ドレスコードが厳し
　く，サンダル履きのリスナーが何度も入館禁止となったため，下町へ
　移転した AM 局もあった。

③**仮想連帯への参加**：これらの直接間接の参加に加えて，ひとつの聴取
　範囲を想定した仮想連帯への参加という効果がある。セブのラジオ局，
　とりわけ AM 放送は，地方言語であるセブアノ語を使用するが，た
　とえ言語を共有していても，その使用範囲はかなり広範であるため，
　遠隔する複数地域が日常生活において「共同体」として意識されるこ
　とはあまりない。しかし，ラジオ放送の聴取圏として意識されること
　によって，柔軟に再編を繰り返す「共同体」が仮想される。セブにお
　けるラジオ局関係者の中には，この意識を喚起させ，マニラ（タガロ
　グ語）中心の情報発信に対するオルタナティブであることを自認する

人が少なくない。ラジオというメディアは,「空間の超越」という従来指摘されてきた側面のほかにも,「空間の創出」というもう一つの作用があるのだ。

## （3）日本のローカルメディア：あまみエフエムの場合

次に日本の事例として,鹿児島県奄美大島のコミュニティ FM である「あまみエフエム」を取り上げよう。セブの場合と同じく,奄美も人口比に対するラジオ局の多さでは群を抜いているが,地域的基盤にしっかり支えられており,「これほど明確に郷土愛（パトリオティズム）を打ち出し,自分達の文化を発信すること,自分たちの文化的アイデンティティの啓発を目指したラジオで,しかも地域の中で大きな存在感と承認を得ているラジオ局は少ない」[加藤 2017: 11] と指摘されるほど,この分野では有名な存在である。

あまみエフエムの前史は 1998 年,ライブハウス ASIVI の開店までさかのぼる。奄美の島唄からロックまで演奏されるミュージシャンの拠点となった ASIVI での活動は,それまで奄美という地域についてのネガティブだった自己認識がポジティブなものへと転換する時期のエポックメイキングな出来事であった。その後,音楽だけでなく奄美の歴史や生活そのものを肯定的に発信する「夜ネヤ島ンチュリスペクチュ！」（今宵は島の人に敬意を！）というイベントが回を重ねて催されるようになる。この催しは 2002 年には東京・渋谷のクラブ・クアトロで開催され,2003 年には日本復帰 50 周年を記念して,奄美パークで 2 日間 6,000 人の動員を記録する一大イベントにまで成長した。この頃から,このイベントの仕掛け人であった麓憲吾氏は「イベントというある意味「祭り」として非日常での意識に対するパフォーマンスと,日々の放送という日常での無意識に対するムーブメントという二つの働きかけを区別して認

識する」［麓 2014: 59-60］ようになったという。非日常のイベントが
極大化すると同時に，その一方で日常的な情報発信・伝達の重要性も再
認識されたのである。そこでコミュニティ FM の開設を含む島おこし
活動全般のための NPO 法人「ディ！」がまず設立され，その 3 年後の
2007 年にあまみエフエム「ディ！ ウェイヴ」が開局したのである。そ
の後，2010 年に発生した奄美豪雨水害の際には 24 時間放送を 5 日間に
わたって継続したことにより災害メディアとしても真価を発揮し，2011
年にはインターネット配信を開始し，島外のリスナーをも含んだ聴取コ
ミュニティの広がりをみせている。

　NPO 法人立ち上げのときの「ディ！ 声を出そう。あなたは，本土の
放送局だけで満足ですか？」（「ディ」は島口で「さあ！」の意味）とい
う広報文は，ローカリティに根ざす主体的情報発信というメディアス
ケープに特有の地景を垣間見ることができる。またローカルなネット
ワークだけに閉じることなく他地域のローカルメディアやときにはキー
局とも提携関係が生まれている。さらに鹿児島 MBC や NHK などがあ
まみエフエムを取り上げるなど，コンテンツとして逆流することすらあ
る。ローカルメディアから発信される情報が，現代の知識世界を大きく
塗り替えているといえる。

## 2. 異文化表象の現実と虚構

### （1）テレビが映した「異文化」

　本項では，白川千尋『テレビが映した「異文化」』［白川 2014］によ
りながら，マスメディアの異文化表象に特徴的な問題点について検討す
る。この著作は，白川の研究対象フィールドであるメラネシア地域が日
本のテレビ番組においてどのように取り上げられ，描かれているかを分
析したものである。

　まず1960年代から2002年までのテレビ番組全般（224件）について，対象選択や描写の傾向などを検討して，以下のような特徴が指摘される。

①**ドキュメンタリーからバラエティへ**：1960〜70年代にかけては，ほとんどの番組はドキュメンタリーに該当したが， 1980年代以降，バラエティ番組が増加していく。

②**対象としての集落部**：ニューギニアとその周辺の島々，またニューギニアの集落部を取り上げた番組はどの時代にも大半を占めており，都市部を取り上げたものはごくわずかである。

③**対象の多様化**：1960年代にはニューギニア高地とよばれる内陸部山岳地帯が番組の対象地となることが多かったが， 1970年代以降，対象の限定は低地や沿岸部，周辺島嶼部にも拡大して多様化した。

④**当地の住民のステレオタイプ**：上記の対象地に暮らす人々の描かれ方は，基本的に「近代的な世界から隔絶した世界」に生きる人々というタッチで描かれる。

　さらに1998年から2002年の5年間に放送されたテレビ番組を，実際の描写のディテールに立ち入って検討してみると，以下の諸点が明らかになる。まずニューギニア，それも集落部という対象地の選択は上述②でも指摘しているとおりだが，さらにそこでの人々の外見上の特徴として，腰蓑やペニスケース，儀礼装束などの「伝統的装束」を身に着けていることが多い。これらの生活様式は「秘境」や「未開」などの語によって示され，「近代的な世界からの隔絶性」が強調される。さらにそこで暮らす人々は「外部者を容易に寄せつけない未開人」として描かれ，上記④のステレオタイプが増幅されていく。究極的には「未開人の捏造」，すなわち槍や弓矢などの武器をもった「原住民」がTVクルーなどの来訪者を突然襲撃し，驚きや恐怖の心理的動揺を描写するという演出に至る。いうまでもなく，「秘境」や「奥地」といった設定も，「未開人」「原

住民」といった現在ではほとんど使われなくなった登場人物も，脈絡もなくいきなり敵意を露わにされるという状況も，すべて意図的な作為である。これは1節で取り上げた，ローカルな現実を多様に表象するメディアという側面とは対極のメディアの作用であるといえる。

　そこまでいってしまうと明らかな捏造，いわゆるヤラセでもあるが，少なくともメラネシアの人々の（テレビに映される）姿というものは，上述したようなステレオタイプで描かれ続けてきた。それは突き詰めれば視聴者の関心を惹き，「数字を取る」ことに最も近い番組制作だったからだという原因があるかもしれない。このような番組制作は，「対象となった地域や人々が，「文明／未開」，「洗練／野蛮」，「進歩／遅滞」，「優／劣」といった二項対立図式のもとに（とりわけその後者の項との関連で），たんなる好奇や嘲笑，侮蔑の対象として扱われる」［白川　2014：174］といった傾向をもつが，このような二項対立図式そのものを相対化して考えることが，人新世時代には必要とされているのである。

### （2）異文化表象をめぐるマスメディアとアカデミズム

　テレビというマスメディアの捏造や偏向報道を一方的に非難してそれで話は済むかというとそうではなく，文化人類学の議論としての有効性も問われる。現に白川の著書では，映像メディアとともに活字メディアについても触れられており，テレビ番組に比べて図書では集落部だけでなく都市部も取り上げられる傾向にあること，「伝統的装束」だけでなく「洋装」も対象化されることなどが指摘される。とりわけ番組制作のためのリサーチの過程で参照される文化人類学領域の研究成果は，「対象選択や描写の面だけにとどまらず，内容やトピックの面においても参照の対象となっている」［白川　2014：160］のである。

　アカデミズムとしての文化人類学とマスメディアの関係を歴史的プロ

168

セスの点から検証する飯田卓は，鶴見俊輔の「限界芸術論」を援用しながら，通常の意味での学的営みである「純粋アカデミズム」に対して「大衆アカデミズム」，「限界アカデミズム」というカテゴリーを設定し，人類学的知識のメディアを通した流通の様態を捉えている。飯田のいう「大衆アカデミズム」とは，学術専門家によって制作されるが，その過程はむしろ企業家と学術専門家の合作の形をとり，その享受者としては大衆を想定したもので，純粋アカデミズムに比べるとむしろ非アカデミズムとみなされるものである。それに対し「限界アカデミズム」とは，非専門家によって産出され，非専門的享受者によって受容されるもので，大衆アカデミズムよりさらに広大な領域でアカデミズムと生活との境界線にあたるものである。飯田の指摘によると，1960年代には海外渡航の自由化や科学研究費の交付などにより，それまで協働していたテレビ制作者と研究者が独自に番組制作や調査研究を進めるようになり，限界アカデミズムの傾向が進んだ。その一方で活字メデイアにあっては依然，研究者による学術書が一般読者にもよく読まれるという大衆アカデミズム状況が続き，複数のメディアで大衆アカデミズムと限界アカデミズムの同時進行がみられたという［飯田 2011］。この指摘はすなわち，マスメディアとの関係によってアカデミズムにもさまざまなスタンスが生じることを示している。そして先の白川の見解と重ね合わせると，マスメディアによる異文化表象に曲解や捏造が含まれるとしたら，それとの共奏関係にある文化人類学の学的営みをも顧みる機会となると同時に，行きすぎた表現に対して再考や改善，警告などを与えうる立場でもあることが分かる。

## （3）マスメディアとアカデミズムの協働

　マスメディアとアカデミズムの協働によって創り出されるありのまま

の写実と演出との境界を考える上で，ロバート・フラハティの『極北の
ナヌーク』（邦題『極北の怪異』）は有益なヒントを与えてくれる。カナ
ダ北東部のイヌイトのナヌークという狩猟の名人とその家族・仲間を描
いたこの映像作品は，ドキュメンタリーというジャンルの草創期を切り
拓いた重要な作品である。フラハティは専門的人類学者ではなかったか
ら，限界アカデミズムとしての性格を持つかもしれないが，記録映画や
映像による民族誌を考える上で重要な映像制作上の演出や脚色が施され
ており，後の映像人類学にも多大な影響を与えている。

　例えば，綿密な打ち合わせを経て，当時すでに使用されなくなってい
た銛によるセイウチ狩りを行うシーンや，イグルー内の家庭生活を撮影
するのに光量が足りなかったため，壁面を一部取り除いて採光をよくし
た状態で撮影されたことなどは有名なエピソードである。村尾静二によ
るとこの映像は「ナヌークを主人公として，フラハティがこれまでに彼
らとの交流の中で経験してきたことを彼に経験しなおしてもらうことに
より，そして，ナヌーク自身が経験しなおすことによって語られている」
［村尾 2014：36］ものだという。登場人物が自己を演じる，あるいは
自己の経験を再現するわけである。そのようにして制作された映像は「現
実をもとに創られるもうひとつの現実」［村尾 2014：38］であるが，まっ
たくの虚構・架空というわけではない。

　この作品に対しては，捏造・やらせを疑われたり非難されたりするこ
とが，これまでに少なからずあったという。しかし「民族誌映画は現実
を忠実に複写するものではなく，研究者とそこに生きる人々との関係性
のあり方が忠実に映し込まれたもうひとつの現実」［村尾 2014：40］で
ある点が，異文化表象のひとつのスタンスを確保している。現実と虚構
を厳密に峻別するのではなく，行きつ戻りつするスタンスは，あちら側
とこちら側の境界をずらすというエスノグラフィーの手法そのものにも

関わっている（『極北のナヌーク』のエスノグラフィー作品としての意義
については，第13章，第14章も参照）。このような映像上の効果も伴っ
て，フラハティの映像による異文化表象は，十分に理にかなった，いや
それ以上にきわめて質の高い映像作品として評価されているのである。

## 3. 現実と虚構

### （1） オルタナティブファクト時代のメディア論

さて，「もうひとつの現実」とは，別の言い方をすれば「オルタナティ
ブファクト」である。この言葉は，2017年のドナルド・トランプ米国
大統領の就任式に関する報道で一気に有名になった。連邦議会議事堂前
のナショナル・モールに集まった群集は史上最大だったという報道官に
対して，空中写真を用いてオバマ前大統領の就任式と比較したメディア
が反論した。これに対して大統領顧問による説明が「それはオルタナティ
ブファクトだった」というものだった。現実がいくつもあるというのは，
価値の多様化とその主体的な選択という点においてはメディアスケープ
の肯定的な側面とも考えられるが，「もうひとつの現実」が眼前の現実
を常にすり抜けていってしまう捉えどころのなさも潜んでいる。このよ
うな社会状況は「ポストトゥルース」すなわち真実のあとに来る時代／
世界ともいわれる。

アパデュライはこのことをいみじくも，「オーディエンスが目にする
現実のランドスケープと虚構のランドスケープとの境界線は不鮮明に
なっている」［アパデュライ 2004: 73］と指摘している。虚構のランド
スケープをなすものの代表は「フェイクニュース」，すなわち嘘やデマ
といった虚偽報道である。近年ではAI（人工知能）によって制作され
る本物と寸分違わぬ音声や画像，動画を意味する「ディープフェイク」
もインターネット上に出回るようになってきた。フェイクニュースが拡

散するという情報環境に関しては，従来の社会心理学などにおいてもデ
マや流言飛語について研究がなされてきた。例えば認知的不協和の理論
では，自らの信念や既存の知識と矛盾するような事実や現象を肯定的に
捉えることができず，むしろそれに不快感を覚えるため，それを回避す
るために歪曲された認識が成立してしまうという点が指摘されてきた。
またバンドワゴン効果とか同調圧力といわれる作用が生じ，集団で同じ
ようなものの見方や価値観の共有がさらに同調者を集める現象として捉
えられてきた。このような社会心理は，フェイクニュースの拡散などに
影響を及ぼしている側面も少なくない。

　一方でデジタルメディア時代に特有の情報環境の特徴もさまざまに指
摘されている。例えば SNS などでよくみられるエコーチェンバーとい
う現象は，類似意見をもった者同士が意見交換を繰り返すことによって
作られる情報の閉鎖空間である。またインターネット・ショッピングな
どによく見られるように，自分の嗜好や購買傾向などが蓄積され，情報
内容が限定的になってしまうフィルターバブルも近年では半ば常識化し
ている。いずれの現象も，自らの嗜好に合った情報ばかりが限定されて
当人の情報環境を形成したり，肯定的に受容する情報以外は遮断された
りして，特定の情報がフェイクであるか否かの批判的判断がしにくい状
況が生じるのである。デジタルメディアのテクノロジーが進歩すると，
大小の如何に関わらずあらゆる情報ソースがメディアの流通経路に乗る
可能性があるし，また受容者の側でも自由にアクセスして主体的に情報
を取捨選択でき，結果として多元的な価値観に開かれたメディアスケー
プができあがるという理想が掲げられた時代もあったかもしれない。し
かしその理想とは裏腹に，テクノロジーが進歩すればするほど，人々は
実に限定的に個別化された狭隘な情報の閉鎖空間に閉じ込められてしま
うという，まったく逆の状況が皮肉にもできあがってしまうわけである。

## （2）陰謀論とオカルト・コスモロジーのイマジネーション

　ポストトゥルースといわれる時代，フェイクニュースが蔓延すること
は，情報環境における「悪貨は良貨を駆逐する」的な状況を生じさせる。
信頼すべき情報とそうでないものの見分けがつかず，現実と虚構の境目
はますますあいまいになる。このような状況において，個々の情報とい
うよりそれらをコントロールする根源的部分に世界を特定の方向へ操作
しようとする何らかの意図が働いており，それらは往々にして一般大衆
に真実が知らされないまま現実世界に作用するという考え方が，一般に
陰謀論と呼ばれるものである。フェイクニュースの多くはこの陰謀論と
関連しており，権力を持ったエージェントが世論を操作するために虚偽
情報を流したとみなされることもあれば，その逆に，ある現象や出来事
が陰謀論によるものだという暴露の形態がフェイクニュースとなって世
に広められることもある。

　いずれの場合も，一見すると原因の分からない不可解な出来事が生じ，
それに対して通常では知り得ない絶対的な真実が関わっていることが想
定され，その原因がわれわれの身の丈を超えるような大いなる意図＝陰
謀に帰せられる等の諸要件が，陰謀論を典型的に構成しているといえる。
このような諸点に着目し，陰謀論を現代宗教の一形態として捉える視角
が近年顕著になってきた。この研究潮流にはいくつかの傾向がみられる
が，例えば宗教に関する陰謀論は，宗教一般というより特定の宗教グルー
プ，とりわけ宗教的マイノリティや新宗教運動などに向けられるまなざ
しを問題視する。宗教における陰謀論は教義や神学を用いて特定の陰謀
の物語や信念を作動させ，政治や歴史，社会倫理などを操作する側面に
光をあてる。そして宗教としての陰謀論は，陰謀の信念や疑わしい推論
が浸透した世界観に目を向け，そこに高度な啓示や終末論的観念といっ
た「宗教のような」作用を陰謀論の中に見出すのである［Dyrendal,

Robertson, and Asprem　2018: 4-8]。

　サンダースとウェストは，この陰謀論の背景をなす世界観をオカル
ト・コスモロジーと名付け，それが「透明性」を旨とする現代世界にお
いていかにして活性化するかについて考察している。現代世界において，
透明性は「よき政治支配」とほぼ同義であり，情報公開，アカウンタビ
リティ，政治的クリーンさなどは，モダニティの指標として理念化され
るようになった。あるいは，透明性は「蒙昧さ」や「伝統」と対極的に
合理性を推し進めることによって達成されると考えられる。しかし現実
はその逆に，可視的である以上のことが起こる世界についての観念であ
るオカルト・コスモロジーに基づいている。可視的な世界は不可視の世
界と因果関係をもち，不可視の世界からの作用を往々にして受けるとい
うこの考えは，1930 年代にアフリカのウィッチクラフト（妖術）を研
究したエヴァンス＝プリチャードが指摘した「妖術の概念は不運な出来
事を説明する」という呪術的論理にも通じる。このような考えに従っ
て，透明性が主張されればされるほど，疑惑は深まっていく［West and
Sanders 2003：6］。フェイクニュースや陰謀論など，透明どころか目
に映ずること以上のものが常に生起するという現実認識は，このオカル
ト・コスモロジーを背景に持つことによって，虚構との境目をいっそう
曖昧にしていくのである。

## （3）まとめと展望：現実と虚構のはざまの創発性

　本章では，グローバリゼーションに伴ってメディアを介した知識が多
元化する状況を取り上げた。中央からの一方向的な情報の集約化に対し
て，ローカルメディアの自律的発信の可能性を検討すると同時に，マスメ
ディアによる異文化表象を事例に情報発信における虚と実の問題を検討
した。この虚と実の問題はオルタナティブファクトやフェイクニュースの

問題とつながっているが，それらは一見無限に広がったかに見える情報空間が実は閉鎖的に固定化されてしまうことに起因しており，それはしばしば呪術的なオカルト・コスモロジーを背景にしていることが分かった。

　そこで最後に現実と虚構のはざまに生じる創発性の可能性を考えたい。言うまでもなく，虚偽報道にあふれる情報空間が健全な知識の獲得や判断を阻害してしまうことに対してはいくら警戒してもしすぎることはないし，メディア情報の質を保障するために「科学的」対策を講じることも重要であろう。しかしその上で，「妥協や曖昧さをいっさい認めない極端な二元論的思考，絶対的な善か悪かの二つの立場しか認めない二元論的な道徳観」［吉本 2012: 20］が陰謀論を支配しているとすれば，実と虚という二元論的思考の硬直性をほぐし，別の可能性を模索することも必要であろう。それは，2節の（3）で取り上げたロバート・フラハティの映像作品が雄弁に物語っている。彼の作品で現実と虚構の往還を繰り返しながら伝えたいのは，映像に映し出された事象の真贋という一面だけではなく，そこから描き出される人の生に対する姿勢や家族や人々の関係性といった質的な内容である。したがって，ファクトであるかフェイクであるかという一点だけでは非難されないのである。

　芸術や芸能にはこのように，現実と虚構のはざまから立ち上がってくるインパクトによって，常識世界を揺るがすこともしばしばある。江戸時代の戯作者・近松門左衛門はその創作について「実と虚との間にある」という虚実皮膜論を主張した［cf. 武井編 1991: 33］。そしてこのような実と虚の間にある芸能としてきわめて典型的な代表例として，落語をあげることができる。落語は伝聞調ではなく会話体によって，つまり実況放送のような形態によって話が進められる。演者としても，あるときには話の中の登場人物を演じることもあれば，直接客に語りかけるナレーターとしての一人数役をこなして切り分ける。落語の落語たるゆえんは，

このような「境目のなさ」であり，「結局，夢がうつつか，うつつが夢かというようなところじゃないか」［桂 2003］というのが，二代目桂枝雀の見解であった。話自体も荒唐無稽な作りごとが基本であり，例えば「二階ぞめき」という演目は，色街通いがやまない息子を外出させないよう，家の二階に造り物で色街を再現してしまうという噺である。「あくび指南」（上方落語では「あくびの稽古」）は，さまざまなシチュエーションに合わせたあくびを伝授する稽古所が舞台であり，あくびのレッスンをすること自体がすでに現実を逸している。しかし演者によってそのあくびが実にリアルに演じられるのである。

　これらは現実と虚構のはざまというより，完全にフィクションではないかという疑念が生じるかもしれない。しかしここで注目したいのは笑いがもつ，現実と虚構の二分法的論理を破壊的に乗り越えていくそのポテンシャルである。前項で取り上げた陰謀論には現代の呪術的論理が見出されたが，例えばそこに，「呪術師の世界の破壊的な影響を打ち消す唯一の方法は，それを笑うことなのだ」［カスタネダ 1993: 81］というドンファンの教えを対照させてみよう。笑いの技芸は，現実と虚構を跳躍して，そこに創発的な世界を垣間見せてくれるという意味において，笑いへのまなざしは，呪術へのまなざしでもあるのだ。あるいは，笑いに関するジリボンの次のような指摘は，「笑い」を「呪術」に置き換えても，ほとんど言い得るのではなかろうか。

　「笑いは夢の親戚であり，神秘に接して花を開き，熱狂のさなかにそれ自体が神秘に達する。笑いは人間的な意味の本質的な弱さを明らかにしつつ，しかしその弱さをふり払う手段をわたしたちに与えてくれる。なぜなら，笑いは人間的な意味の弱さにひとつの空間を授け，わたしたちを理性の岸にとどまらせつつ意味の崩壊に立ち会わせてくれるからである」［ジリボン 2010: 75］。

# 11 │ 世界生成の機械としての文化

大村　敬一

**《目標＆ポイント》**　文化相対主義の原点に立ち戻るために，「自然／人間」の二元論的な世界を目指すという近代の存在論を一旦は保留し，その存在論を実現するための近代のプロジェクトを相対化するとは，どういうことなのだろうか。他者がどのような世界を目指しているのかという他者の存在論の正当性を認め，その存在論を実現するための実践や生活習慣はもとより，それらによって生み出される意味づけられた物理的な世界のあり方，つまり，他者の生き方としての文化を「真面目に取り上げる」とは，どういうことなのだろうか。本章では，カナダ極北圏の先住民であるイヌイトの世界生成のプロジェクトに「真面目に」寄り添うことで，どんな世界の現実が拓かれるのか，その可能性について考えてみたい。

**《キーワード》**　存在論，イヌイト，生業システム，テクノサイエンス・ネットワーク，真理，世界生成の機械

## 1. 出発点：先住民の存在論に「真面目に」寄り添う

　アザラシやカリブーなどの野生動物は，カナダ極北圏の先住民であるイヌイトのハンターに自らの身体をすすんで贈与する。動物とイヌイトの間には互恵的な関係が結ばれているからである。動物が自らの身体を食べものとしてイヌイトに与えることでイヌイトの生存を助け，イヌイトは与えられた食べものを分かち合って食べ尽くすことで，その動物の魂（*tagniq*）が新たな身体に再生するのを助けるのである。

　こうしたイヌイトの語りをどう考えればよいのだろうか。普通であれ

ば，単なる物語にすぎず，イヌイトが現実を解釈した神話や伝承として尊重すべきであるとしても，現実をありのままに表しているなどとは考えないだろう。私たちがそう考えるのは，イギリスの人類学者，インゴールド［Ingold 2000］が指摘しているように，近代の「自然／人間」の二元論的な存在論を前提に私たちが次のように考えているからである。

　人類はたった一つの「自然」の現実に対して多様な文化ごとにさまざまに解釈を与え，多様な存在論を生み出す。こうした存在論は人類による「自然」の多様な捉え方を表している。それらはどんなに奇異にみえようとも，どれもが人類の貴重な知的所産であり，同じ価値をもつものとして尊重されねばならない。しかし，だからといって，そうした存在論を真に受けてはならない。それらは自然の秩序と人間の秩序を混同しており，「自然」をあるがままに捉えているわけではないからである。それを明らかにするのは近代科学である。近代科学はどんな文化のバイアスにもとらわれずに，「自然」のあるがままの真理を明らかにする。

　この点で近代科学が語ることは多様な文化の存在論が語ることと異なっている。たしかに，どちらが語るのも，世界はどのようなもので，どのような存在の論理に従っているかを明らかにする存在論である。しかし，近代科学の存在論は字義通りに世界の存在の論理を「自然」の真理として明らかにする真なる存在論であるが，多様な文化の存在論はそうではない。それは「自然」の現実の解釈にすぎず，それが映し出すのは世界の存在の論理そのものではなく，その存在論を語る人々が世界を認識する際の論理である。しかし，だからこそ，多様な文化の存在論にも価値があり，それらは尊重されねばならない。多様な存在論は人類が世界を認識する論理の豊かな多様性を表しているのだから。これが文化相対主義と呼ばれる私たちの常識だろう。

　しかし，本当にそうなのだろうか。ラトゥール［1999; 2008］によっ

て，近代科学の存在論は，科学者たちが知識制作の実践を通して構築してゆく人間と非人間のネットワークの内部では，たしかに真理を表しているかもしれないが，そのネットワークの外部ではそうでない可能性が示されて以来，こうした常識は揺るがされつつある。近代科学の存在論が人間と非人間で編まれたハイブリッドなネットワークの外側で真理でないならば，多様な文化の存在論が真理でないのも，それが本来あるべき場の内側に位置づけられていないからなのではあるまいか。近代科学の場合と同じように，多様な存在論も，テクノサイエンス・ネットワークにあたるような場，すなわち，それらが生み出されているそれぞれのハイブリッドな世界の内部では，文字通りの意味で真理を明らかにしているのではなかろうか。

　そうであるならば，冒頭に挙げたイヌイトの語りを単なる現実の解釈としてではなく，真理を明らかにする存在論として，あらためてもう一度「真面目に」考えてみてはどうだろう。今日，イヌイトに限らず，世界のさまざまな先住民の存在論について一部の人類学者が主張しているように［e.g., ウィラースレフ 2018；大村 2014；Blaser 2009；Nadasdy 2007；奥野＆近藤＆山口編 2012；Viveiros de Castro 2004a, 2004b］，その存在論を「真に受ける」のではなく，それらが生み出される現実の内側にしっかりと位置づけ，その存在論を「真面目に」受けとめながら，近代科学が構築するネットワークの外側にどのような真理がありうるのか，探ってみるのである。

　これが本章の目的，すなわち，カナダ極北圏の先住民であるイヌイトの存在論に「真面目に」寄り添うことで，どんな世界の現実が拓かれるのか，その可能性について考えることである。そのために，まずはイヌイトの存在論をめぐってどのような問題が生じているのかについて簡単に概観し，その存在論を「真面目に」受け止めてこなかったことで，ど

のような問題が生じているのか，確認しておく。そのうえで，その存在論が生み出される世界にその存在論を位置づけ，その存在論が生成，維持される過程に寄り添うことによって，その存在論がどのような真理を明らかにしているのか，検討する。そして最後に，このようにイヌイトの存在論に「真面目に」寄り添うことで，どのような世界が拓かれるか，その可能性について考察する。

## 2．イヌイトの存在論をめぐる問題

### （1）カナダ・イヌイトの現在

　カナダ極北圏の先住民，カナダ・イヌイトは，1950 年代から 1960 年代にかけて，カナダ連邦政府が極北圏の領有を国際的に確立するために第二次世界大戦以来進めてきたイヌイトの国民化政策のもと，政府が設置した学校や医療施設，行政施設の周囲に次第に定住化するようになった。しかし，それ以前には，狩猟・漁労・罠猟・採集からなる生業経済を基幹に季節周期的な移動生活を送っていた。一カ所に定住することなく，彼らが「大地」（*nuna*）と呼ぶカナダ極北圏のツンドラ地帯を舞台に，獲物である動植物相の季節周期的変動に従って移動を続けながら，アザラシやカリブー，セイウチ，ホッキョクグマ，ホッキョクイワナ，カモ，クズリなど，さまざまな野生動物を狩り，ベリー類などの野生植物を採集する生活を営んでいたのである。

　ところが，定住化するようになると，カナダ連邦政府による国民化政策の影響下で，イヌイト社会は近代国民国家と資本制経済の世界システムに同化・統合され，かつてない急激な社会・文化の変容を経験するようになる。学校教育制度，医療・福祉制度，法制度，貨幣制度などの浸透を通してカナダという国民国家へ同化・統合され，毛皮や手工芸品などの販売や賃金労働を通して資本制経済の世界システムにますます依存

するようになり，1970年代以降になると，マス・メディアを通して流入するカナダ主流社会の消費文化の波に洗われるようになっていった。その結果，今日のイヌイトは，オフィスや工事現場，レジなどで働き，セントラル・ヒーティング完備の住宅に住み，スノーモービルや四輪駆動バギー，船外機付き金属製ボートを駆使し，ケーブル・テレビ放送やDVD，iPadやiPodに興じ，村のスーパーやコンピューター・ネットワークの通販で買い物を楽しむなど，私たちと変わらない高度消費社会に生きるようになっている。この意味で，季節周期的な移動生活をおくる「狩猟・採集民」というイメージは，現在のイヌイトの実像からほど遠い。

　しかし，こうした状況にあっても，生業はイヌイトの生活とアイデンティティを支える基盤としての重要性を失っていない。たしかに今日ではそのやり方は大きく変わってしまっており，多くのハンターは賃金労働と生業を兼業している。生業は高性能ライフルやスノーモービル，四輪駆動バギー，船外機付の金属製ボートなどの装備によって高度に機械化されており，ガソリン代や弾薬費をはじめ，それら装備を調達して維持するための現金が必要だからである。それでもなお，生業は活発に実践されており，「生業活動をしないイヌイトはイヌイトではない」とまで言われる［大村 2013］。また，現金収入による加工食品の購入が一般化しているとはいえ，生業により得られる野生動物の肉はエスニック・アイデンティティを維持するに必須の「真なる食物」（*niqinmarik*）として愛好され，その肉の分配は社会関係を維持する要の一つとして機能し続けている［岸上 1996; 2007; スチュアート 1995］。

## （2）イヌイトの知識（*Inuit Qaujimajatuqangit*）をめぐる問題

　こうした生業活動を通して，イヌイトが過去約1,000年にわたって培い，現在でも刻々と生み出しているのが「イヌイトの知識」（*Inuit Qauji-*

*majatuqangit*）と呼ばれる知識と実践と信念の綜合体である。「イヌイト
の知識」とは，イヌイト語，極北の環境に関する生態学的知識，生業技
術（狩猟・漁労・罠猟・採集の技術），社会的な規範，価値観，社交の
技術などの総体のことであり［大村 2013］，「イヌイトの物事のやり方，
すなわち，過去と現在と未来におけるイヌイト社会の知識と経験と価値
体系」［IQ Task Force 2002: 4］と定義される。

　かつて，このイヌイトの知識をはじめ，「在来知」と呼ばれる先住民
の知識は，科学的知識より劣る「未開の科学」とみなされるにすぎなかっ
た。しかし，1980 年代以来，民族誌的研究が進むにつれ，在来知は科
学的知識と異なる存在論に基づいており，そのために科学的知識と対照
的な特徴を示しはするものの，それに勝るとも劣らない知識として認め
られようになってきた。定量的，分析的，還元主義的，客観的，機械論
的な科学的知識が，自然を人間から分離して捉える二元論的な存在論に
基づいているのに対し，在来知は定性的，全体論的，直感的，主観的，
経験的，精神論的で，自然と人間を分離せずに捉える一元的な存在論に
基づいており，その存在論に沿って理解すれば，科学的知識と対等な世
界理解を示していることが明らかにされてきたのである。

　例えば，イヌイトの知識では，「人間ではない人物」として動物を捉
える存在論に基づいて，動物種はそれぞれ同種ごとに社会を形成し，社
会生活を営んでいるとされる。そして，人間の社会を含め，これら「人
物」たちの諸社会の間には，排他的な敵対関係や助け合う互恵関係など
の社会間関係が結ばれていると説明される。こうした説明は，「自然／
人間」の二元論的な存在論に基づく科学的知識からみれば，人間と動物
の根元的差異を混同している荒唐無稽な「神話」や「おとぎ話」にしか
みえない。しかし，観察される現象とイヌイトの説明を対照する研究が
進むにつれ，イヌイトが社会内関係と社会間関係として説明している現

象が実際の現象を精確に再現していることが明らかになっていった。

　こうして1990年代になると，イヌイトの知識をはじめとする先住民の在来知は，科学的知識とは異なる存在論に基づく異質な知識でありつつも，それと対等な知識であることが明らかにされ，その正当性が広く一般に認められるようになっていった。カナダでは，1970年代から活発化する先住民運動の結果として，1980年代末頃から，極北圏や亜極北圏の先住狩猟・採集民が連邦政府や州政府と共同で野生動物や環境の管理を行う共同管理制度が整備されるようになってきた。この共同管理制度では，野生動物資源管理や環境開発計画，環境アセスメントのために行われる調査と分析と政策決定の全過程に，先住民が国家や地方自治体の行政組織と対等の資格で参加することが保証され，その調査と分析の過程で近代科学と先住民の在来知が対等な資格で協力すべきであることがうたわれている。

　しかし，こうした共同管理制度が整備されてゆくにつれて，この制度の問題点も明らかになっていった。たしかに，共同管理制度のもとでは，調査と分析と政策決定の過程に先住民が参加し，科学者の調査だけでなく，先住民の古老や熟練ハンターに在来知に基づく見解が求められる。しかし，その見解に敬意が払われることはあっても，その見解が意志決定の根拠として真剣に考慮されるようにはならなかった。在来知に基づく見解は尊重されるべきではあっても，動物や環境の現実を表しているわけではなく，その現実に対処せねばならない環境管理の意志決定の根拠としてふさわしいとは考えられなかったからである。

　こうした問題を引き起こしているのが，冒頭で検討した私たちの素朴な文化相対主義の常識であることは明らかだろう。先住民の存在論を尊重しながらも，結局のところ，その存在論を世界の真理とは考えず，先住民の認識の論理とみなし，「真面目に」取り上げてはこなかったので

ある。それでは，先住民の在来知の存在論を「真面目に」取り上げるとは，どういうことであり，そのためにはどうすればよいのだろうか。

# 3．イヌイトの生業システム：「大地」を生成する制度

　先に検討したように，先住民の存在論を「真面目に」取り上げるためには，その存在論が生み出されて維持される場の中にその存在論を位置づけねばならない。イヌイトの存在論の場合，その場にあたるのが，イヌイトの知識が生み出されて維持される場としての生業システムである。ここでは，その生業システムを簡単に紹介し，その中にイヌイトの存在論を位置づけてみよう。

## （1）イヌイトの生業システムの仕組み

　これまでの極北人類学の成果によって，北米大陸極北圏からグリーンランドに拡がるイヌイトとユッピクの人々の間には，生業システムと呼ばれる社会・文化・経済システムが広く共通にみられることが指摘されてきた［e.g., スチュアート 1995；岸上 2007］。このシステムの概略は，次のような循環システムとしてモデル化することができる［cf. 大村 2009；2012］。

　まず，イヌイトが狩猟・漁労・罠猟・採集の生業技術によって，野生動物の個体と「食べものの贈り手／受け手」という関係に入ると同時に，その結果として手に入れた食べものなどの生活資源をイヌイトの間で分かち合うことで，イヌイトの社会・政治関係の基礎となる拡大家族集団が生成される。このときに重要なのは，イヌイトの存在論がイヌイトに実現すべき世界を示す指針となり，生業で実現されるべきイヌイトと動物の関係として，次のような互恵的な関係を目指すようにイヌイトにうながすため，食べものの分かち合いがイヌイトの間で規範化されることである。

　イヌイトの存在論では，野生動物は「魂」(*tagniq*) をもち，その身体が滅んでも，その魂が滅びることはないとされる。ただし，ここで注意せねばならないのは，この動物の魂は，イヌイトがその身体を分かち合って食べ尽くさねば，新たな身体に再生することはできないとされていることである。そのため，動物の魂は，新たな身体に再生するために，自らの身体をイヌイトに分かち合われるべき食べものとして自らすすんで与えることになる。このことは，イヌイトからみれば，生存のための資源が与えられることを意味するので，イヌイトは野生動物から助けられることになる。つまり，イヌイトが生業を通して実現すべき世界では，動物とイヌイトの関係として，動物はイヌイトに自らの身体を食べものとして与えることでイヌイトの生存を助け，イヌイトはその食べものをイヌイトの間で共有して食べ尽くすことで動物が新たな身体に再生するのを助けるという互恵的な関係が目指されることになるのである。

　こうした存在論によって示される指針の結果，イヌイトは動物に対して常に「食べものの受け手」という劣位にある者として，動物から与えられた食べものを常に分かち合って食べ尽くさねばならないことになり，イヌイトの間での食べものの分かち合いが規範化される。イヌイトの間で与えられた食べものが分かち合われねば，動物の魂は再生することができなくなるため，動物はイヌイトに自らを食べものとして与えなくなってしまうからである。したがって，動物から食べものが与えられるようにするために，動物から食べものが与えられたら，イヌイトはその食べものを常に必ず分かち合わねばならないことになる。

　このとき重要なのは，イヌイトに「食べものの分かち合い」の規範を課しているのは野生動物であってイヌイトではないように工夫されていることである。そのため，イヌイトの間では，誰が誰に対しても命令することなく，誰もが同じ規範に従って食べものを分かち合う協調の関係

が成立する。こうして，イヌイトの間では，対等な食べものの分かち合いの中で，相手を裏切って食べものを横取りしないということを相互に期待し合い，食べるという同じ行為を協調して行うという相互の意志に依存し合う信頼の関係が生じる。結果として，イヌイトは動物に対して「食べものの受け手」として常に劣位な立場に立ち，イヌイトの間での食べものの分かち合いの規範を課す命令を動物に託してしまうことで，自分たちの間から「支配／従属」の関係を厄介払いし，自分たちの間に対等な立場で協調し合う信頼の関係を実現することになる。

　しかし，この代償として，イヌイトは動物に対して常に劣位の立場に立たねばならないため，イヌイトには動物を馴化する道が閉ざされてしまう。もしイヌイトが動物を馴化してしまえば，食べものの分かち合いの規範をイヌイトに課しているのは動物ではなく，その動物を馴化したイヌイトになってしまう。これではイヌイトがイヌイトに命令していることになり，厄介払いしたはずの「支配／従属」の関係がイヌイトの間に舞い戻ってきてしまう。イヌイトの間で対等な信頼と協調の関係が成立するためには，動物はイヌイトの誰に対しても優位な立場にあらねばならない。結果として，イヌイトは動物に対して支配と管理につながるような方法，例えば牧畜を採用することはできなくなり，相手に従属する弱者の立場から相手に働きかける誘惑の技，つまり弱者の技である戦術を駆使する狩猟や漁労，罠猟，採集に徹することになる。

　さらに，こうしてイヌイトの間に対等な信頼と協調の関係を生み出す食べものの分かち合いの規範化は，生業のための技術や知識の共有と協働を促す。この規範化によって，イヌイトの間では，狩猟や漁労などの結果として手に入れられる食べものが常に分かち合われねばならなくなるため，横取りや裏切りを心配することなく，狩猟や漁労で協働することが可能になるからである。むしろ，狩猟や漁労の結果として得られる

　食べものを独り占めすることができず，常にイヌイトの間で分かち合わねばならないのであれば，狩猟や漁労を単独で行ったり，技術や知識を独占したりすることに積極的な意味がなくなり，技術や知識の共有と協働によって労働を分かち合うことに積極的な意味がでてくる。

　こうしてイヌイトの間で協働が促され，知識と技術が共有されるようになると，その協働と共有を通して生業のための知識と技術は豊かに錬磨されてゆき，その結果，イヌイトが新たな動物の個体との間で「食べものの受け手にして分かち合いの命令の受諾者／食べものの与え手にして分かち合いの命令者」という関係に再び入る確率が上がるようになる。そして，この関係が実際に狩猟や漁労で実現されると，すべてが出発点に戻り，もう一度同じ循環が繰り返される。こうして，動物の魂の新たな身体への再生は，循環する生業の過程の中でイヌイトと動物の関係が再生産されるというかたちで実現される。動物の魂はイヌイトと動物の間の関係を指しており，イヌイトの存在論にあるように，イヌイトが動物から与えられた食べものを分かち合うことで，この関係は死滅することなく，新たな動物とイヌイトの間に再生するのである。

## （2）「大地」：生業システムによって生成・維持される世界

　こうした生業の循環システムを次のようにまとめることができる。まず，イヌイトが生業技術の実践を通して動物に自らの身体をイヌイトにすすんで贈るように誘惑し，その誘惑に乗った動物がイヌイトに自らの身体を贈ることで食べものの分かち合いの規範を課す。その命令に従って動物から贈られた食べ物を分かち合って食べ尽くすことで，イヌイトは自分たちの間に信頼し合って協働する社会関係を生み出し，その信頼と協働の中で動物を誘惑するための戦術的な技を共有して錬磨する。この技を錬磨することで，イヌイトはさらに新たな動物の個体を誘惑し，

その個体との間にも「食べ物の贈り手／受け手」という自他関係を再生してゆく。こうして循環する生業の過程を通して，イヌイトと動物の間の「誘惑／命令」の相互行為が，イヌイト同士の「信頼と協働」の相互行為と絡み合いながら展開され，イヌイトにとって「信頼して協働し合うべき者」としての「イヌイト」と「誘惑する対象にして命令に従うべき者」としての「野生動物」が差異化されて浮かび上がってくる。その帰結として，対等な個人が相互の信頼のもとで協働するイヌイトの拡大家族集団が動物との非対称な関係を媒介に生成されてゆく。

　もちろん，こうした循環的な過程で生成されて更新されてゆく野生動物との関係は一種類の動物に限られるわけではなく，さまざまな動物種との間に結ばれる。また，そうしてイヌイトと関係を結ぶ動物種同士も無関係なわけではなく，生態的な関係を結び合い，そうして結ばれる生態的関係のネットワークの結節点としてそれぞれの群れを生成している。したがって，イヌイトの拡大家族は，さまざまな動物の群れの結節点が無数に相互連結したネットワークの中に，その結節点の一つとして溶け込みつつ浮かび上がるような存在であると言える。このように生態的な関係と社会的な関係という社交の糸によって織り上げられて秩序づけられたネットワークが「大地」と呼ばれるイヌイトの生活世界であり，イヌイトの拡大家族はこの「大地」の一部に生業の実践を通して溶け込みつつ浮かび上がるのである。

　こうしたイヌイトの生業システムは，「人間」も「自然」もない混沌からイヌイトのさまざまな拡大家族集団とさまざまな野生動物種を分節化しつつ連結し，「大地」と呼ばれるイヌイトの生活世界全体の秩序を生成しており，イヌイトにとっての世界を生成するシステムであると言える。また，この生業を実践することは，生存に必要な資源を獲得して流通させる経済活動のみならず，動物と生態的な関係を結び，イヌイト

188

同士で社会的な関係を結ぶ社交の活動，あるべき世界として表象された
存在論を実現する倫理的な活動を実践することでもあり，この意味で生
業システムはイヌイト社会の中核的な制度として政治・経済のすべての
領域を束ねている。イヌイトの生業システムは生活世界の秩序全体を一
挙に成立させる制度であり，イヌイト自身がしばしば強調するように，
イヌイトとしての生の全体の礎となる「生き方」と呼ぶにふさわしい。

　この生業システムの中で，イヌイトの存在論はそのシステムを一つに
まとめあげる指針としての役割を果たしている。その存在論はイヌイト
同士の食べものの分かち合いを蝶番にイヌイト同士の関係とイヌイトと
動物の関係という二つの関係をつなげている。また，イヌイトの食べも
のの分かち合いを規範化するとともに，イヌイトが動物に対して馴化で
はなく誘惑の生業技術で接するように制限することで，生業システムが
循環的に稼働するようにイヌイトの実践を方向づける。そして，そのシ
ステムの稼働を通して現実の関係として実現されることで，所与の現実
として強化され，イヌイトの実践をさらに方向づける。イヌイトの存在
論は生業システムを一つの循環システムにまとめ，イヌイトの生活世界
の秩序を成立させる指針として枢要な役割を担っているのである。

## 4．世界生成の機械としての文化

　このように生業システムにイヌイトの存在論を位置づけると，その存
在論がまさに真理を表していることがわかるだろう。このシステムが循
環的に稼働する中では，イヌイトと野生動物は，拡大家族集団における
イヌイト同士の信頼の関係としてのイヌイトの「魂」の再生産を動物が
助け，拡大家族と動物の関係としての動物の「魂」の再生産をイヌイト
が助けるというかたちで，実際に互恵的な関係にある。この意味で，動
物は擬人化されているわけではなく，実際に社会的人物として扱われて

いる。また，イヌイトのハンターは野生動物を馴化することなく，あくまでも誘惑の技としての狩猟や漁労や罠猟に徹するため，動物は文字通り実際にイヌイトに自らを与えてしまうことになる。

## （1）存在論を支える努力：「大地」とグローバル・ネットワークの真理

　ただし，ここで注意しておかねばならないのは，生業システムによって生成・維持される「大地」の中でイヌイトの存在論が真理であるとは言っても，そうなるためには，イヌイトが動物を馴化することなく，生業技術を駆使して誘惑し続け，自らの間で食べものを分かち合い続けることで，それが真理になる場としての「大地」を維持し続けねばならないということである。その真理は生業活動と分かち合いの絶え間ない実践というイヌイトの努力によって初めて真理になるのであって，イヌイトがいなくても，あるいは，何もしなくても，真理であるわけではない。ちょうど「自然／人間」の存在論に駆動されてテクノサイエンス・ネットワークを拡張して維持する科学者たちの努力によって近代科学の存在論が真理であり続けるように，イヌイトの努力によってイヌイトの存在論は真理であり続ける。

　この意味で，存在論は信じられるべき世界の解釈でも，発見されるのを待っている唯一普遍な世界の真理を表しているのでもなく，実践を通してどのような世界を生成して維持すべきかを示す世界生成のための指針であると言える。たしかに存在論は，世界はどのようなもので，どのような存在の論理に従っているかを示している。しかし，そこに示されるのは，過去を振り返って再構成される世界の論理ではなく，イヌイトや科学者たちが「大地」やネットワークを構築する自らの実践によって生成すべき未来の世界の論理である。だからこそ，それぞれの存在論はイヌイトや科学者が「大地」やネットワークを維持する実践を通して初

めて真理として保たれる。

　このときに注意せねばならないのは，科学者が近代の存在論を真理として維持するために絶え間なく実践しているのは純粋な科学の実践ではないことである。第1章でみたように，「科学」の実践と「政治」の実践は近代の「自然／人間」の二元論的な存在論では厳密に分離されるにもかかわらず，実際には科学と政治の実践は，非人間の「自然」の領域と「人間」の社会の領域を媒介する経済の実践を通して分かち難くもつれあっている。実験室やフィールドワークで科学の実践を行うにあたっては，そのための資金を調達して人間と非人間を動員せねばならず，その調達と動員には政治・経済的実践が不可欠である。そもそも，いかに科学者であっても霞を食べて生きてゆけるわけではない。「自然」の真理を探究する純粋な科学の実践や科学の制度など存在せず，科学者が実践しているのは，不可分に絡み合った科学の制度と政治・経済の制度における科学＝政治・経済の実践である。

　したがって，科学者が近代の存在論を真理として維持するために絶え間なく構築・維持しているテクノサイエンス・ネットワークは，単独で生成・維持されているわけではないことになる。また，そのネットワークは，実験やフィールドワークの方法をはじめ，論文の執筆・査読・流通の方法を規定している近代科学の制度によってのみ支えられているわけでもない。ちょうどイヌイトが生業システムという政治・経済的制度を維持することを通して「大地」という世界を生成・維持しながら自らの存在論を真理として維持しているように，科学者たちも科学＝政治・経済の制度における科学＝政治・経済の実践を通して，テクノサイエンス・ネットワークと近代国民国家と産業資本制のグローバル経済市場が一つに絡み合ったグローバル・ネットワークという自らの世界を生成・維持しながら自らの存在論を真理として維持しているのである。

## （2）世界生成の機械としての文化

　しかし，そうだからといって，イヌイトや科学者たちが「大地」やグローバル・ネットワークを自由に生み出し，そこでそれぞれの存在論を主体的に真理にしつづけているわけではない。そもそも，彼らにとって，「大地」やネットワークはすでに長年にわたって稼働してきた所与の現実としてあらわれる。個々のイヌイトや科学者は「大地」やネットワークを自由に生み出すことはできず，そこに参加するか否かを選択することしかできない。そして，そこに参加してしまえば，あるべき世界の論理を示す存在論に従って，「大地」やネットワークを維持し，それぞれの存在論を真理にせざるをえなくなる。この意味で，存在論も，存在論が真理となる場である「大地」やネットワークも，イヌイトや科学者たちの意図や主体的な関与を超えたものとしてあらわれる。あたかも，それらは自らが存在しつづけ，自らが真理でありつづけるために，イヌイトや科学者たちの実践を方向づけるかのように機能するのである。

　ここで重要なのは，存在論はそれだけで観念的に存在するのでなく，人間と非人間（動物やモノ）で物理的に構築された「大地」やネットワークに不可分に編み込まれていることである。それは信じられるべき観念として浮遊しているのではなく，長年にわたる実践を通して構築されてきた物理的現実に組み込まれ，その物理的な現実に裏打ちされている。それは未来の世界という今はまだなき世界のあり方を指し示し，人類の想像力によってのみ存在する観念でありつつも，過去にも今このときにも，「大地」やネットワークという物理的な現実を支える原理としてたしかに実在する。だからこそ，どちらの存在論も，その存在論が真理となる「大地」やネットワークに参加しているイヌイトや科学者には，自らの実践を通してそれらを真理にしているにもかかわらず，自らの実践を超えた普遍的な真理であるかのように見えるのである。

　もちろん，こうした「大地」やネットワークはイヌイトや科学者たちの実践によって生み出されたものである以上，彼らの関与を超えているわけではない。たしかに「大地」やネットワークは所与の現実としてイヌイトや科学者たちの実践を方向づけるが，彼らの実践の変化に応じて間接的に変化する可能性を孕んでいる。例えば，イヌイトが動物を誘惑する生業技術ではなく，拡大家族ごとに動物を管理する技術を採用し，なおかつ拡大家族の内部で対等な信頼の関係を維持しようとするならば，ここで検討してきた生業システムは次のようないくつかのシステムに変換されるだろう。そして，それらシステムのそれぞれにふさわしい存在論が生じ，その存在論に導かれる実践を通して新たな世界と真理が生み出されることだろう。

　例えば，分かち合いの規範化を求める拡大家族の間で，常に相互に相手の集団から食べ物を手に入れるようにすれば，どちらの集団でも，相手の集団から食べ物を手に入れるためには，自分たちの間では誰もが等しく食べ物を放棄せねばならなくなり，食べ物の放棄という行為の分かち合いが集団の外部から規範化され，それぞれの集団の内部に対等な信頼の関係が維持される。この場合には，相互に資源を贈与しあう贈与システムが生まれる。あるいは，ある一つの拡大家族だけに他の拡大家族が食べものを贈与し，他の拡大家族から一方的に贈与される拡大家族が贈与された食べものを他の拡大家族に分配するようにすれば，王家のような超越的な存在に食べ物を集めて再分配するシステムが生まれるだろう。さらに，この再分配システムを土台に，食べ物の分かち合いそれ自体ではなく，共通の価値尺度を分かち合うことを規範化するもの，例えば貨幣を創り出し，それを媒介に皆が食べ物を交換するようにすれば，対等な個人が共通の価値尺度に従うこと以外には自由に食べ物を交換する等価交換が成立し，資本制の基礎が据えられることになる。

　このように，「大地」やグローバル・ネットワークなど，それぞれの
存在論が真理となる世界は，その世界生成に参加する者たちには自らの
意図や主体的な関与を超えた所与の現実としてあらわれ，それ自身の論
理に従って参加者たちに働きかけながらも，そこに参加する者たちの実
践の中で構築されて維持され，あるいは変化させられてゆく。人類の手
によってつくられながらも，そのつくり手たちを巻き込んで自律的に運
動することでつくり手たちを導き，つくり手にとっての世界と真理を生
成するという意味で，生業システムも近代の科学＝政治・経済の制度も，
人類が自らの延長として構築する有機的な世界生成の機械である。それ
らは人類によって生み出されて維持されたり変化させられたりする人工
的な延長でありつつも，つくり手の人類からは自律した運動の中で人類
にとっての所与の現実を生成する。この意味で，こうした世界生成の機
械は第 3 章で検討した文化に他ならない。
　それでは，イヌイトの生業システムや近代の科学＝政治・経済制度の
他に，どのような世界生成の機械としての文化があり，そこではどのよ
うな世界と真理が生成・維持されているのだろうか。あるいは，これか
らどのような世界生成の機械としての文化によってどのような世界と真
理が生み出されてゆくのだろうか。そして，こうした世界生成の機械と
しての文化によって生成・維持される多様な世界と真理が共生してゆく
ためには，どうすればよいのだろうか。人類が一つの生物種でありなが
ら，多様な文化を通して多様な世界と真理を生成する可能性を探ること。
これこそ，人類はどこから来て，どのような存在であり，どこに向かお
うとしているのかを考える人類学にふさわしい問いではなかろうか。イ
ヌイトの存在論に「真面目に」寄り添うことで私たちに示されるのは，
こうした人類学の任務である。

# 12 | 自然と身体の人類学

箭内 匡

《**目標＆ポイント**》 本章と次章では，前章までの講義を踏まえつつ，「人新世」の文化人類学に向けて，この学問の全体に関わるような焦点移動を行う。本章を導く基本的な考えは，文化人類学とは「文化と社会の人類学」である以前に「自然と身体の人類学」であったという再認識である。本章と次章では文化人類学の比較的古い研究成果も活用してゆく。実際，本章で提示する四つの「自然」観は，そうした過去の研究の蓄積を，新たな形で今日の世界に連結させるものになるはずである。

《**キーワード**》 広義の「自然」，アニミズム，アナロジズム，ディナミズム，客体化された自然

## 1. 自然と身体の人類学

### (1) 空間と時間の経験

誰でも，最寄りの駅から家に帰るルートはほとんど何も考えずにたどることができる。もし友人に「駅から君の家にはどうやって行ったらいいの？」と尋ねられたら，あなたは，駅を出て家に着くまでの諸場面を，次々と，一種の運動感覚とともに頭に思い浮べるだろう。それはいわば身体的な想起であり，地図を見るような知的な作業ではない――地図を使うのは見知らぬ場所に行く時だけだ。日常生活における，私たちと周囲の世界との関係は，おおかたこのような種類のものである。

確かに現代社会に暮らす私たちは，子供の頃から地図を頼りに空間を考えることに慣れ，また学校の諸教科を通じて空間を抽象的に捉える訓

練を受ける。しかし，そうした知的経験の下層には，やはり身体と周囲の自然——後述する広義での「自然」——との具体的なつながりがあるのだ。第10章の言葉を使ってそうしたつながりを「世界＝機械」として捉え直してもよい。歴史的にみれば，人類の生活は圧倒的に長い間，そのような自然と身体の直接的関係の束の中で営まれてきた。

　時間についても考えておこう。私たちは時間というとまず時計を思い出すが，時計との知的関係に依存する前に，私たちは体内時計を持っている。それは睡眠や空腹のサイクルと関係し，太陽の運行やそれに伴う自然の諸物の変化と関係している。私たちの生は，一日，一月，一年といった無数のサイクルの中にあり，さらに「私」自身が生まれ，成長し，老い，死ぬことは，周囲の人々や動物や植物や昆虫の生死のサイクルとも密かに反響し合っている。「時計の時間」の下層には，自然と身体の間の分厚い時間的関係が横たわっているのだ。

　Ｃ・レヴィ＝ストロースが『野生の思考』の冒頭で鮮やかに論じたように，近代的な学校教育の影響がいまだ十分に及んでいない場所では，人間は周囲の自然を敏感に知的かつ感性的な形で把握していた。例えば20世紀前半の報告によれば，ハワイの現地人は，「鋭い能力でもって，海陸の全生物の諸属性や，風，光，空の色，波の皺，さまざまな磯波，気流，水流などの自然現象のきわめて微細な変化を正確に記すことができた」という。こうした微細な把握を総合することで，人間は科学技術に頼ることなく，高度な客観的認識を生み出すこともできる。例えば1920年代，カナダのサウサンプトン島を訪れた科学者が，現地に居住するイヌイトに彼らの島——その面積は九州より大きい——の地形図を描かせたことがある。何の測量器も持たない彼らが描いた図は，航空写真を思わせるほど精確に島の輪郭を示すものであった。

　人々は自らの身体と自然との間でどんな関係を営んでいるのか——文

化人類学者はそれをフィールドで時間をかけ，自らの身をもって学んできた。もちろん，フィールドで研究者が持つ研究関心はさまざまだし，研究者が現地の人々とまったく同じように周囲の世界を感じられるようになるわけでもない。しかしいずれにせよ，個々の研究関心を「図」とするならば，身体と自然の関係は，あらゆる人類学的研究の土台となる「地」なのである。

## （2）広義の「自然」

　ここで，自然という言葉を最大限に広義で用いることで，議論の射程を不用意に狭めないようにしたい。自然という言葉はしばしば，「人為」と対立させられたり，「文化」と対立させられたりするが，ここではそうした対立は想定せず，あらゆるものを「自然」に含めて考える（この点に注意を促すため，本章ではこの広義の「自然」をなるべくカギカッコで囲んで書くことにする）。この用語法に従えば，私たちの感情や思考や言葉も「自然」の一部であるし，原子力発電所も「自然」の一部である（この言い方に抵抗がある人は，宇宙が放射線にあふれており，太陽が巨大な原子力エネルギー放出装置であることを思い出してほしい）。

　実際，周囲の世界を自然物／人工物に二分するのは絶対不可欠ではない。最寄りの駅から自宅に帰る場面でも，私たちが出会っているのは自然物と人工物の多様な絡み合いである。一方，朝から晩までの明暗や寒暖の推移を身体で感じるのは自然的，それを時計の時間として把握するのは人工的，という区分はしごく当然と思えるかもしれない。しかしそれについても，ここでは自然と人為に最初から分けず，時計による時間経験もまず「自然」の経験の一種であると考えた上で，2種類の「自然」の経験の相対的な違いとして考えることにする。この考え方は実は，先に触れたイヌイトの地形図の事例からも正当化できる。大村敬一が論じ

るように（『カナダ・イヌイトの民族誌』），イヌイトたちはかつて，太陽の位置等に注目して時間を計り，そこから移動距離を知ることで測量器なしに地形を把握していた。だから，彼らは時計が入ってくるとすぐ，同じ目的のために時計を利用するようになった。「時計的な」時間はいうなれば時計の出現以前からイヌイト的「自然」の一部をなしていたのである。

　また，思考や感情など主観的に経験されることも「自然」の一部である。私たちを取り巻く世界は必ずしもニュートラルではない。駅から家に向かう道でも，ここは薄暗くて陰気だから早足で行くとか，いやな思い出があるのでこの道は避ける，とかいうことがあるかもしれない。伝統的な社会では，ここは霊的存在が出没する場所だとか，特別な「力」がある場所だとかという共通認識が人々の間であったりもする。ここでの「自然」の客観的な経験は，その主観的経験と不可分である。本章の「自然と身体の人類学」とは，そのような，広義の「自然」と身体の間で経験されるものの全体についての人類学的考察である。

## （3）四つの「自然」観

　「自然」と身体の関係に関する人類学的考察の起源は 19 世紀後半にまで遡る。E・タイラーは『原始文化』（1871）で，世界各地の諸民族の間で，人間のみならず，一部の動植物や無生物が霊魂を持つとする考え，また，夢を見るときに魂が抜け出すという考えが広く見られることを論じ，彼はそれを「アニミズム」と呼んだ。このタイラーの議論は，「自然」についての非西欧圏における考えを非科学的な迷信とみなさず，真剣な考察の対象とする画期的な企てだったと言える。その後，この議論が研究者の間で検討される中で，周囲の事物に漠然と——アニミズムのように特定化されない形で——「力」が宿るという考えが多くの民族で見出されることが注目されていく。本章ではこれを A・ファン・ヘ

ネップの言い方に従い，「ディナミズム」と呼ぶことにする。

　その後，人類学ではこの手の議論は表舞台から退いてゆくが，1990年代以来になって「自然」や「身体」に関する議論が再び盛んになった。その起爆剤の一つはB・ラトゥールの仕事である。彼は，科学的自然が裸でそこにあるものではなく，一定の手続きの中で客体化されつつ構成されるものであることを説得的に示して「科学人類学」という領域を発展させた。本章ではこの議論を背景に，科学的な自然概念を「客体化された自然」と呼ぶことにする。他方で，人類学者P・デスコラの貢献も重要である。彼は，長く放擲されていたアニミズムの概念の意義を改めて示すと同時に，彼が「アナロジスム」と呼ぶ，別の自然観があることも論じた。アニミズムでは「自然」の中の諸存在が本質的に多様なものとして捉えられるのに対し，アナロジスムではむしろ多様な存在の調和的な照応関係が強調されるようになる。

　以下，まずアニミズム，アナロジスム，客体化された自然の三つを論じ，そのあと節を改めて，ディナミズムについて論じた上で，現代世界において「自然と身体の人類学」が持つ意義について考えてみたい。

## 2. 三つの「自然」観

### （1）アニミズムと「他なるもの」

　人間以外の多様な諸存在に生気が宿り，人間存在がそれらと何らかの意味で交感し合う……。アニミズムとアナロジスムの両方が基盤とするこのアイデア自体は，人間が周囲の諸存在に対してほとんど本能的に持つものと言ってよい。人間を動物から峻別する伝統を持つ西洋でも，例えば童話的な想像力の中で動物が人間のように話すことに抵抗はない。愛車を生き物であるかのように可愛がる――その意味合いは多々あれ――のもある意味で自然な感情の発露だと言える。

　しかし，今日の人類学でア
ニミズムと呼ばれるものは，
それよりも癖の強い考え方で
ある。デスコラやE・ヴィ
ヴェイロス・デ・カストロが
論じたように，そこでは重要
な動植物——しばしば無生
物も——は人間と本質的に
同様の存在と見なされる。そ
の考えに従えば，熊であれ水
鳥であれ，種々の存在は，人

**図 12 − 1　ユッピクの仮面**
［所蔵：Phoebe A. Hearst Museum of Anthro-
pology, University of California, Berkeley］

間が社会をなし人間中心的な世界を作って暮らすのと同様に，彼らの社
会をなし彼ら中心の世界を作って暮らすのだ。極北の狩猟（漁労）民
ユッピクの仮面——外側は水鳥の頭だが，その内側には人間の顔があ
る——は，こうした考えを明瞭な形で示している（**図 12 − 1**）。アニミ
ズム的な考え方によれば，自然界はこのように多種多様の姿を持った
「人々」によって構成され，その各々が自分の世界を実現することを求
めているから，さまざまな「人々」同士は一種の潜在的緊張関係の中に
あり，つねに慎重な調停が必要である。アニミズムは狩猟採集民に広く
みられる考え方だが，彼らが通常，獲物を乱獲したりしないことの背景
に，人間は多数の存在が対峙する世界の一角を占めているに過ぎない，
というアニミズム的な考え——人間が一番完全だという考えはあるにせ
よ——があることが少なくない。
　アニミズムは多種の存在の各々を軸にして「自然」が分岐していく世
界である（ヴィヴェイロス・デ・カストロはこれを「多自然主義」とい
う言葉で形容した）。そして，アニミズム的な考えを持つ人々の間では，

人間集団自体も同様の多種的な分岐に向かうと考えられることが多い。つまり，比較的小規模の自律的な集団がそれぞれ別種の「人々」として対峙し，緊張関係の中にある，というような状況である。そうした中では，国家のような大きな社会的統合は未然に回避される——大規模な外敵を前に一時的な共同戦線を張ることはあるにせよ——傾向があると言える。P・クラストルはそうした状況を指して「国家に抗する社会」と呼んだ。

　R・ガードナーによる民族誌映画の傑作『死鳥』は，そうしたアニミズム的な社会集団の関係の優れた映像的表現である。1960年代初頭，当時オランダ領だったニューギニア島西部で，ダニという民族の村々は相互に独特の「戦争」状態にあった。「戦争」といっても，目的は征服でも物品の略奪でもなく，ただ「失われた均衡を取り戻すため」である。ある村で一人の死者が出ると，村人たちは，その死者の霊を満足させるため，敵対する村の誰か一人を殺さねばならない。もちろん敵村でも一人死ねば復讐の義務が生じるから，この戦いは原理上は永遠に続くことになる。付け加えれば，この「戦争」は近代国家間の戦争とは大きく異なっている。戦闘への熱意は常に高いとは言えないし，また伝統的方法で戦う限り，戦死者は容易には出ない。住民の誰かが事故や病気で死んだ場合も「戦死者」として勘定される。そして，一度「戦死者」が生じたら村全体で入念な葬儀が行われる。『死鳥』は，この戦闘的な民族が他方で確かに（ひょっとすると私たちよりも敏感に）感じ取っている，生の重みを見事に伝える映画である。

## （2）アナロジスムと権力の問題

　アニミズムは「自然」が多様な存在へ分岐することを強調する。これに対し，デスコラがアナロジスムと呼んだのは，そうした存在の多様性

を受け止めつつも，諸存在が何らか
の類比的な関係によって反響しあ
い，全体として一つの調和をなすと
する考え方である。アナロジスム的
なアイデアは広く見出されるものだ
が，それが洗練された形で展開され
てきたのは，アジアやヨーロッパ，
アフリカやアメリカ大陸，あるいは
オセアニアの，高次の階層社会や国
家社会が形成された地域であった。
儒教や仏教や道教といった東アジア
世界の根幹的な宗教的伝統はアナロ
ジスム的と形容することができる
し，ヨーロッパにおいても，中世は
もちろんルネサンス期──哲学者ミ

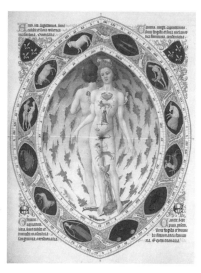

**図 12-2　占星学的身体**
15 世紀フランスの装飾写本『ベリー
公のいとも豪華なる時祷書』より

シェル・フーコーが『言葉と物』の冒頭で鮮やかに描いたように──
に至るまでアナロジスムは支配的な考えであった（**図 12-2**）。

　アニミズムが支配的なところで，小規模で自律的な社会集団が見出さ
れることは先に述べたが，アナロジスムはより大規模で階層性をはらん
だ政治・社会組織と関係する。「自然」の中の諸存在が類比的関係によっ
て束ね合わせる思考は，（本来は多様であるはずの）人間たちを類比的
関係によって束ね合わせることをも可能にするのである。アナロジスム
の「調和」という響きの良い言葉の中に，一種の垂直的な権力関係の可
能性が内包されていることは見逃してはならない。

　こうしたアナロジー的世界の究極的な政治的表現は「神聖王」と呼ば
れる制度に見られる。例えば，南米のアンデス高地に興ったインカ帝国

においては，インカの王都ク
スコはインカ帝国全体の縮図
と考えられ，その中心にある
太陽神殿は宇宙全体の力を統
御する場所と考えられ，そし
て太陽の子であるインカ皇帝
は国土のあらゆる生命の根源
となる力を持つと考えられた
（図12－3）。これは特殊な例
ではない。「自然」の中のア
ナロジー的な諸関係が「神聖
王」を媒介として束ねられる
というアイデアは，世界各地
で国家というものが出現する
過程で多く見られたものであ
る。一般的に言えば，アナロ
ジスムは現代に至るまで国家

図12－3　インカ帝国の「太陽の祭り」
［ワマン・ポマデ・アヤラ『新しい記録と良き統
治』（1615）より］

という制度の根底にある考えであり，例えば天皇を「日本国民統合の
象徴」と定めた日本国憲法第一条も，アナロジー的関係の一表現にほか
ならない。このケースも含め，近代国民国家においても，様々な境遇・
容姿・内面を持った人々を相互に類比的なものとみなすために，アナロ
ジスムは実は不可欠なのである。

　最後に，アナロジスムは経済の発達においても重要な前提であること
を述べておこう。カール・ポランニーが論じたように，近代国家が発行
する「全目的貨幣」は貨幣のかなり特殊な形態であり，歴史的にみて根
本的に重要だったのは「特定目的貨幣」であった。これは，いくつかの

物品（米や麦，貴金属や毛皮など）が，支払いや蓄財，交換や価値計算
など，個々の目的に即して貨幣として選ばれ，用いられるということで
ある。貨幣となる物品がそれ自体の物質的価値を土台に，他の価値物と
のアナロジー的関係の中で，貨幣として機能していくという貨幣制度は，
アナロジスム的な自然観のもとで初めて組織的な形で成り立ちうるもの
であった。

## （3）自然の客体化

　アニミズムの場合も，アナロジスムの場合も，「自然」の中の諸存在
は何らかの意味で人間と交感する関係にある（アニミズムの場合は諸存
在がおのおのの仕方で「人」であるという意味で，またアナロジスムの
場合は諸存在がアナロジーの中で照応するという意味で）。これに対し
て 16〜17 世紀以降のヨーロッパで支配的になったのは，「自然」を主体
から切り離し，徹底的に突き放して捉える態度であり，それがここで「客
体化された自然」と呼ぶものである。自然を客体化する手続き自体は，
世界の大文明における測量や治水等の高度な技術や科学・数学の発達か
らも分かる通り，人類に広く見られたものである。先述の通り，イヌイ
トは技術の助けをまったく欠いていても，太陽の位置を正確に把握する
ことで，独得の仕方で時間と空間を客体化していた。しかし多くの場合，
客体化作用はアナロジスムやアニミズムの「自然」観の中によって覆わ
れていたと考えられる。

　近代西欧において起こったのは，「客体化された自然」がそうしたア
ナロジスムの支配を脱してその上位に立つようになった過程であった。
この過程において一つの重要な基盤になったのは，知識を客体化して大
量に増幅し流通させる，活版印刷の技術だったと言えるだろう（E・ア
イゼンステイン『印刷革命』）。そうした背景のもと，観察・実験技術や

数学のような理論的道具も飛躍的に発達し，「自然」についての客体化された知識が未曾有の形で増殖し，組織化され，再組織化されてゆく。

B・ラトゥールの『科学が作られているとき』の一節は，こうした過程を人類学的に考える上で有益な一事例を提供している。1787年，フランス国王の命により，多数の最新計器を積み込み，各分野の専門家を集めた調査船が東アジアに向かってフランスを発つ。関心事の一つは，サハリンが島なのか半島なのかという論争を解決することだった。彼らは結局，自力では問題を解明できないのだが，ある浜辺での中国人との出会いが決定的な意味を持つことになる。身振り手振りの会話ののちに中国人が砂の上に描いた図で，サハリンは島として描かれていたのだ。中国人の図は調査船の他のデータとも符合していたため，この図は信憑性が高いデータとして報告される。そして，10年後にこの図をもとにイギリスの調査船が再調査を行い，それは事実であると確認された……。この事例は，「自然」の客体化に関して西欧近代科学が何において優れていたのかを明確に示している。それは知識を生み出す能力よりも，とりわけ知識を組織し，蓄積し，運用していく技術や制度だったのである。

## 3. コントロールできないものとしての「自然」

### （1）ディナミスム──「自然」の根底にあるもの

これまでアニミズム，アナロジズム，客体化された自然について見てきたが，「自然」は，それらのどれにも当てはまらないような形で，人間に対して立ち現れることがある。この点を考える上で，通過儀礼は一つの参考になるだろう。どこの国でも年中行事というものがあり，それが人々に生活に大事な区切りの感覚を与えている。この区切りとは何なのか。また，身近な誰かが不幸にして亡くなったとき，どこでも一定の仕方で死者が葬られる。なぜ死者は葬られなければならないのか。

　季節や人間の一生を区切る儀礼は通過儀礼と呼ばれるが，A・ファン・ヘネップによれば，一般に通過儀礼には，神や霊的存在のような人格化された信仰対象と明確に結びつかないものが少なくない（『通過儀礼』）。「自然」の中に何か漠然とした「力」が漂っていて，それを何とかコントロールするために，一定の形式に従って儀礼が行われるのである。この漠然とした「力」についての観念が，ファン・ヘネップが「ディナミスム」と呼ぶものである（これは，「力」を意味する古代ギリシア語のデュナミスと関係する言葉である）。

　ディナミスムは，明確な教義のようなものを前提としないものであるがゆえに，ある意味で，21 世紀の現代を生きるわれわれにとっても身近なアイデアと言えるだろう。新年であれ，受験であれ，あるいは家族が病院に入院した時であれ，先行きがわからずに不安に駆られるとき，私たちは社寺にお参りをしたりする。スポーツ選手などでも，毎回試合に臨む時にゲンを担いで何らかの特殊な動作──個人的儀礼とでも言えそうな──を行うことも多い。確かに多くの場合私たちは半信半疑でそういうことを行うのだが，それを十分に割り引いても，ディナミスム的な「自然」が今日もなお重みを持っているという事実は否定できないのである。

### （2）「昭和」という時空

　ディナミスムに関わる一事例として，1980 年代末の日本で起こったある出来事を検討してみたい。1988 年 9 月に昭和天皇が病気で倒れてから，翌年 1 月初めに亡くなるまでの 3 ヶ月半の期間に，忽然と現れて忽然と消えていった奇妙な時空間のことである。

　1988 年 9 月 19 日，昭和天皇が皇居内で倒れたというニュースが日本全国に流れる。どうも重病らしいことが知られる中で，まず天皇の快癒

を願う人々が自発的に皇居に向かいはじめる。その後，皇居ほか全国数カ所に記帳所が設けられ，1週間で200万人もの人が駆けつけた。いわゆる「記帳ブーム」である。こうして記帳に向かった老若男女の大半が，実はふだんは天皇に特に愛着を持っていなかった，天皇の存在をあまり意識していなかった，等と自ら述べていた点は重要である。

　9月も末になり，もう天皇の崩御は近いと誰もが感じていた頃，「自粛ブーム」と呼ばれる第二の現象が起こった。「昭和天皇がご闘病中であるのだから」ということで，全国各地で秋祭りやスポーツ大会などの賑々しい行事が中止されていったのである。1988年の秋から冬は，60年以上続いた「昭和」の時代が突然終わることへの不安と，息詰まるような「自粛」の雰囲気の中で過ぎていった。そして正月明けの1月7日，遂に昭和天皇が亡くなったこと，そして，次の元号が平成であることが知らされる。翌1月8日，重苦しい「自粛ブーム」のあと，誰もが大きな解放感とともに平成時代の始まりを迎えたのであった。

　ここで奇妙なことがある。通常は誰かが死亡すると親族が喪に入るわけだが，昭和天皇の死とともに人々が経験したのは，明らかに喪明けに似た解放感であった。無理もない，人々は10月以来，それ自体服喪期間に酷似した「自粛ブーム」を過ごしてきていたからである。なぜこの時間的ずれが生じたのだろうか。それはおそらく，人々が自発的に喪に服したのは，昭和天皇に対してではなく，「昭和」という時代に対してだったからである。戦前の軍国主義から戦後の混乱，そして高度成長と激しい時代の揺れの中を生き抜いてきた「昭和」という元号は，多くの人々の脳裏においてひそかな安心感を与えるものであった。それゆえ，「昭和」という時空間が突然消えて，名も知れぬ時代に突入することは確かに大きな不安を呼び起こす出来事だったのである。つまり，1988年の日本に突如現出したのは濃厚にディナミズム的な時空間であり，そ

して「記帳ブーム」と「自粛ブーム」は，本質的には，「昭和」を葬る
ための自然発生的な通過儀礼だったと考えられる。

　ただし，この出来事が他方で，天皇制というアナロジスム的な制度と
結びついていたことも，見逃してはならないだろう。これには二つの意
味がある。第一に，天皇は人類学的に言えば神聖王の一種であり，天皇
制はまずその起源においてアナロジスムに根ざしたものである。第二に，
すでに触れたように，立憲君主制としての天皇制（日本国憲法第一条）
も，アナロジスムの現代的な読み替えに依拠している。昭和天皇の崩御
は，すべてが客体化されて整然と動いているかのような現代社会の下部
で，実はディナミズム的「自然」やアナロジスム的「自然」が蠢いてい
るという事実をしばし垣間見せる出来事だったように見える。

## （3）原子力という「大きなもの」

　最後に，現代日本とも無関係でない事例をもう一つ紹介して本章を終
わりたい。人類学者 F・ゾナベントは，フランスのノルマンディー半島
の農漁村で親族や記憶をめぐる調査を行っていた時，この地域にある複
数の原子力施設の大きな存在感を無視できないように感じた。チェルノ
ブイリ原発事故（1986 年）の翌年，ゾナベントは意を決し，当時の人
類学では異例のテーマだったが，原子力施設の従業員や周辺住民を対象
とするフィールドワークに取り組むことにする。しかし，そこでゾナベ
ントがまず出会ったのは，原子力施設をめぐる，徹底的な沈黙ないし思
考停止だった。周辺住民は原子力施設について触れたがらず，安全だと
いう公式見解だけを繰り返す（日常会話では「あそこ」と呼ばれ，「幸
い私の家からあそこは見えないから」という人も多い）。施設内で働く
技術者は，放射線リスクについて問いかけると途端に事務的な口調にな
り，判で押したような科学的・技術的説明を始める。労働者たちも家に

戻ると施設の話は一切しない。しかし，そうした彼らが時折，インタビューの録音機を留めた瞬間，つぶやくように放射能への不安を口にすることがある。ゾナベントのフィールドワークは，原子力施設の内外での人々の沈黙，また言葉や行動の余韻を手掛かりに，その向こうにある経験を追う作業となっていった。

　民族誌の内容は多岐にわたるが，ここでは施設内で直接放射線に触れる労働者についての記述に絞って紹介することにしよう。施設内では，事故に至らない程度の微細なトラブルは少なからず発生しており，それと直接向き合う施設内の労働者には，確かに絶えず被曝の危険があった。それゆえ彼らは，被曝は遅かれ早かれやって来るものと受け止めていた。彼らの語りを聴いていると，被曝を経験し，放射線でいわば「穢れる」ことで熟練労働者となってゆくのだ，という考えすら感じられた。

　容易に想像できるように，高放射線区域で被曝リスクに立ち向かう行為——放射線という，目に見えない，コントロール不能の「力（デュミナス）」と向き合うこと——にはどこか尋常でないところがある。ゾナベントは，かさばる防護服を着用してその特別な空間に入り，危険に身をさらし，その後，また注意深く防護服を脱いでその空間から出るというルーティン自体が，ファン・ヘネップの意味で，（ディナミスム的な）通過儀礼としての面を持つことを指摘する。彼らはまた，この尋常でない行為を繰り返す中で，自分の身体が「穢れてゆく」ことが不可避であることも感じており，そこに一種の罪の意識——これは確かにアナロジスム的なアイデアである——を感じている部分があった。労働者の多くは奇妙にも白血病やがんを発症しても労災の申請をしない傾向があったが，ゾナベントによれば，これには，申請手続きの困難さに加えて，今述べた罪悪感ないし自責感も一因になっていたのである。人々はこうした状況を一種の運命観のもとで受けとめていた。実は，ノルマンディー半島周

辺に核関係施設が集中していった背景には，付近の海中にあった鉄鉱山が 1962 年に閉山して鉱山労働者たちが失業したことなど，地域の深刻な経済問題があった。人々は，「俺たちの親は鉱山で働いた。俺たちは原子力施設で働く。親父たちは鉱山で死んだ。俺たちも自分の命を危険にさらすんだ……」と語る。彼らにとって，自身の運命は，鉱山労働者であった自分たちの祖先と時に二重写しになっていたのである。

　こうしたノルマンディの人々の経験は，2011 年に地震・津波・原発事故を経験した現代日本の私たちに痛切に響くものであろう。（あらゆる人為的なものも含めた）「自然」の力は実際には，陰に陽に私たちのコントロールを超え，単なる「客体化された自然」にはとどまらない形で私たちに迫っている——自然と身体の人類学はそうした考察にわれわれを誘うのである。

### （4）本章のまとめ

　本章では，「自然と身体の人類学」という枠組みと広義の「自然」の概念を導入したあとで，アニミズム，アナロジスム，客体化された自然，ディナミスムという四つの「自然」観について考察した。アニミズムやアナロジスムが狭義の自然についてだけの問題ではなく，政治や経済の問題ともつながっているのも重要な点である。最後に検討した昭和天皇の崩御の事例とフランスの原子力施設の事例は，客体化された自然の中で生きていると思い込んでいる私たちの生のただ中から，ディナミスムやアナロジスムのような考え方が湧き出してくることを示している。本章での「自然と身体の人類学」というマクロな人類学理論を背景に，次章では，人類学者とフィールドの関係というミクロな次元に立ち戻りながら，「イメージと創造性の民族誌」について考えてゆく。

# 13 │ イメージと創造性の民族誌

│ 箭内　匡

《**目標＆ポイント**》　前章で述べたような「自然と身体の人類学」への焦点移動を前提とするなら，今日の人類学者がフィールドで向き合うべき対象は，フィールド全体（「自然」）の中でのさまざまなレベルにおける人々の身体的経験である。そして，それについて十分に考えるためには，民族誌的作業を言葉に従属させるのではなく，イメージ一般に開くことが必要になってくる。本章では，こうした問題を，20世紀における民族誌および民族誌映画の成立に決定的な役割を果たしたマリノフスキ，フラハティ，ルーシュの3人の仕事に立ち戻りつつ考える。そこから出てくる「イメージと創造性の民族誌」という考えは，「人新世」における人類学的営みに重要な基盤を与えるはずである。
《**キーワード**》　イメージ，マリノフスキ，フラハティ，ルーシュ，自然，民族誌映画，創造性

## 1.「客体化」の内と外──人類学の曖昧な位置

　アニミズム，アナロジスム，客体化された自然，ディナミスムという，前章で紹介した四つの「自然」観は相互に排他的なものではない。状況によっていずれかが強調されることはあるにせよ，究極的には四つの「自然」観のすべてが人間の生の中に常に可能性として潜んでいる。第一に，物事を客体化して捉えることは，狩猟採集民のような人々を含め，あらゆる人間の生において不可欠のことである。第二に，現代の日常生活の中で思いがけずアニミズム的思考が近づいてくることもある。例えば，

夜，家の中に飛び込んできた蛾が窓を開けても外に出てくれないとき，私たちは，ふと「蛾にも蛾の生がある」「蛾にも蛾の世界がある」ことを感じたりもする。第三に，究極的に言えば，明日何が起こるか皆目分からない私たちの現実の中で，物事がある種の調和の中で動いているというアナロジスム的感覚は，私たちにとって救いとなる。第四に，あらゆることの下層にディナミスムの問題が横たわっていることは，前章の終盤で述べた二つの事例からも想像できることであろう。

　私たちが今日暮らしている世界は「客体化された自然」によって広く深く覆われており，あたかもすべてはそれによって確実かつ効率的にコントロールされているように見える。しかし，そうした「客体化された自然」は，私の「ただ一つの生」を外的には規定しているものの，その内側に深く食いこむものではない。私たちの生の経験は，実際には「客体化された自然」が，ディナミスム的な瞬間，アニミスム的な瞬間，アナロジスム的な瞬間と隣り合い，混じり合う中で生きられている。

　人類学は人間の生をその全体性において捉えようとする学問だから，この四つの「自然」観の共存という状況は，人類学という学問そのものに跳ね返ってくる。それはこの学問のもつ独特の曖昧性を形作るのだ。人類学は一方では人間の生を客体化して扱う学問であり，「文化」や「社会」の概念も，前章で見たように近代西欧において「自然」の知識が客体化される中，その延長線上で生まれてきたものである。しかし他方で，人類学者は，研究対象の人々の生をとことん厳密に客体化しようとする中で，人々が「自然」を生きる複雑で多様な仕方を，多かれ少なかれ，自ら追体験していくことになる。人類学者は，まさに客体化の作業を徹底的に掘り下げるがゆえに，客体化の外に出てしまうのである。人類学的営みは，このように客体化へのベクトルと，そこから脱しようとするベクトルの間の緊張関係の中にある。それがこの学問のもっとも独特な

点なのである。

## 2. マリノフスキとフラハティ

### (1) マリノフスキのフィールドワーク論

歴史を振り返れば，客体化の内と外の間を往復する，こうした人類学独特の思考が確立されたのは，マリノフスキの名著『西太平洋の遠洋航海者』においてであった。1922 年に刊行されたこの本は，今日でも読んで面白く，刺激に満ちているが，ここではその序論として展開されているフィールドワーク論だけを扱うことにしよう。

マリノフスキはこの序論で，自らの調査経験に基づき，民族誌的調査は「白人の世界から自分を切りはなし，（……）彼らの集落のまっただなかにキャンプを張ってはじめて達成される」ことを力強く主張した。自分自身を住み慣れた世界からあえて「切り離し」てフィールドの中に投げ込むこと——それによって初めて，現地の人々との間に自然な関係が生まれるのであり，またフィールドで生起する出来事をリアルタイムで観察したり，その出来事についての人々の熱っぽい語りに直接触れたりする可能性も生まれるのだ。もちろん，そのためには調査者が自ら言葉を学んで，人々の語りを自分で理解できるようになることも必要である。

こうした前提の上で，マリノフスキは，人類学者はフィールドで次の三つの領域を同時に研究することが望ましいとも論じている。第一に，現地の人々の生活を規定する習慣や伝統であり，いわば文化や社会の「骨組み」をなすものある。第二に，そうした骨組みのもとで人々が実際に行動する仕方であり，マリノフスキはそれを文化や社会の「血肉部分」と呼んだ。そして第三に，「精神」的部分，人々がそうした行為について心の中で形成する様々な解釈がある。マリノフスキによれば，人類学

者はこのような調査を続ける中で，「彼（＝現地の人）の世界についての彼の見方」に近づくことができるのである。そしてこうした一連の考えは，マリノフスキ以降，人類学者がフィールドに向かう際の根本的指針となってゆく。

## （2）「不可量部分」とイメージ経験への着目

　この調査方法論は，研究対象を厳密に客体化して捉えつつ，同時に客体化を抜け出していくという人類学的思考の特性を明確に表現するものである。この点を理解するため，上記の二番目の点について掘り下げてみたい。マリノフスキによれば，人類学者は人々の生活の骨組みをなすルールを把握するだけでなく，彼らが実際の行動の中でそのルールをどのように経験しているか──骨組みと不可分である血肉部分──を把握しなければならない。この血肉部分とは，「人々が，まじめであるか，ふざけているか，真剣に気持ちを集中させているか，退屈そうに気まぐれに行動しているか」という風に，人々の生活の中に空気のように漠然と存在しているものである。マリノフスキはそれを「不可量部分」（＝重さを量ることができないもの）とも呼んでいる。

　マリノフスキの議論を敷衍しつつ言えば，ルールないし骨組みが言葉のような客体化しやすい形で表出する傾向があるのに対し，血肉部分は，人々の身体において直接生きられる，きわめてイメージ的な性格の強いものだと言える。とすれば，人類学者がそれを捉えるためには，自らの身体をフィールドの中に埋没させ，そこに立ち現れてくるイメージ経験を精査するほかはない。マリノフスキが，不可量部分に近付くためには「民族誌学者も，ときにはカメラ，ノート，鉛筆を置いて，目前に行われているものに加わるのがよい」と述べているのは，まさにそれが理由である。調査する行為をしばし忘れてその場に「加わる」という，身体

的かつイメージ的な，分厚い経験を積み重ねることで初めて，人々の生活がだんだんと内側から理解されてくるのだ。

　ところで，以上の説明だとあたかも最初にルールの把握があり，そのあとに不可量部分の理解が来るようにみえるが，実態は必ずしもそうではない。人々が特にルールを意識せずにただ習慣として行動している場合もあるし，また人々が意識しているルールと実際に従っている習慣的ルールがずれている場合もある。マリノフスキは，こうした点を考慮しながら，「実例を示すと，住民たちは調子にのって議論を始め，怒った表情をし，どちらの味方であるかをはっきりさせるだろう」として，「骨組み」を把握するためには実例を挙げながら具体的に調べるのが良いと述べている。つまり，フィールドワークの現場ではしばしば，「骨組み」を「血肉部分」——イメージ的な，不可量の部分——の中から掘り出していく必要があるわけだ。これは彼のフィールドワーク論の最もラディカルな点の一つであると言えるだろう。

　マリノフスキがイメージ豊かな書き手であり，それが彼の民族誌的著作の重要な魅力であることは誰もが認める点だが，実際，彼は物事のイメージ的次元にきわめて敏感な人であった。彼が，フィールドワークの現場で，人々の身体的なイメージ経験をできる限り全体的に把握しようとしたことは，フィールドワークにおいて，多大な時間と資金と労力を費しながら，人々の生活の様子を写真として撮影したことにも表れている（そしてそれらの写真は民族誌の中で効果的な形で活用されてもいる）。こうした一連の意味で，マリノフスキは確かに，「イメージの人類学」の創始者だったと言うことができる。

## （3）マリノフスキとフラハティ

　ここで，一見人類学からは離れるようではあるが，マリノフスキの同

世代の映画作家，ロバート・フラハティについても述べておきたい。フラハティは，探検家としてカナダ極北地方のイヌイトとともに長く暮らしたあと，その経験をもとに，イヌイトの人々の日常生活を魅力的に描いた『極北のナヌーク』という映画を作った人であり，それによってドキュメンタリー的な映画の原点を築いた人である。まったくの偶然ではあるのだが，フラハティとマリノフスキの経歴には多くの符合がある。二人はともに1884年に生まれであり，1910年代にフラハティがカナダでイヌイトの人々と長い間生活をともにしていた時期はまさにマリノフスキが西太平洋で調査を行なっていた時期でもあり，さらに『極北のナヌーク』が公開された1922年は『西太平洋の遠洋航海者』が刊行された年でもある。そして，『西太平洋の遠洋航海者』と『極北のナヌーク』は今日，人類学と映画の領域でそれぞれ不朽の古典となっている。

　映画作品としての『極北のナヌーク』は，スターシステムを確立しつつあった同時代のハリウッド映画の対極を行く形で，作者が一人で辺境の地にカメラを持ち込みそこに住む無名の人々の日常を描くことで，観客の大きな共感を得た独創的な作品である。フラハティの仕事は人類学からみてもきわめて示唆に富んだものである。彼はこの映画を作るに当たって，現地に住み込んで人々と日常をともにしただけでなく，現地に仮設スクリーンを作り，撮影するたびに映像をイヌイトの人々に見せて映画制作という作業の喜びを共有しながら作った。言い換えれば，『極

**図13-1　イグルーを作る主人公ナヌーク**
『極北のナヌーク』より

北のナヌーク』は，イヌイトの人々を共同制作者として映画制作の中に招き入れて作った作品なのである（図13−1）。

　ここで，マリノフスキの不可量部分についての議論を思い出してみよう。彼は「ときにはカメラ，ノート，鉛筆を置いて，目前に行われているものに加わるのがよい」と勧めていたが，フラハティが行なったのは，むしろカメラを持ったまま人々の生活に参加し，撮影と上映の繰り返しの中で，映画制作という作業を，彼らの生活そのものと重ね合わせてしまうことであった。フラハティは人類学者ではなかったから，『極北のナヌーク』には，イヌイトの生活の「骨組み」を客体化して描く努力はあまり見られない。しかしその代わりに，この映画はイヌイトたちの生活の「血肉部分」をこの上ないほど生き生きと観客に伝えてくれる。それは確かに，マリノフスキが切り開いた地平と通じ合う形で，映画による「イメージの人類学」の可能性を密かに示す作品であった。

## 3. ルーシュの民族誌映画とその意義

### （1）映画による「共有人類学」

　『極北のナヌーク』が示した可能性はその後，フランスの人類学者ジャン・ルーシュによって大きく発展させられることになる。若い頃から映画に親しんでいたルーシュ――興味深いことに，幼い頃に父に連れられて彼が初めて見た映画が『極北のナヌーク』だった――にとって，1940年代末，西アフリカのニジェールで本格的な民族誌的研究を始めた時，映画カメラをフィールドに持ち込むのは当然のことだった。フランス民族学の伝統を引き継ぎつつも，同時にフラハティの映画制作法から大きな影響を受けていたルーシュは，映画という手段を援用しつつ「現地の人々と一緒に人類学的研究を行う」という独創的な企てを展開してゆき，後年それを映画による「共有人類学」と呼んでいる。

　この「共有人類学」というアイデアが生まれるうえで決定的に重要だったのは，ルーシュが1954年，完成したばかりの博士論文と数本の民族誌映画を携え，映画の撮影地の一つであったニジェールのアヨル村を再訪した時の出来事であった。夜，仮設スクリーンに民族誌映画『大河での戦い』を上映し始めると，集まった人々はそれに強い関心を示したのみならず，何度も再上映を求めた。そしてその中で，映像の内容について批判も含めた多数のコメントが出されていった。さらに，「今度はこういう映画を作ったらどうか」等という積極的な提案も出されて，ルーシュは実際にそのいくつかを実現することになる。これに対し，同時に彼の手元にあった博士論文が被調査者の人々からこのような豊かなフィードバックをもらうことは望むべくもなかった。この経験は，映画という手段によって「人類学という営みを現地の人々と共有する」というまったく新しい可能性を彼に示したのである。

## （2）映画制作における創造性

　この「共有人類学」のアイデアを現時点で受け止めるなら，それを映画というメディアと不可分な形で考える必要はないだろう。学校教育が広く浸透した今日では，多くの人々にとって文字は必ずしも遠いメディアではないし，また国や地域によって情報インフラに大きな落差はあれ，若い世代を中心にデジタルメディアや視聴覚メディアの使用は世界中で大きく広がっている。その意味では，映画による「共有人類学」というルーシュの企ての今日的意義は，まず，学問的表現の形式を（文字に限らず）多様なメディアに向けて開くことで，学問的思考とフィールドの人々の思考を結びつけたことにある，と言って良いだろう。この点をまず確認した上で，しかし，映画的手段であったからこそ生まれえた，ルーシュの独自の達成についても見ておかねばならない。

218

　歴史的にいえば，民族誌映画という形で展開されたルーシュの人類学はいささか先進的すぎたため，同時代の人類学者から本格的に評価されることはまれであった。一方，映画の世界では彼の仕事は非常に高く評価されたのみならず，同時代の先鋭的な映画作家たち——特にヌーヴェル・ヴァーグの映画運動を担った人々——が好んでそこから刺激を受けた作品を作り，ルーシュ自身の作品も広く知られるようになった。ルーシュは今日でも人類学者より映画作家としてはるかによく知られている。ある意味，最後までアマチュアの映画作家であり続けたルーシュの映画の一体何が，そこまで斬新だったのであろうか。

　究極的にいえば，それはルーシュがフィールドにおける身体的なイメージ経験——ないし，フィールドの不可量部分——を徹底的に大事にして，それを土台にして映画制作を行ったことにあるだろう。例えばルーシュは，フィールドの物事の流れに敏感に反応しながら撮影するため，三脚を捨ててあえて手持ちカメラで撮影している。また編集の場面でも，現場で生きられた経験のリアルさを伝えるために，映像の連結が目ざわりなほどぎこちなくなることも厭わなかった。こうしたことは，彼の時代には常識外れの野蛮な行為であったが，当時，新鮮な表現を懸命に模索していたヌーヴェル・ヴァーグの映画作家たちにとって目から鱗が落ちるような手法であったのである。

　ルーシュ映画における，こうした現場でのイメージ経験の重視を端的に示すのが，映画への即興の導入である。（ルーシュの時代は撮影・録音機材が大きく変化した時代と重なるため）用いられた手法はさまざまであるが，『狂った主人たち』，『ジャガー』，『僕は黒人』，『人間ピラミッド』，『ある夏の記録』といった一連の有名な作品において，ルーシュは常に，技術的手段が許す限りにおいて，撮影の「いま」において立ち現れてくる言葉や演技の新鮮さを映画の中に取り込もうとした。付け加えれば，

映画撮影という行為は独特の緊張感を引き起こすものだが，ルーシュは
それを撮影上の障害とは見なさず，むしろ日常的実践と映画的創造が混
じり合った新しい表現を引き出すために助けとみなしたのであった。

### （3）「自然」をどう捉えるか

　「イメージと創造性の民族誌」という言葉にふさわしい，こうしたルー
シュの民族誌映画には，さらに別の面もある。フィールドの人々との密
接な協力関係の中で作業し，彼らの生の現場から湧き出してくるものを
そのままに映画にするという営みは，ある意味で，人類学の学問的営み
自体をその限界点にまで運んでゆく。それが最終的にどんな帰結をもた
らすかを見るため，ルーシュの初期の傑作の一つである『イェネンディ，
雨を降らせる人々』について具体的に考えてみよう（**図13−2**）。

　「イェネンディ」とは，ニジェール西部に住むソンガイの人々が，雨
季の天候を制御するために行う最重要の儀礼である。この地域では雨季
（6〜9月頃）は天候が
きわめて不安定であり，
雨季が続く期間は年に
よって違うし，雨の降り
方も場所によって変化す
る。さらに，激しい雷雨
が家屋を焼いたり人命を
奪ったりすることも少な
くない。ソンガイの人々
はこうした変わりやすい
気候の背後に，雷神ドン
ゴ，稲妻神キレイをはじ

**図13-2　イェネンディ儀礼を終えて帰宅する
人々**
『イェネンディ』より©CNRS Images/Jean Rouch

めとする「天空の主たち」がいると考え，それゆえ毎年乾季の終わりにイェネンディ儀礼を行って，次の雨季が良好なものであることを神々に願う。イェネンディは憑依儀礼であり，訓練された踊り手たちが弦楽器と太鼓の音のもとで踊る中，彼らの身体に神々が憑依してゆく。ソンガイの人々は，こうして彼らの面前に現れた神々と交渉し，そして彼らに生贄を捧げて，豊作をもたらす降雨を約束してもらうのだ。

　映画『イェネンディ』は，形式的にいえば，この儀礼の一部始終を映像として客体化した作品である。しかしながら，人々の生の現場をそのまま捉えようとするルーシュのカメラワークは，映像をただ外側からだけ眺めることを許さないだろう。とりわけ，憑依によって神となった踊り手をルーシュが極端にまで接近して撮影しているために，映像を見る者は踊り手の表情や体の震えをダイレクトに感じることになる。さらに，ルーシュのナレーションにも，儀礼の祭司たちの呪的な言葉をフランス語に移し替えたものが直接話法的に入り込んでゆき，見る者をソンガイの人々の主観的現実に引き込んでゆく。映画では，そうした諸場面の後，見る者を唖然とさせるような結末がくる。儀礼は上首尾に終了するがこの映画はそれで終わらない。そのあと雨を予告するコウノトリが空を舞い，暗雲がむくむくと出てきて，雨が降り始めるのだ。この構成は異論の余地のないものである。ソンガイの人々にとって，イェネンディ儀礼とそのあとの降雨は不可分につながったものであり，この映画はそのことのきわめて透明な表現なのである。

　とはいえ，ルーシュの時代に勇気をもって，かつ一定の説得力とともにこのような表現を行うことができたのは，彼だけだったかもしれない。ここにあるのは，客体化を徹底させる中で客体化を脱け出てしまう，という人類学の実践の一つの極限的な形である。ルーシュは，「他者の思考体系を理解しようとするために自分自身の思考体系を壊すこと，それ

が民族誌学だ」と述べている。『イェネンディ』は，映画による「共有人類学」を真の意味で実践するためにどれだけの知的・精神的自由が要求されるのかを，力強く表現する作品なのだ。

## 4.「自然」との関係を民族誌的に考える

### （1）「人新世」における「自然」

　読者の中には，21 世紀の今日，イェネンディ儀礼のような事例はあまりに「遠い」ように感じる人も少なくないかもしれない。ただ，ここで述べておきたいのは，一見自分とは無縁な「遠いもの」を考えながら「身近なもの」への見方を磨いていくのは，人類学の重要な手続きだということである。まさに 21 世紀の世界——この「人新世」という先行きが不透明な世界——に私たちが生きているからこそ，日頃の思考様式を離れて，物事を根本から考え直すような視点が重要になってくる，とも考えられる。

　本章の冒頭でも述べたように，私たちの今日の世界は一見すると「客体化された自然」によって完全に覆われている。マリノフスキの言葉を使っていえば，これが私たちの世界の「骨組み」である。しかし，私たちは同時に「ただ一つの生」を生きる存在であり，それを導いている大小の喜びや悲しみは，まさに「まじめであるか，ふざけているか，真剣に気持ちを集中させているか，退屈そうに気まぐれに行動しているか」というような，何気ない日常的な営み——つまり「不可量部分」——の中にある。20 世紀半ばのニジェールの人々は，人間によってはコントロールできない自然の「大きな力」を，神々の霊を自分たちの身体に憑依させる，という特異な方法によってなんとか飼い慣らそうとした。「人新世」における私たちも，私たちなりの想像力と創造力を精一杯に駆使して，人間がコントロールできない「自然」の「大きな力」をなんとか，で

きる範囲で飼い慣らすことを企てなければならないのではないだろうか。

　こうした問題を考えるための一つの素材として，最後に，フィリップ・ヴァニーニの民族誌『グリッドを離れて』を取り上げてみたい。これは，今日のカナダ各地において，グリッド——つまり電力やガスの供給網——に依存せず，ソーラーパネルや風力・水力発電等によってエネルギーを自給しながら暮らす人々に対して行ったフィールドワークに基づくものである（図13-3）。著者のヴァニーニは社会学者だが，その研究スタイルは本章で述べてきた「イメージと創造性の民族誌」に近接しており，彼はまた，この調査で研究助手を務めたジョナサン・タガートとともに長編民族誌映画『オフグリッドの生』も制作している。

## （2）「オフグリッドの生」が教えること

　「野外でキャンプする」というごくありふれた行為は，たとえ短期間であれ，グリッドの外に出ることに多くの人が無関心ではないことを示している。一般に，電力等の供給網から離れて暮らす人というと何か変わり者という感じがしないでもないが，ヴァニーニがさまざまな家庭を訪問してみると事実は必ずしもそうではなかった。実際，意図してオフグリッドの生活を選んだ人は少数派で，住む場所を探すうちに一番気に入った場所がグリッドの外にあった——カナダは広大な国土を持つ国である——というような形で，い

図13-3　カナダのオフグリッドの家
［Phillip Vannini 氏提供］

わば消極的にエネルギーの自給というオプションを選んだ人が少なくな
かった。

　とはいえ，オフグリッドの生活に入ることは結果としては大きな選択
であり，ヴァニーニが繰り返しフィールドで見出したのは，「グリッド
から離れる」という行為が，事物との彼らの関係を本質的な形で変えて
いく様子であった。人々はオフグリッドで暮らす中で，単に電力ないし
エネルギーの入手方法を工夫するだけでなく，周囲の事物と営む関係の
全体を捉え直すようになってゆく。季節や天候によって，太陽光や水や
風がいかに変化するか（それによって発電量も変わる）。水はどこから
来て，そしてどこに行くのか。人々は，日常生活の諸側面の各々が何に
依存し，何に影響をもたらすかについて敏感になり，自分の身体を周囲
の事物や状況と連動させながら暮らすようになるのである。

　こうした事実を，第 12 章で行った議論，特に時間の問題と関係づけ
ることも可能だろう。グリッドの内部では，客体化された事物がネット
ワークをなし，それが客体化された時間（時計的時間）のもとで動いて
いる。グリッドの中に住んでいる私たちは，「自然とはそのようなもの」
だと思っている。しかし，この巨大な「自然」のシステムは実際には電
力網による支えなしには存在しえない。人々がグリッドの外に出た途端
に，事物との関係は知的なものというより，感性的で，イメージ的なも
のとなる。

　この点で，オフグリッドの生活を送る人々のライフスタイルが，ある
意味で狩猟採集民や焼畑農耕民のそれにも似た――アニミズム的，ま
たは，アナロジスム的な――ものとなってくるのも興味深い。ただし，
これはもちろん 21 世紀の世界である。彼らの生活はソーラーパネルを
はじめとする現代のテクノロジーによって可能になったものであり，彼
らの多くは，オフグリッドの生活を送るためのさまざまな知恵をイン

ターネットで相互的に交信しつつ学んでいる。これはあくまでも広義の
「自然」の中での営みなのである。

　ヴァニーニの研究からは，オフグリッドの生活を行うためには（例外
的なスキルを持つ必要はないものの）一定の広さの土地を所有すること
がたぶん不可欠であることも読み取れる。その意味で，ヴァニーニのイ
ンフォーマントの一人が述べているように，今日の世界の全人口がオフ
グリッドで暮らすということは不可能であり，苦労しながらも事物との
共感の中で生きるオフグリッドの生活は，ある特別な種類の贅沢でもあ
る。「人新世」の世界を考えるうえで，オフグリッドの生についての研
究は重要な示唆を与えてくれるが，他方で，グリッド——それは第12
章の終わりに述べた原子力施設とも無関係ではない——なしの世界もあ
りえない。「人新世」の文化人類学は，こうした両方の側面を常に見据
えていく必要があるのであり，前章の「自然と身体の人類学」と，本章
の「イメージと創造性の民族誌」の枠組は，そうした思考の方向性を表
現するものである。

### （3）本章のまとめ

　本章では，前章での「自然と身体の人類学」という全体的視点を踏ま
えつつ，人類学者がそのフィールドを受け止め，そしてそこから触発さ
れて民族誌的表現を行っていく，ミクロな過程について考えた。そこで
核心となるのは人類学者自身の身体におけるイメージ経験だが，それは
また人々の身体におけるイメージ経験と連動しあい，さらにそうした中
で創造的な可能性も生まれてくることになる。「イメージと創造性の民
族誌」は，前章の「自然と身体の人類学」とともに，人新世の文化人類
学のための一つの全体的視座を提供するものである。

# 14 | 協働実践としての人新世時代のエスノグラフィー

湖中　真哉

《**目標＆ポイント**》　フィールドワークは人類学の主要な研究方法であり，その成果をまとめた作品がエスノグラフィーである。人はなぜフィールドワークを行い，何を後ろ盾としてエスノグラフィーを書くのだろうか？　フィールドワークやエスノグラフィーは，自己と他者，調査者と被調査者といった非対称的二分法を前提としていたことが批判されるようになった。本章では，そうした批判を踏まえた人新世時代のフィールドワークやエスノグラフィーの在り方はどのようなものになり得るのかを展望する。

《**キーワード**》　エスノグラフィー，フィールドワーク，非対称的二分法，当事者，協働民族誌

## 1. フィールドワークとエスノグラフィーとは何か

### （1）フィールドワークとは何か

　フィールドワーク（fieldwork）は，人類学の主要な研究方法であり，野外調査，臨地調査，現地調査などとも呼ばれる。自然科学を含め，確かに他の専門分野でもフィールドワークは重要な方法であるが，人類学ほどフィールドワークを重視している専門分野はない。プロの人類学者となるためには，現地語を習得し，最低 3 年間の海外現地調査経験が必要であるといわれ，さもなければ，「肘掛け椅子の人類学者（フィールドワークをしないで書斎に籠もっていることを揶揄した表現）」との誹りすら受ける。人類学が主な対象としてきた途上国や先住民の社会での

フィールドワークには多くの困難が伴い，筆者を含めて命を失いかけた経験をもつフィールドワーカーも少なくない。文化人類学を切り拓いてきたのは，文字通りこうした命がけの実践に他ならない。一方で，フィールドワークをすれば何でも分かる，長年現地で暮らさなければ一人前なことは言えない，というのは傲慢であり，少なくとも筆者は，経験派，肉体派を自称する人々のこうした権威主義を決して好まない。文献やインターネットや質問紙の方がよっぽど役に立つ場合も多い。

　それでは，なぜ人はフィールドワークを行うのだろうか。今日ではバックパッカーとしばしば呼ばれるが，旅や探検にはまる人は少なくない。しかし，人類学者クロード・レヴィ＝ストロース［1977: 13］は，「私は旅や探検家が嫌いだ」と述べている。これは人類学的フィールドワークの本質を突く言葉である。人類学的フィールドワークは，自らの身体的・精神的優秀さを誇ったり，遠くの他者から自らの興味関心に沿った都合の良い情報を収集したりするようなタイプの旅や探検とは異なる。フィールドワーカーは，調査対象の人々の外側からではなく内側からものごとを捉えることを学び，逆に自らのものの見方を問い直し，それを覆していく。つまり，すでにある前提に基づいて資料を収集するのではなく，フィールドワークによって得られた資料から学ぶことで，わたしたちが知らず知らずに身につけたさまざまな前提自体を覆していくところが人類学的なフィールドワークの特徴なのである。

　フィールドワークは，インターネットや書物で世界のすべてを知ることができるというわたしたちの傲慢を粉砕する［湖中，2015］。フィールドに行けば，「わたしたちは世界について何も知らない」ことが分かる。フィールドワークは，熱帯病にかかったり銃撃の危険にあったりするのとは別の知的な意味で，人類学者を危険にさらすがゆえに，勇気を必要とする。つまり，人類学的フィールドワークとは，他者から学ぶこ

とによって自らのものの見方や考え方の基盤そのものを揺さぶる行為であり，真の意味で知的な冒険と呼ぶに値する。

## （2）エスノグラフィーとは何か

　フィールドワークの成果をまとめた作品がエスノグラフィー（ethnography）である。民族誌とも呼ばれるが，必ずしも伝統的民族について記した書物のことではなく，ヤクザや暴走族や科学者のフィールドワーク成果を綴ったエスノグラフィーもある。さて，それでは，エスノグラフィーの後ろ盾となるのは何であり，エスノグラフィーは，何のために書かれるのだろうか［湖中 2005］？

　初期の人類学者達は，植民地期の宣教師や冒険家による異文化についてのアマチュア的著述と民族誌がいかに異なるかを力説しようとした。とくに，植民地行政への貢献というそれまでの後ろ盾が失われた第二次大戦後，人類学は「社会の自然科学」として独自の地位を築こうと企てた［クーパー 2000］。すなわち，植民地行政への貢献に代わって，壮大な人類進化系統の復元，地球規模の通文化的な比較，人類普遍の心的構造の発見などを目指す科学的グランド・セオリーへの貢献が，エスノグラフィー執筆行為を意義付ける後ろ盾となったのである。

　しかし，20世紀終盤，エスノグラフィーは大きな受難を迎える（**第3章参照**）。まず，グランド・セオリーが各地から次々に報告された調査事例に必ずしも当てはまらないことが判明し，エスノグラフィーの後ろ盾は内部から自壊した。さらにエスノグラフィーの砦は，人類学外部からも崩された。エスノグラファーが神のような視座から対象社会を客観的に記述できるといういわば大前提を，解釈学が突き崩した。また，オリエンタリズム批判により，異文化や他者を表象する際に前提とされてきた調査者と被調査者の非対称的二分法が問題視され，エスノグラ

フィーを書くことに潜んでいたソフトな権力性が問題化された [Cf. 杉島 1995]。調査者と被調査者の非対称的二分法は，地球上の豊かな地域が貧しい地域に対して振るう覇権的優位を後ろ盾としている。ジェイムズ・クリフォードとジョージ・マーカス [1996] が主導したエスノグラフィーのテクスト作成の前提を問い直すこうした動向は，「ライティング・カルチャー・ショック」と呼ばれる。

　さらに，地球上の各地を緊密に結びつけるグローバリゼーション（第2章参照）は，ローカルな伝統的文化とされてきたものを次々に解体と再編成に追い込み，自文化と異文化の二分法を無効化した。アキル・グプタとジェームズ・ファーガソンは言う。「この繋がった世界では，われわれは決して真にフィールドの外に出ることなどないだろう」[Gupta and Ferguson 1997: 35]。

## （3）存在論的転回

　いや，いくらグローバリゼーションが進んでも，文化の差異は簡単にはなくなるはずがない。だから，エスノグラフィーには，異文化を記述するという重要な後ろ盾があると主張する人もいるかも知れない。よく文化は色眼鏡に喩えられる。この比喩は，青い色眼鏡をかければ，世界が青く見えるように，文化によって世界の認識のされ方が異なることを喩えている。こうした立場は認識論と呼ばれる。ならば，エスノグラフィーは，他者の色眼鏡を表象する行為として意味を持ち得るのではないだろうか？

　しかしながら，文化を色眼鏡に喩える見方は間違っている。なぜなら，この喩えは，色眼鏡の向こう側には，人間以外のものから構成される，客観的なありのままの普遍的世界があると仮定しているからである。文化の色眼鏡を外してみよう。そこには，あると思っていた無色透明な世

界は存在せず，何も見えないはずだ（近代科学もひとつの「色」に過ぎ
ない）。文化を色眼鏡とみなす認識論は，まずただひとつの普遍的なも
のの世界があり，それを認識するさまざまな色の色眼鏡（文化の多様性）
があると考える。このような認識論に対して，存在論と呼ばれる立場は，
文化的認識像ではなく，ひととものから構成される混成的世界そのもの
が複数存在すると考える。認識論から存在論への転回は，「人類学の静
かな革命」や「存在論的転回（ontological turn）」と呼ばれ，ヴィヴェ
イロス・デ・カストロ，ブルーノ・ラトゥール，マリリン・ストラザー
ン，アルフレッド・ジェルらの人類学者によって牽引されてきた［Cf.
Henare 2007；春日 2011］（**第 3 章参照**）。存在論は，さまざまな二元論
や超越的視座を廃し，人間のみならずものや自然を含めて，あらゆる存
在を他との関係性において捉える。それゆえ，異文化の認識論もまたエ
スノグラフィーの後ろ盾とはならない。今日，わたしたちは，あらゆる
意味で何の後ろ盾もない状況のもとで，フィールドノートを開かねばな
らない。

## 2．新たなエスノグラフィー的実践の試み

### （1）グローバルな当事者間のニーズ共有接近法

　さまざまな後ろ盾を失った後の新しいエスノグラフィーの試みにはさ
まざまなものがあるが，ここでは筆者が近年提案し，試みている「グロー
バルな当事者間のニーズ共有接近法」という試みを紹介しよう。先に述
べたとおり，人類学では，調査者と被調査者，支援者と被支援者といっ
た非対称的二分法が問い直された。この方法論は，グローバルなプロジェ
クトの基礎となる関係性のひとつとして，非対称的二分法ではなく，ニー
ズを共有する当事者の関係性を提案する。この接近法は，地球上の大き
く隔たった地域の人々と何らかの活動を行うに際して，相手を他者や異

文化の体現者として扱うのでも，援助の対象者として扱うのでもなく，
ニーズを共有する当事者として捉える。この方法論は，1）「ライティ
ング・カルチャー・ショック」以降のエスノグラフィー批判，2）当事
者研究，3）複数地点のエスノグラフィー，4）参加型開発の4つの
議論を批判的に検討し，それらを融合したものである。まず，この4つ
の議論との関係をみていこう。

## 1）「ライティング・カルチャー・ショック」以降の
### エスノグラフィー批判

　まず，「ライティング・カルチャー・ショック」は，先に述べたとお
り，人類学者がエスノグラフィーのテクストを作成する際の調査者と被
調査者の非対称的な関係性を批判的に検討した。しかし，問題とされた
のはエスノグラフィーのテクストで，現地住民のニーズの問題は，必ず
しも十分に掘り下げられてこなかった。グローバルな当事者間のニーズ
共有接近法では，ニーズへの接近を，エスノグラフィーのテクスト作成
よりも優先的な課題として扱う。

## 2）当事者研究におけるニーズ

　近年の日本の障害学やケアの社会学においては，障害者自身による「当
事者研究」が提起された［中西・上野 2003；上野 2011］。とりわけ，
障害者は無力であるという前提のもとに，外部介入を正当化し，障害者
自身の自己決定権を剥奪する「パターナリズム（父権的温情主義）」が
批判の対象とされた。上野は，「当事者」を，通常の用法「問題を抱え
た個人」ではなく，「ニーズの主人公」として定義している［上野 2011：
80］。「私の現在の状態を，こうあってほしい状態に対する不足と捉えて，
そうではない新しい現実をつくりだそうとする構想力を持ったときに，
はじめて自分のニーズがわかり，人は当事者になる［中西・上野 2003：
3］」。このように考えると，ニーズは地域住民の側にのみ固定的に存在

するとは限らず，地域住民と人類学者の共有実践を通じて生成するものとして捉え直すことが可能になる。この方法においては，重要なのは，当事者を扱うことではなく，「当事者になる」ことなのである。

### 3）複数地点のエスノグラフィー

　地球上の複数の地点を結びながら作成されるエスノグラフィーは，「複数地点のエスノグラフィー（multi-sited ethnography）［Marcus 1995］」と呼ばれる。グローバルな当事者間のニーズ共有接近法は，複数地点のエスノグラフィーのある種の変種であるが，それと異なる点は，複数地点をつなぐ起点を，研究者が一方的に措定する研究関心ではなく，ニーズの共有によって「当事者になる」ことに求めている点にある。

### 4）参加型開発

　今日，開発業界においては，ロバート・チェンバースが提唱したいわゆる「参加型開発」の手法が一般化している［チェンバース 2000］。参加型開発の手法は確かに途上国の社会がいだくニーズをさまざまな手法で可視化することを試みてはいる。しかし，それはあくまで途上国の社会の側に一方的にあると想定されているニーズであり，先進国のニーズは問われない。こうした関係性を前提とする限り，先進国の側はパターナリズムに則って，必然的に優越した支援者として振る舞うことになる。これに対して，グローバルな当事者間のニーズ共有接近法は，参加の起点をグローバルなニーズの「共有」に求めることによって支援者と被支援者の関係性そのものを変容させることを試みる。「グローバルな当事者間のニーズ共有接近法」は，以上のような4つの民族誌的方法に関連する議論を批判的に融合することによって構想された。

## （2）ケニアのサヴァンナと日本の中山間地域をつなぐ
## esp プロジェクトの事例

　次に，「グローバルな当事者間のニーズ共有接近法」の実践例として，わたしたちが 2015 年以降実践してきた大学教育プロジェクト esp（e-satoyama project：いい里山プロジェクト）の活動を報告する。 esp は，日本（静岡県）の中山間地域に暮らす地域住民とケニア（ナロック県）のサヴァンナに暮らす遊牧民を主なアクターとして，野生動物による獣害被害対策等の両者に共通するニーズに対して，人間と自然が相互作用する環境（日本語の「里山」）に生きる当事者としてアプローチする実験的諸実践を継続的に試みている。プロジェクトの運営に主に携わっているのは，筆者の所属校の大学学部生であり，フィールドワーク教育の一環として実施している。esp が 2014 年度から 2017 年度にかけて，ケニア（ナロック県）と日本（静岡県）において隔年度で実施してきた活動の概要を以下に報告する。

### 1）ケニア・ナロック県での第一期活動（2014 年度）

　本プロジェクトでは，筆者と所属校学部生が 2015 年の 3 月にケニアのナロック県を訪問して，プルコ系のマーサイの地域住民と活動を実施した。本プロジェクトが現地でまず実施したのは，マーサイの住民とのワークショップであった。ワークショップの内容はわれわれ静岡県に暮らす者がかかえる問題についての報告であり，その主な内容は，静岡県静岡市葵区におけるイノシシによる農作物被害とそれへのネットや案山子による対策方法であった。いわゆる開発援助プロジェクトが，途上国住民の側のニーズの調査を出発点とするのとは正反対に，まずわれわれ静岡県の住民の側のニーズについて報告することを出発点としたのである。

## 2）静岡県伊豆の国市での第二期活動（2015 年度）

　次に，静岡県伊豆の国市において，学生とともに主に観光開発にかかわる課題に取り組んだ。伊豆の国市側から提示されたニーズは，学生としての目線で課題を抽出し，今後の市の活性化に繋がる解決方法を提案することであった。調査の結果，とくに同市では，若齢女性の観光客を集客できていないという課題を抱えていることが判明した。そこで本プロジェクトでは，女子学生が中心となり，若齢女性の視点から魅力が感じられそうなスイーツガイドマップや，写真投稿型 SNS であるインスタグラムとの連動を意識した撮影スポットガイドマップを作成した。

## 3）ケニア・ナロック県での第三期活動（2016 年度）

　その後，本プロジェクトでは活動の場を再びケニアに移し，ナロック県で活動を実施した。第三期の活動の中心となったのが，現地調査結果に基づく『マサイ目線の動物図鑑』の制作である。この企画の端緒となったのは第一期活動での調査で，参加学生がフィールドノートに記録したあるマーサイのインフォーマントの発言「（マーサイにとって野生動物は）敵でも味方でもない」であった。その参加学生は，マーサイの地域住民がライオンやゾウ等の野生動物により生命の危機に瀕していることを，調査を通じて学んでいたため，「敵でも味方でもない」という発言は極めて意外に感じられたのである。そこで，発案されたのが，マーサイ住民と野生動物の関係性の在り方をフィールドワークによって記述して，『動物図鑑』を制作するというプロジェクトであった。彼女がこのように特定の視点に立った『動物図鑑』を制作することを発案したのは，前年度の第二期活動において，伊豆の国市で若齢女性の目線からみた観光にかかわるリーフレットを制作したことが影響している。

　『動物図鑑』では，「グラントガゼルはシャイだけど平和的」，「シマウマは友好的」といったように，マーサイが野生動物の性格をそれぞれ

捉えていることを記述した。例えば，レオパードとハイエナとはどちらも家畜を捕食する点では，マーサイにとって憎むべき害獣である。しかし，マーサイはレオパードの体色と模様は美しいと言い，自力で狩りをする行動特性を評価しているのに対して，ハイエナの体色や屍肉を漁る行動を醜いと評価している。確かにレオパードはマーサイにとって家畜への実害をもたらすという意味では敵であるが，マーサイの美的な基準においては尊重される。つまり，マーサイは野生動物を害獣かどうかという価値基準だけでは評価していないのである。それゆえ，野生動物は「敵でも味方でもない」というマーサイの発言は，野生動物を人間の側の実利的論理で評価するのみならず，野生動物をそれ独自の論理によって評価したがゆえの発言であると理解できる。

**4）静岡県牧之原市での第四期活動（2017 年度）**

　最後に，静岡県牧ノ原市での第四期活動について報告する。主要な調査は，筆者と所属校の学生が 2017 年の 11・12 月に実施した。筆者は，この調査を実施する前年度に静岡県牧ノ原市の農家の方々からここ数年でイノシシによる獣害被害が急増したので，その原因を調査して欲しいという要望を耳にした。この第四期活動の調査は，こうした牧ノ原市農家のニーズが起点となって行われたものである。

　本プロジェクトでは，2017 年 12 月に牧ノ原市役所にて地域の方々の一部を招いて報告会を開催し，そこで，イノシシの全面的駆除ではなく，イノシシ生息域の調整を提案する獣害対策案を提案した。この案は，意外にもイノシシの駆除を行っている地域の猟師から評価され，「イノシシがたくさんいるということは，その地域が豊穣である証拠であり，イノシシは地域の財産である。イノシシと共存していく道を探さなくてはならない」という発言をいただいた。そして，その猟師の方は，わたしたちがアフリカの人々と野生動物の調査活動をしてきたので，こうした

調査と政策提言ができたのだろうとおっしゃった。確かに，わたしたちがこのような対策案を提案するに至ったのは，獣害対策問題に取り組む際に多くの人々が前提としがちなイノシシの全面的駆除という方法からは出発しなかったからである。

　それはなぜだろうか。筆者は，このようにわたしたちがイノシシをはなから敵とみなさなかったのは，学生がケニアでフィールドノートに記した「敵でも味方でもない」野生動物との関係性の在り方をマーサイから学び，それをたんなる風変わりな他者の認識論にとどめず，自らのものごとの捉え方として存在論的に受け容れてきたことが影響していたと考えている。筆者は牧ノ原市での獣害対策に取り組むに際して，学生からさまざまな案を募ったが，すでに動物図鑑の制作を経験した彼らからは，イノシシを「敵」として扱う対策案は一例も出されなかった。こうしてケニアで学ばれた人間と野生についての調査成果が，日本の牧ノ原市における実践に活かされることとなった。

## 3．人新世時代のフィールドワークとエスノグラフィー

### （1）混成的プロジェクト・エイジェンシー

　このように，esp では，プロジェクトの蓄積が新しいプロジェクトを生み出し，それ自体がひとつのエージェントとなっていった。その結果，参加する人々がプロジェクトを動かすのみならず，両文化の混成的なプロジェクトがそこにかかわる人々を動かしていった。このプロジェクトを動かしてきたのは，筆者のみでもなく，参加学生のみでもなく，現地住民のみでもなく，それらの協同的作業を通じて生まれたプロジェクトそのものなのである。

　例えば，静岡県伊豆の国市において若齢女性目線の観光リーフレットを制作したことが，特定の目線からのリーフレット作成という発想を生

みだし、『動物図鑑』をケニアでのフィールドワークを通じて制作する試みにつながった。そして、その『動物図鑑』の制作を通じて、マーサイにとって「野生動物は敵でも味方でもない」という発言の背景を探求した。さらにそれが、静岡県牧ノ原市において野生動物の駆除ではなく、共存を志向する対策案を提案できたことへとつながった。このように、過去の4年間のespの活動においては、日本の中山間地域で生み出された発想はケニアのサヴァンナに活かされ、ケニアのサヴァンナで生みだされた発想は日本の中山間地域でも活かされた。

　このように、国境や文化を越えたプロジェクトそのものが、予想外にその次のプロジェクトを動かしていくような特徴をここでは「混成的なプロジェクト・エイジェンシー（hybrid project agency）」と呼んでおく。そこにかかわった人々は、筆者を含め、必ずしもプロジェクトを明確な意図の下に統制していたわけではない。むしろ、それまで蓄積されてきた既存のプロジェクトの知見や成果によって、そこにかかわった人々が、予想外に動かされる事態が起こったのである。

　そこでは、エスノグラフィーの在り方も自ずと異なってくる。このプロジェクトでは、その調査成果を、学術的な意味でのエスノグラフィーのテクストとは異なり、観光マップや動物図鑑等として、印刷媒体およびインターネット上の電子ファイルで一般向けに公開した。これらのいわば「エスノグラフィック・リーフレット（ethnographic leaflet）」は、普遍的な学術的価値を志向したエスノグラフィーではないが、特定の身近なコミュニティの中で状況付けられた意味を持ち得る成果物である。わたしたちは同時に日本製の獣害対策用品をナロック県に設置する活動も実施したが、このリーフレット作成はそれと並行して行われ、その活動と同様の実践的活動として学生達に受けとめられた。

　また、この過程においては、野生動物や里山という自然環境もまたひ

とつのエージェントとなって，わたしたちを動かした。人新世による環境変化は，白亜紀末に小惑星の衝突によって恐竜等の当時の生物が絶滅して以来，自然史上 6 度目の生物の大量絶滅を引き起こしており，生物多様性の保全は，人新世時代の人類の重要な課題である［コルバート 2015］。人間のみならず人間以外の生物種を含めたエスノグラフィーは，「複数種のエスノグラフィー（multi-species ethnography）」と呼ばれる［Kirksey & Helmreich 2010］。里山環境において，人間と野生動物の共存可能性を探るこのプロジェクトもまたそうした性格をもっているが，この接近法は，野生動物を問題の「当事者」として捉えるアプローチをそこに付加している。事実，プロジェクトは野生動物と密接に生きるマーサイ住民や静岡県の猟師から学ぶことを通じて，野生動物の視点をプロジェクトに変換してきたのである。

　つまり，グローバルなニーズ共有接近法の実践は，人間世界だけを対象とし，確固たる自己が確固として差異化される異文化を持った他者をフィールドワークし，他者表象としてのエスノグラフィーを作成するような伝統的なフィールドワークやエスノグラフィーの在り方とは明らかに異なっている。この接近法から展望されるのは，フィールドをまず異文化として囲い込むことから出発するのではなく，フィールドかホームを問わず，人間か非人間かを問わず，ニーズを共有するアクターが当事者になり，協働作業を通じて課題を探求することによって混成的現実を創り上げていくフィールドワークとエスノグラフィーの在り方である。そこでは，人類学的実践の焦点は，「すでにかくある」文化から，「将来かくありたい」潜在的可能性としての「ニーズ」に移行している。

## （2）協働実践としてのエスノグラフィー

　エスノグラフィーはもともと協働的なものであるが，ラシター［Lassiter 2005：21］は，エスノグラフィー作成過程における協働を包み隠さず，意図的かつ明確に協働を強調しようとする協働的民族誌（collaborative ethnography）を提唱している。彼は，協働的民族誌において，「インフォーマントのニーズを第一義にする（put the needs of informants first）」アプローチを評価している。

　エスノグラフィーは，決して文字テクストには限定されない。映像人類学は，エスノグラフィーの領域を，映像表現に拡げた。興味深いのは，映像人類学においても協働が重視されてきた点である。映像人類学を切り拓いたのは，1922 年に制作されたロバート・J・フラハティ［2018］による『極北のナヌーク（邦題『極北の怪異』）』である。フラハティは，ラッシュフィルムを上映しながら，カナダのイヌイトの人々との協働作業を通じてこの作品を創り上げたことはよく知られている［村尾他 2014］（第 10 章参照）。この作品の冒頭のシーンでは，ナヌークの一家がカヌーから姿を現す。これは，特定の小さな場所から出発して世界を描くエスノグラフィーの基本手法をよく示している。それから 84 年後の 2006 年に制作された川瀬慈の映像作品『Room 11, Ethiopia Hotel［川瀬 2006］』もまた，エチオピアのゴンダールのホテルの 1 室という特定の小さな場所から出発して世界を描いている点で，フラハティと共通する手法を用いている。川瀬は，この作品の中で，対象となるエチオピアのストリート・チルドレンを神のような視座から客観的に撮影するのではなく，カメラを構えながら彼らに語りかけ，彼らの露天商売のスポンサーとなり，ひとつの現実を彼らとともに創り上げていく。これらの映像作品においては，エスノグラフィーは，すでにある何らかの現実を写し取る行為ではなく，他者との協働によって，新しい現実を創り上げていく実践なのである。

## （3）人新世時代のフィールドワークとエスノグラフィー

　人新世時代のフィールドワークやエスノグラフィーは，人間を，ものや自然から成る世界と切り離して理解するのではなく，ものや自然と不可分につながった存在として捉える。そこでは，人間だけから構成される世界も，ものや自然だけから構成される世界も想定されない。地域独特の認識だけを珍しい標本のように取り出したり，逆にそれらを普遍的観点から塗りつぶしてしまったりすることもしない。調査者と被調査者，自文化と異文化の差異をことさらに強調したりもしない。人新世時代のエスノグラフィーは，二元論にも超越的視座にも立脚せずに，すべてが部分的につながり，渾然一体となったものとして世界を捉える。

　先に述べたように，あらゆる意味で後ろ盾がなくなった状況の下で，わたしたちはフィールドノートを開く。しかし，こうして後ろ盾を失ったことが意味するのは，虚無ではなく新たな可能性である。人類学者は地球上のどこかの誰かとともにフィールドワークをするその行為自体によって，新たな部分的つながりと混成的現実を創り出していく。それこそが，既存のステレオタイプ・イメージや言説の正当性を問い直し，固定化された文化の差異を揺さぶることを可能にし，新たな現実を創り上げる潜在的可能性を拓いてきたのである。人類学者はフィールドワークという行為を通じて，ホームとフィールドを縦横に結ぶ部分的なつながりを，複数の世界の間に張り巡らせる。そして，その成果をエスノグラフィーとして結実させることによって，そのどちらにも属さないような新たな混成的現実を創り出していく。本章では，そうした試みのひとつとして esp プロジェクトや映像人類学の試みを紹介したが，筆者は，それらが唯一の方法だと主張しているのではない。筆者が示したかったことは，エスノグラフィーとは人類と地球の在り方と地球各地のつながり方についての不断の実験であるということにほかならず，そこでは，他

者との協働の可能性がさまざまに追求されてよいはずである。

　エスノグラフィーは，人類学の研究者のみならず，すべての人に対して開かれている。すでにビジネスや教育やアートのさまざまな現場で，新しい発想を生み出すために，エスノグラフィー的なアプローチが注目を集め，応用されつつある。この意味で人新世時代のフィールドワークとエスノグラフィーは，すでにある何らかの現実を客観的に写し取ろうとする作業や，物珍しい文化の色眼鏡を収集する作業とは明らかに異なっている。それは，地球上の他者や自然との協働によって新しい現実そのものを創り出していく地球規模の協働実践なのである。

# 15 | 地球と人類の未来

大村 敬一

《**目標＆ポイント**》 「人新世」ということばが幅広い関心を集めている今日，人類と文化について考えるということはどのようなことなのか，そして，文化の側面から人類について考える文化人類学にはどのような任務が課されているのか。この最後の第15章では，この問いをめぐる本書での議論を振り返りながら，忘却の淵から今浮かび上がりつつある真実，すなわち，「自然」と「人間」はもちろん，国家も人種も，あるいは生物種の違いもなく，非生物も含めたあらゆる存在がもつれ合って編み上げられている一つの地球に，私たち人類は分かち難く埋め込まれているという真実に正面から向き合うために，何が必要とされているのか，考えてみよう。

《**キーワード**》 文化，命懸けの実験，他者，対話，協働，地球，宇宙

## 1. よみがえる真実：もつれ合う人類と地球

「人新世」が新たな地質年代として公認されるかどうかはわからない。また，「人新世」がいつはじまったことになるのかもわからない。もちろん，現在，地球にいったい何が起きているのか，地球と人類がこれからどうなってゆくのか，そして，38億年の地球の歴史の中で私たち人類がどのような存在として位置づけられることになるのかもわからない。現在進行中の出来事の全貌を把握するのが困難なのはもちろん，未来を見渡すことなど，神ならぬ死すべき運命もつ私たちの分を超えたことであろう。ましてや，どうすることが現状に対する最適の策なのかについて，判断することなどできはしない。

　しかし，たとえそうであるとしても，本書を通じて議論されてきたように，「人新世」ということばが幅広い関心を集めている現在という時代にあって，一つだけたしかなことがある。私たちは地球という惑星規模の時空間に位置づけて自分たち人類について考えざるをえなくなっていることである。よくも悪しくも，人類の活動が地球という惑星に思わぬ影響を与え，その結果として生じる地球の営みの変化が人類に思いもかけない影響を与える。しかも，その相互作用は「人類」と「地球」という境界の明瞭な抽象的で包括的なカテゴリーの間の関係ではない。第5章と第14章で示されているように，身近でごく当たり前な日常の生活実践は，複雑な連鎖を通して地球という惑星規模の現象とどうしようもなくもつれ合ってしまっている。私たちは自分たちの間のことだけ考えていればよいわけでも，地球環境や他の生命体の問題は科学者などの専門家に任せておけばよいわけでもない。何気ない日常の生活実践においても，「惑星規模で無数の要素がもつれ合う地球全体の錯綜した力の渦に巻きこまれながら生きる者たちの一つ」として，自らをイメージする想像力が求められる時代に，私たちは生きている。

　もちろん，本書の第12章と第13章で明瞭に論じられているように，こうした想像のあり方，すなわち，より大きな世界や宇宙の中に自分たち人間を位置づけ，その宇宙と自分たちを細心の注意を払って関係づけるような想像のあり方は，今日はじめて人類にあらわれたわけではない。自分たちの力をはるかに超える複雑な力に溢れた宇宙で生きているという実感のもと，「近代」の外側に生きる多様な人びとは常にそうした宇宙の中に位置づけて自分たちを想像してきたし，今でもそうしている。むしろ，グリーンランドのイヌイトであるフィン・リンゲ［Lynge 1992］が「人類は動物の一つである」という事実にあらためて私たちの注意を促さねばならなかったことに明瞭にあらわれているように，私たちは地

球に棲息する生命体の一つとして複雑にもつれ合った力の渦に翻弄されるしかないというごく当たり前な真実をどこかに置き忘れてきた。そして，その忘却を「進歩」という名に置き換え，その名のもとに「自然／人間」の二元論的な存在論の実現を目指して無我夢中でひた走ってきた。その近代のプロジェクトの果てに，私たちは再度，この当たり前な真実に向き合わねばならなくなっている。「人新世」時代とは，この「進歩」の夢から醒め，その名のもとに忘却されてきた真実を見据えることが求められている時代であると言えよう。

　こうした時代にあって，人類について，文化について考えるということはどのようなことなのだろうか。そして，文化の側面から人類について考える文化人類学には，どのような任務が課されているのだろうか。本書では，こうした一連の問題について，それぞれの執筆者が自らのフィールドでの経験に基づいて考えてきた。この最後の第15章では，これまでの議論を振り返りながら，忘却の淵から今浮かび上がりつつある真実，すなわち，「自然」と「人間」はもちろん，国家も人種も，あるいは生物種の違いもなく，非生物も含めたあらゆる存在がもつれ合って編み上げられている一つの地球に，私たち人類は分かち難く埋め込まれているという真実に正面から向き合うために，何が必要とされているのか，考えてみよう。

　もちろん，このような巨大な問いに一つの解を与えることなど，神の視点に立つどころか，地を這いながらフィールドで思考する私たち人類学者にできるはずがない。こうした問いに一つの解を与えることができるなどと考えるのは傲慢というものだろう。私たちが本書で提示してきたのは，他者との対話の中で実感を羅針盤に思考を実践する人類学者たちが，未来に向けて今という時代に託すささやかなメッセージである。

## 2.「進歩」の夢から醒めて：過剰な他者の創造性

　人工的に生み出された大量の汚染物質の地球環境への拡散と蔓延，地球温暖化をはじめとする急激な気候変動，6度目の大量絶滅とまで言われる生物多様性の急速な激減。しかも，そうした地球の現状は私たち人類の生存可能性を脅かすかもしれない。こうした衝撃的なかたちで忘却の淵から呼び覚まされつつある真実に，正面から，しかし，うろたえることなく向き合うために，私たちはどうすればよいのだろうか。

### (1) 近代のプロジェクトの功罪

　この問題を考えるにあたってまず確認しておかねばならないことがある。「地球と人類のもつれ合い」という真実を忘却してきた近代のプロジェクトに問題があるからといって，その近代を全否定してしまっては，たらいの水と一緒に赤子を流すことになってしまうことである。

　たしかに，「地球と人類のもつれ合い」という真実を忘却し，「自然」の秩序と「人間」の秩序は相互に独立して影響を及ぼすことがないという前提のもとに人間と非人間を手前勝手に結びつけることで，第1章で検討したように，近代のプロジェクトはさまざまな問題を引き起こしてきた。そこでは，「自然」の秩序と「人間」の秩序を混同する人びとが「文化」に汚染された非合理的な人びととして，「自然」の真理の探究と理想的な「社会」の建設という近代のプロジェクトの主体の座から排除され，そのプロジェクトに動員されるべき人的資源として客体化される。そのうえで，そのプロジェクトのために，近代人は資源化した人間と非人間を一方的に動員し，自分たちを中心とするネットワークを建設することで，そこに取り込まれた人間と非人間を支配して管理・統治しようとしてきた。その結果，このプロジェクトが進展するほど，経済的

な格差と政治的な非対称性が大きくなって南北問題が深刻化し，低強度
紛争が増加してゆく。さらに，「自然」の真理の探究と理想的な「社会」
の建設のために実際に建設されてゆく人間と非人間のハイブリッドな
ネットワークは，「自然」の秩序にも「人間」の秩序にも従わないモン
スターとして暴走し，思いもかけない汚染物質をまき散らしてきた。

　しかし，他方で，その「自然／人間」の二元論をエンジンに西欧から
地球を覆うまでに爆発的な勢いで拡張してきたグローバル・ネットワー
クから，私たちが大きな恩恵を受けていることもたしかなことである。
このネットワークはさまざまな機械装置，交通手段，通信手段を発達さ
せながら，知識の地平と人間関係を拡げ，さまざまな物品を流通させる
ことで生活を便利で豊かにしてくれている。このネットワークによって，
私たちの世界は全地球規模，さらには宇宙にまでに拡大されつつある。
飛行機をはじめ，さまざまな交通機関によって世界中のどこにでも行く
ことができ，ネットワークを通してさまざまな物品と情報が世界中を流
通し，私たちはここにいながらにしてそれらを手に入れることができる。
このように私たちが世界中を旅したり，世界中の情報や物品にアクセス
したり，さらには宇宙にまで到達し，かつては魔法やお伽噺としてしか
考えられなかったことを実際に実現したりすることができたのは，この
ネットワークのおかげであることを否定することはできない。

　したがって，第 1 章で検討したように，近代のプロジェクトがさまざ
まな問題を引き起こした原因が，「地球と人類のもつれ合い」という真
実を忘却して「自然／人間」の二元論的な世界を目指したためであると
しても，その二元論を全否定してしまえば，その同じ二元論をエンジン
に建設されてきたグローバル・ネットワークの長所と恩恵までも否定し
てしまうことになる。近代のプロジェクトの問題の根源であると同時に
エンジンでもある二元論をただ一方的に敵視して攻撃しても，何も得る

ものはないだろう。私たちは近代のプロジェクトをすべて放棄したいわけではない。「地球と人類のもつれ合い」という真実に正面から向き合うためにまず必要なのは，この近代のプロジェクトの功罪を冷静に受けとめ，その成果を認めつつ，そのプロジェクトが引き起こしている問題に取り組むことであると言えるだろう。

### （2）「進歩」の夢から醒めて：過剰な他者の創造性

　そのうえで，どうすればよいのだろうか。近代を全否定するのではなく，その長所と恩恵を維持しつつ，この近代を支えている二元論に代えて，どのような存在論を構想すればよいのだろうか。そのヒントは本書を通じて示されている事実にある。その事実とは，近代のプロジェクトによって建設されているグローバル・ネットワークはたしかに全地球に張り巡らされているが，ネットワークである以上，隙間だらけであり，そのネットワークのあらゆる場所に，近代のプロジェクトからあふれ出してしまう「外部」が遍在しているという事実である。

　例えば，近代のプロジェクトからは「自然と人間を混同する非合理的な文化」や「貧困の文化」とさげすまれ，その名のもとに政治・経済的な従属や搾取を押しつけられながらも，その従属や搾取に収まりきらずにネットワークからあふれだし，それぞれのやり方で人間と非人間を結びつけて世界を築こうと努力する人びと（第5章，第6章，第11章）。「自然」の秩序と「人間」の秩序の狭間で，自然法則や理性などにはお構いなしに，感覚を通した宗教経験を通してつながってゆく人びと（第9章）。グローバル・ネットワークの情報世界が閉塞するのを尻目に，その秩序に基づく「虚構」と「現実」の狭間でこそ立ち上がる創造的な芸術や技芸の世界（第10章）。「自然／人間」の二元論に基づく理想的な「社会」の建設などには執着せず，それぞれの地域に即した技術や知

識や政治経済的構造の配列としてのローカル・バイオロジーを生み出してゆく老いやケアをめぐる日常の医療実践（**第 7 章，第 8 章**）。そして，近代のプロジェクトによる「自然の客体化」に呑み込まれることなく，私たちの日常に息づきつづけるアニミズム，アナロジスム，ディナミスムなど，自然との多様な付き合い方（**第 12 章，第 13 章**）。

　本書に通底するのは，近代のプロジェクトに動員されることで支配され，管理・統治されつつも，そこからあふれ出して増殖している人びとの創造的な世界生成の実践との出会いである。そうした実践は近代のプロジェクトによる支配と管理・統治からはみ出し，グローバル・ネットワークの秩序には従わないという意味で，近代のプロジェクトにとっては過剰な実践である。また，そうした過剰な実践を近代のプロジェクトの水面下で展開し，そのプロジェクトが建設するネットワークの隙間で近代とは異なる世界を生成している人びとは，近代の秩序には収まりきらない過剰な潜在的可能性を秘めた他者である。もちろん，近代にとっての過剰な他者は人間だけではない。第 12 章と第 13 章で示されているように，箭内が云うところの「広い意味での自然」は，近代のプロジェクトが客体化によって押し込めようとしている「客体化された自然」など，はるかに凌駕する過剰な力に溢れた他者である。

　こうした他者の最たるものこそ，「人新世」時代において近代のプロジェクトに「地球と人類のもつれ合い」という真実を想起させ，「進歩」の夢から私たちを今や醒めさせようとしている地球である。「自然／人間」の二元論を目指す近代のプロジェクトが「人間」の世界に影響を及ぼさない「自然」として隔離したつもりになっていたにもかかわらず，その隔離などなかったかのように地球は「人間」の世界に襲いかかり，近代のプロジェクトに決して屈服しない他者がいることを雄弁に教えている。この意味で，「人新世」時代とは，近代にまつらわぬ過剰な他者

がグローバル・ネットワークのそこかしこに息づき，その他者を近代の秩序のもとに隔離したり管理・統治したりすることで飼い慣らすことはできないという事実が嫌と言うほどに知らしめられている時代のことであると言えよう。そして，本書のテーマは，そうした遍在する他者たちの水面下での過剰な実践を丁寧に拾い上げ，その潜在的な可能性を探ることで近代のプロジェクトを相対化することだったのである。

　ここで重要なのは，第10章で川田が芸能や呪術の実践に寄り添うことで示しているように，こうした近代にとっての他者たちの過剰な実践は創造的であり，厭われるべきものではないということである。何もかもを自らの支配のもとに管理しているつもりになっていても，結局は閉塞してしまうグローバル・ネットワークの情報空間とは対照的に，そうした他者たちの過剰な実践は制御不可能であるが故に思いもかけない創造性に溢れており，むしろ積極的に評価されるべきであろう。こうした創造性はイヌイットの生業システムやアフリカの難民キャンプでの実践，北欧やハンガリーの医療福祉の現場をはじめ，本書で示されている他者たちの過剰な実践のすべてにあてはまる。もちろん，地球という過剰な他者が近代の支配と管理をはるかに凌駕しているという事実は，地球の圧倒的な創造性を示しており，むしろ悦ぶべきことであろう。この意味で，「人新世」時代とは，近代のプロジェクトからすれば，自らの限界を思い知らされる危機の時代かもしれないが，その外側から見れば，むしろ新たな可能性を示す創造の時代ということになろう。

　そうであるならば，近代のプロジェクトの利点を活かしつつ，そのプロジェクトのエンジンにして問題の根源である「自然／人間」の二元論的な存在論を超えるためのヒントは，そうした創造性にあふれているが故に，近代のプロジェクトが築こうとする秩序から溢れ出し，グローバル・ネットワークのそこかしこの隙間に跳梁跋扈する他者たちの過剰な

実践にこそあるということになるだろう。そうした他者たちが近代の支
配と管理・統治のもとに決しておさまることがなく，しかも，その他者
たちの過剰な実践が創造力に溢れたものであるならば，その他者たちを
無理に取り込もうとするのではなく，むしろ，それぞれの他者たちに独
特な創造性を認め，彼らの創造力を信じ，その力を借りて，ともに新た
な存在論を探究するのが得策というものだろう。独りよがりな「進歩」
の夢から醒めて，創造力に溢れるが故に自らにまつらわぬ他者たちに助
けを求める。これこそ，本書を通じて示されている主張である。

## 3．他者との創造的対話：命懸けの実験としての文化

　このように本書を通底するテーマを振り返ってみると，あらためて文
化人類学の重要性とその任務の重さに気づかされることだろう。第 1 章
で検討したように，文化人類学はグローバル・ネットワークの隙間に遍
在する他者の実践や論理に寄り添い，近代の内側と外側を行き来するこ
とで近代を批判する学だからである。地球が「自然」におとなしく収まっ
て近代のプロジェクトにまつらうどころか，そのプロジェクトの存続可
能性を脅かすほどに「人間」の世界に影響を与えていることが明らかに
なった「人新世」時代において，そうした地球に象徴される他者たちと
の対話を任務とする文化人類学は，私たちが他者たちに対話を通して助
けを求めるための重要なパイプの一つとなるに違いない。

### （1）創造的な対話の可能性：他者化から他者との協働へ

　しかし，この際に注意せねばならないことがある。他者との対話とは，
第 1 章と第 3 章でも検討したように，自己の思考の枠組みや論理に基づ
いて相手を解釈し合うことでも，ましてや自己の基準に従って相手を裁
定し合うことでもない。そうであるならば，悪ければ，相互に相手を自

己に屈服させようと闘争し合う暴力の応酬になるか，良くても，相互に相手を理解したつもりになっているだけで，実際には相手という鏡の中に自己を映しているにすぎなくなってしまう。前者の場合，第4章で解説した同一性の政治に基づくオリエンタリズムや「客体化された文化」として，他者から特異性を奪い取って支配と管理・統治の単位に押し込みながら，近代のプロジェクトの資源として一方的に動員することにしかならないだろう。後者の場合，そこにはただ自己しか存在せず，自己にはない他者の特異性や創造性を垣間見ることすらできないだろう。

　そもそも，フランスの哲学者のエマニュエル・レヴィナス［2005, 2006］が示したように，他者は自己とは隔絶しつつも自己と関わり合っている者であり，たとえ物理的ではなく，解釈や理解などを通してであっても，自己の一部に取り込まれて同化されてしまえば，他者ではなくなってしまう。そうなれば，そこにあるのは自己だけになるため，対話は成り立たず，ただ自己撞着が残るだけである。しかも，さらに悪いことに，同一性の政治によって，他者からその特異性を奪い取りながら，他者を「文化」や「民族」などの支配と統治の単位に押し込め，そこから逸脱しないようにする「他者化」を行ってしまえば，相手を自己の一部に取り込むだけでなく，自己のプロジェクトのために搾取して使役することになるため，そこにあるのは対称的な対話ではなく，「支配／隷属」の非対称な上下関係になってしまう。対話が自己撞着でも非対称な関係としてでもなく，相互に対等な者同士の対称的な対話として成り立つためには，他者が「他者化」されずに特異な他者でありつづけねばならない。

　ここで重要なのは，そうした他者の特異性を圧殺し，「文化」や「民族」など，同一性に基づく支配と管理・統治の単位に他者を押し込めてしまえば，その単位に収まりきらない過剰性が消去されてしまい，その過剰性に孕まれている創造的な可能性も消えてしまうことである。たし

かに，差異が同一性に還元されていれば，世界は透明になり，未来を見通して予測し，操作し，管理することができる。しかし，雑多な差異に基づく過剰性があるからこそ，未来の思わぬ展開が期待できる。あらゆる存在が同一性に基づく等質な基準で計られ，曖昧で雑多な差異による過剰性が悪魔払いされた世界では，すべてが予定調和の中で熱的な死を迎えるのではないか。自らの個性を追求しているつもりで，その個性すらも同一性に呑み込まれ，予定調和の中で管理されてしまうような世界で，未来に対してどのような希望が抱けるのか。同一性の政治に基づく客体化された「文化」の息苦しさの原因は，こうした他者の他者化によって他者に孕まれている創造的な可能性が消去されるからであろう。

　こうした他者化とは逆に，他者との対話は，第13章と第14章で示されているように，自己の思考の枠組みや論理や基準などに収まりきらずにあふれ出してしまう他者の過剰な特異性にこそ注目し合い，それを消去し合おうとするのではなく，自己にはない他者の特異性を相互に結びつけ合うことで，それ以前には自己にも他者にもなかった新たなものを生み出すことである。この意味で，他者との対話とは，他者との相互理解ではなく，他者との協働であり，新たな世界を生成するために相互の特異性を活かしながら助け合うことである。もちろん，その新たなものを生み出す過程では，第3章で明らかにしたように，自己も他者も相互に変わってゆく。そのため，その対話を通して生み出されてゆく世界も変わりつづけることになる。したがって，他者との対話とは，相互に自己にない他者の特異性を活かし合って協働する中で，それぞれの特異性を維持しつつ生成変化しながら，自己と他者からなる世界を絶え間なく新たに生成変化させてゆくことであると言えよう。

　そもそも，人類学者の木村［2018］が宇宙人との相互行為の可能性という極限的な思考実験を通して明らかにしているように，コミュニケー

ションや相互行為は相互に共通する共約基盤があらかじめあるから可能なのではなく，共約基盤を何とかして生み出す協働によってはじめて可能になる。また，北米と日本の間での「自然」の概念の翻訳を検討することでサツカ［Satsuka 2015］が明らかにしているように，翻訳とは，相手の言語世界の記号を自己の言語世界の記号に置き換えることではなく，他者との協働の中で物質的にも観念的にも新たな世界を生成しながら相互の言語世界を変えてゆく実践である。こうしたことは人間同士の関係に限られない。第11章で示されているように，イヌイトは野生動物と相互に自律した他者のまま互恵的な関係を不断に築きながら「大地」という物質的で観念的な世界を絶え間なく生成している。人間同士の間でも非人間との間でも，相互行為やコミュニケーションや翻訳，つまり広い意味での対話は，単に相互に理解し合うことでも，ましてや相手を自己に同化して他者化することでもなく，相互の特異性を保持しつつ生成変化しながら新たな世界を生成してゆく協働の実践なのである。

### （2）「命懸けの実験」としての文化

　それでは，そうした世界生成の協働としての対話において，文化はどのようなものとして捉えられ，どのようなものとして描かれることになるのだろうか。そして，そうした文化は「進歩」の夢から醒めた私たちにとって，どのようなものとなっていくのだろうか。

　この問題について考えるにあたってまず確認しておかねばならないのは，第3章で検討したように，文化が「やり方」のことであり，その「やり方」の正しさや妥当性を一つの基準に従って一律に計ることなどできず，あくまでそれぞれの状況に応じて判断されるべきものであるということである。もちろん，これまでのように，あるやり方を「自然／人間」の二元論に従って「自然」の秩序と「人間」の秩序を混同している錯誤

であるなどと裁断するのは論外である。第 11 章で示されているように，そのやり方の正しさや妥当性は，そのやり方によって生成される世界の基準に従って計られねばならない。近代の科学技術のやり方は，そのやり方で生成されるグローバル・ネットワークの内部においては正しく，妥当なのかもしれないが，その外側でもそうであるとは限らない。

　したがって，グローバル・ネットワークを生成する近代のやり方，例えば，科学技術のやり方をはじめ，国民国家での法による統治のやり方，資本制経済市場での取引のやり方などは，イヌイトをはじめ，地球上の多様な人びとがそれぞれの世界を生成するためのやり方と同等な「やり方」，つまり文化であるということになる。この意味で，協働としての対話を成り立たせるための第一歩は，近代のプロジェクトが他のプロジェクトのやり方を「文化」として裁断する立場から降り，自らの実践を正しい「真理」や「正義」とするのを止め，他の世界生成のプロジェクトのやり方と同等に，自己のプロジェクトもそれぞれの状況に応じて正しさや妥当性が計られる「やり方としての文化」であることをまずは率直に認めることであろう。近代のプロジェクトは唯一の「真理」や「正義」を達成するための唯一の正しいやり方であるなどという「進歩」の夢から醒めて，地に足をつけねばならないのである。

　そのうえで，自分たちの周り，グローバル・ネットワークのそこかしこに遍在している隙間を注意深く探り，そこで秘やかに営まれている多様な「やり方」に目を見開いてみよう。その際には，そのやり方がどのような世界を生成するために実践されているかを注意深く探らねばならない。その世界は境界なきネットワークのかたちを目指しているかもしれないし，自らを境界づけるシステムのかたちを目指しているかもしれない。あるいは，私たちにはまだ想像することもできない何か新しい世界のあり方を目指しているかもしれない。いずれであるにせよ，そうし

た隙間に遍在する多様なやり方をそれぞれのやり方が目指す世界の中に位置づけ，そのやり方を「真に受ける」のではなく，「真剣に取り上げる」ことで，そのやり方の正しさや妥当性を判断するのである。

　ここで重要なのは，そうした自己とは異質な「やり方」を判断する基準は，自己が過去に生成した世界の基準でも，自己が目指している世界の基準でもあってはならないのはもちろん，そのやり方を実践している他者が過去に生成した世界の基準であってもならないことである。そうしてしまえば，他者を過去に縛り付けてしまい，未来に向けて自らのやり方を変えてゆく他者の創造性の芽を摘んでしまうことになる。もちろん，どんなやり方も何もないところからは生まれない。第3章で検討したように，現生人類に独特な特徴の一つに，さまざまなやり方を文化として蓄積しながら，そのやり方に次々と改良を加えてゆくことがある以上，どんなやり方であっても，その実践者が生まれ落ちたときにすでに周囲で実践されていたさまざまなやり方を身につけることで，あるいは，その身につけたやり方に改良を加えることで生み出されるのであって，自らの力だけで開発したやり方などありはしない。しかし，他方で，そうして身につけたやり方に次々と改良が加えられる創造性があるからこそ，多様な環境や状況に応じて，あるいは歴史の偶然性に導かれて，人類は短期間の間に多様な生き方を生み出すことができたのである。

　したがって，自己とは異質な「やり方」は，そのやり方を実践している他者がどのような世界を生み出そうとしているのかという他者の未来への指針を基準に判断されねばならない。もちろん，未来のことなど，神ならぬ死すべき運命もつ私たちにわかるはずもなく，自己が目指す世界はもとより，他者が目指す世界も実現するかどうかはわからない。それは，そのやり方を実践してみることでしか，確認することはできない。この意味で，近代のプロジェクトという「やり方としての文化」も，そ

れ以外の多様な「やり方としての文化」も，そうした不確実性を受けとめ，失敗するリスクを負いながら，自らの身をもって自らの目指す世界を実現しようと試行錯誤をつづける「命懸けの実験」であると言えよう。決して私たちには知りえぬ未来のもとに等しく不確実で，そうした不確実性にもかかわらず，それぞれが自らの命運を賭けて体当たりで実践する実験であるが故にこそ，近代のプロジェクトも含め，あらゆる「命懸けの実験としての文化」はかけがえのない「生き方」として尊重されるべきであり，それぞれの実験を相互に阻害することなく，むしろ，それぞれの未来を実現するために助け合わねばならないのである。

## 4．地球と人類の未来：他者との命懸けの対話が拓く世界

　このように本書での議論を振り返ってくると，地球と人類の未来の一端がわずかに垣間見えてこないだろうか。

　たしかに未来がわかるはずもない。しかし，過去数百年の間，無我夢中でひた走ってきた近代のプロジェクトには見失われていた「地球と人類のもつれ合い」という真実がよみがえろうとしている「人新世」時代にあって，すべてを支配して管理・統治することができるという夢から近代のプロジェクトが醒めねばならないことだけはたしかであろう。地球に象徴されるように，決してまつらうことのない他者たちが，近代のプロジェクトが構築してゆくグローバル・ネットワークのそこかしこに遍在する隙間で，そのプロジェクトには収まりきらない多様な世界を生成することを目指して命懸けの実験を創造的に展開しており，その他者たちの実験も近代のプロジェクトも不確定な未来のもとにあっては対等に尊重し合うべきであることを率直に認めるのである。そのうえで，それぞれに特異であるが故に自己の考え方の枠組みや論理から溢れ出してしまう相互に対して過剰な他者同士として，それぞれの特異性を活かし

ながら，それぞれが命懸けで挑む実験を助け合うのである。

　もちろん，そうして助け合うべき他者は人類だけに限られない。哲学者の小泉義之［2000］や近藤和敬［2014］が示しているように，どんな生命体も，あるいは非生物ですら，自らの命運を賭けて「生きつづける」という実験に挑んでいるのであって，近代のプロジェクトが前提にしてきたように，ただ法則に従って生きている自動機械であるわけではない。私たち人類が展開する多様な実験は，そうした生命体や非生命体の命懸けの実験が無限にもつれ合う宇宙の片隅の出来事にすぎない。そうした宇宙で展開される実験の無限の多様性に比べれば，私たち人類が展開する実験の多様性など，ごくわずかなものでしかないだろう。私たち人類の実験がどんなに私たちに多様に見えても，あくまでも宇宙の片隅のささやかな実験の一つでしかなく，他の生命体と非生命体が無限に多様に織りなす実験と助け合わねば，その存続すらおぼつかないに違いない。この意味で，人類が地球で，あるいは今後は地球外で展開する多様な実験は，地球規模あるいは宇宙規模で展開されている無数の実験の無限に多様なもつれ合いの中に位置づけて考えてゆかねばならないだろう。

　それでは，そうして人類の内外で助け合うことを通して，どのような世界が築かれていくのだろうか。それこそ，私たち人類どころか，どんな生命体や非生命体にもわかろうはずがない。しかし，具体的な世界像を予測することは不可能であるにしても，未来に向けてどうするべきかという指針だけは，はっきりしているのではあるまいか。まずは，自己の実験と異なるが故にどんなに不気味に見えようとも，人類に限らず，多様な生命体と非生命体が自らの命運を賭けて挑む実験の創造性を認めよう。そのうえで，その実験を自己の実験のために阻害しようとしたり，廃絶しようとしたりしないのはもちろん，自己の実験の支配下に組み込んだりしようともせず，自己と他者の実験が協働するように調整し合う

ことで，両者の実験を包含するより大きな実験をデザインし，両者がともに持続してゆく道を探るのである。そのときに重要なのは，自己と他者の実験の差異を協働の妨げとして排除するのではなく，自己にはない他者の実験の独創性を相互に活かし合うように，その差異を残したまま微調整し合うことであろう。そうしてはじめて，自己と他者の実験が対等かつ自律的に共鳴し合う中で，両者の実験はより大きな実験に編み込まれるようになるのではなかろうか。

　そうして次々と他者たちの実験に接合されてゆく微調整の過程で，近代のプロジェクトの実験も次第に変化してゆくに違いない。また，その変化の過程で「自然／人間」の二元論に代わる存在論も次第に明らかになってゆくだろう。しかし，それがどのような存在論なのかを今はまだ推し量ることはできない。他者たちの実験と対等なかたちで出会い，相互に微調整し合いながら変わってゆくことで，それははじめて徐々に明らかになってゆくことだろう。もちろん，地球上あるいは宇宙で他者たちは無限に多様である以上，その変化には終わりはなく，ひとたびある一つの存在論に落ち着いたとしても，再び他者たちと出会う中で，その未来の存在論もさらに変化してゆくに違いない。

　この過程で，近代のプロジェクトは進歩するわけでも，他の実験を包摂するわけでもなく，むしろ，より大きな実験に包摂されてゆくことになるだろう。この意味で，独りよがりな近代の「進歩」の夢から醒めて私たちが現実の中で目指すことになるのは，地球はもとより宇宙で展開されているより壮大な実験に，ささやかながら，しかし，かけがえのない一実験者として包摂されてゆくことではないだろうか。そうした壮大な実験に参加する日が来ることを信じ，創造性に溢れた他者たちとの出会いを通して永遠に変わってゆくために，人類学者は自らを他者との協働の実験台とするフィールドワークに赴くのである。

# 参考文献

## 1 「人新世」時代における文化人類学の挑戦

### 引用文献

イェンセン，B. キャスパー 2017「地球を考える：「人新世」における新しい学問分野の連携に向けて」『現代思想』45(22)：46-57。

大村 敬一 2010「自然＝文化相対主義に向けて：イヌイトの先住民運動からみるグローバリゼーションの未来」『文化人類学』75(1)：54-72。

大村 敬一 2011「大地に根ざして宇宙を目指す：イヌイトの先住民運動と「モノの議会」が指し示す未来への希望」『現代思想』39(16)：153-169。

鈴木 和歌奈 & 森田 敦郎 & リウ ニュラン クラウセ 2016「人新世の時代における実験システム：人間と他の生命との関係の再考へ向けて」『現代思想』44(5)：202-213。

ラトゥール，ブルーノ 1999『科学がつくられているとき：人類学的考察』川崎 勝 & 高田 紀代志（訳），産業図書。

ラトゥール，ブルーノ 2008『虚構の「近代」：科学人類学は警告する』川村 久美子（訳），新評論。

Castree, Noel 2014 The Anthropocene and Geography I-III. *Geography Compass* 8 (7): 436-476.

Crutzen, Paul J. 2002 Geology of Mankind. *Nature* 415(3): 23.

Crutzen, Paul J. & Eugene F. Stoermer 2000 The "Anthropocene." *Global Change News Letter* 41: 17-18.

Moore, Amelia 2015 Anthropocene Anthropology: Reconceptualizing Contemporary Global Change. *Journal of the Royal Anthropological Institute* (N.S.) 22: 27-46.

Swanson, Heather. A., Nils Bubandt & Anna. L. Tsing 2015 Less Than One But More Than Many: Anthropocene as Science Fiction and Scholarship-in-the-Making. *Environment and Society: Advances in Research* 6: 149-166.

**もっと学びたい人のために**

現代思想編集部（編）2017「特集：人新世―地質年代が示す人類と地球の未来」『現代思想』45(22)：41-245。

本多 俊和 & 大村 敬一（編）2011『グローバリゼーションの人類学：争いと和解の諸相』放送大学教育振興会。

# 2 人新世とグローバリゼーション

## 引用文献

アパドゥライ，アルジュン 2010『グローバリゼーションと暴力―マイノリティーの恐怖』藤倉 達郎（訳），世界思想社。

ギアツ，クリフォード 2014『現代社会を照らす光―人類学的な省察』鏡味治也他（訳），青木書店。

湖中 真哉 2018「グローバリゼーションと移動」『詳論　文化人類学』桑山 敬己 & 綾部 真雄（編），pp. 177-190，ミネルヴァ書房。

湖中 真哉 & 太田 至 & 孫 暁剛（編）2018『地域研究からみた人道支援』，昭和堂。

サーリンズ，マーシャル 1984『石器時代の経済学』山内 昶（訳），法政大学出版局。

篠田 謙一 2015『DNA で語る　日本人起源論』岩波書店。

トッド，エマニュエル 2016『問題は英国ではない，EU なのだ　21世紀の新・国家論』文藝春秋。

ホフマン，スザンナ M. & アンソニー オリヴァー＝スミス 2006『災害の人類学―カタストロフィと文化』若林 佳史（訳），明石書店。

ポラニー，カール 1975『大転換―市場社会の形成と崩壊』東洋経済新報社。

マルム，アンドレアス & アルフ ホアンボー 2017「人類の地質学？―人新世ナラティヴ批判」『現代思想』45(22)：142-151。

American Anthropological Association 2017 *Changing the Atmosphere : Anthropology and Climate Change*. American Anthropological Association.

Chakrabarty, Dipesh 2012 Postcolonial Studies and the Challenge of Climate Change. *New Literary History* 43(1): 1-18.

Chakrabarty, Dipesh 2015 *The Human Condition in the Anthropocene : The Tanner Lectures in Human Values Delivered at Yale University February 18-19, 2015*.

Eriksen, Thomas H. 2007 Globalization : *The Key Concepts*. Berg.

IPCC [Intergovernmental Panel on Climate Change] 2018 *Global Warming of 1.5°C*. IPCC.

McNeill, J. R. and Peter Engelke 2016 *The Great Acceleration : An Environmental History of the Anthropocene since 1945*. Harvard University Press.

Moore, Jason, W. (ed.) 2016 *Anthropocene or Capitalocene?: Nature, History, and the Crisis of Capitalism*. Pm Press.

Scheper-Hughes, Nancy 2014 Katrina : The Disaster and its Doubles. In *The Anthropology of Climate Change: An Historical Reader*. Michael R. Dove (ed.), pp.217-222. John Wiley & Sons, Inc.

Smil V 2008 *Energy in Nature and Society: General Energetics of Complex Systems*. MIT Press.

Steffen, W. et al. (eds.) 2015 *Global Change and the Earth System : A Planet Under Pressure*. Springer.

**もっと学びたい人のために**

アパドゥライ，アルジュン 2010『グローバリゼーションと暴力―マイノリティーの恐怖』藤倉 達郎（訳），世界思想社。

湖中 真哉 2018「グローバリゼーションと移動」『詳論　文化人類学』桑山 敬己 & 綾部 真雄（編），pp.177-190，ミネルヴァ書房。

サーリンズ，マーシャル 1984『石器時代の経済学』山内 昶（訳），法政大学出版局。

ホフマン，スザンナ M. & アンソニー オリヴァー＝スミス 2006『災害の人類学―カタストロフィと文化』若林 佳史（訳），明石書店。

マルム，アンドレアス & アルフ ホアンボー 2017「人類の地質学？―人新世ナラティヴ批判」『現代思想』45(22)：142-151。

## 3　文化相対主義の悲哀：近代人類学の「文化」の陥穽

### 引用文献

アンダーソン，ベネディクト 1987 『想像の共同体：ナショナリズムの起源と流行』
　　白石 隆 ＆ 白石 さや（訳），リブロポート。

大村 敬一 2013『カナダ・イヌイトの民族誌：日常的実践のダイナミクス』大阪大
　　学出版会。

小田 亮 1996「ポストモダン人類学の代価：ブリコルールの戦術と生活の場の人類
　　学」『国立民族学博物館研究報告』21(4)：807-875。

梶田 孝道 1993『統合と分裂のヨーロッパ：EC・国家・民族』岩波書店。

ギアツ，クリフォード 2002『解釈人類学と反＝反相対主義』小泉 潤二（編訳），み
　　すず書房。

クリフォード，ジェイムズ 2003『文化の窮状：二十世紀の民族誌，文学，芸術』
　　太田 好信 ＆ 慶田 勝彦 ＆ 清水 展 ＆ 浜本 満 ＆ 古谷 嘉章 ＆ 星埜 守之(訳)，
　　人文書院。

クリフォード，ジェイムズ ＆ ジョージ E. マーカス（編）1996『文化を書く』春日
　　直樹 ＆ 和邇 悦子 ＆ 足羽 與志子 ＆ 橋本 和也 ＆ 多和田 裕司 ＆ 西川 麦子
　　（訳），紀伊国屋書店。

サイード，エドワード W. 1993『オリエンタリズム』今沢 紀子（訳），平凡社。

杉島 敬志 1995「人類学におけるリアリズムの終焉」『民族誌の現在：近代・開発・
　　他者』合田 濤 ＆ 大塚 和夫（編），弘文堂，pp.195-212。

スペルベル，ダン 1984『人類学とはなにか：その知的枠組みを問う』菅野 盾樹(訳)，
　　紀伊国屋書店。

浜本 満 1996「差異のとらえかた：相対主義と普遍主義」『思想化される周辺世界』
　　岩波書店，pp.69-96。

フィンケルクロート，アラン 1988『思想の敗北あるいは文化のパラドクス』西谷
　　修（訳），河出書房新社。

松田 素二 1997「実践的文化相対主義考：初期アフリカニストの跳躍」『民族学研究』
　　62(2)：205-226。

ロサルド，レナート 1998『文化と真実：社会分析の再構築』椎名 美智（訳），日本
　　エディタースクール出版部。

Bloch, Maurice 1977 The Past and the Present in the Present. *Man*(N.S.)12: 178-292.

Fabian, Johannes 1983 *Time and the Other : How Anthropology Makes Its Object*. Columbia University Press.

Kroeber, Alfred L. & Clyde Kluckhohn 1952. *Culture : A Critical Review of Concepts and Definitions*. Peabody Museum of American Archaeology and Ethnology, Harvard University.

Kuper, Adam 2003 The Return of the Native. *Current Anthropology* 44(3): 389-402.

Tylor, Edward B. 1871 *Primitive Culture*. John Murray & Co.

**もっと学びたい人のために**

合田 濤 & 大塚 和夫（編）1995『民族誌の現在：近代・開発・他者』弘文堂。

岡田 浩樹 & 木村 大治 & 大村 敬一（編）2014『宇宙人類学の挑戦：人類の未来を問う』昭和堂。

鏡味 治也 2010『キーコンセプト　文化：近代を読み解く』世界思想社。

クラーク，アンディ 2015『生まれながらのサイボーク：心・テクノロジー・知能の未来』春秋社。

トマセロ，マイケル 2006『心とことばの起源を探る：文化と認知』大堀 壽夫 & 中澤 恒子 & 西村 義樹 & 本多 啓（訳），勁草書房。

西江 雅之 1989『ことばを追って』大修館書店。

西江 雅之 2010『食べる』青土社。

竹沢 尚一郎 2007『人類学的思考の歴史』世界思想社。

本多 俊和 & 葛野 浩昭 & 大村 敬一（編）2005『文化人類学研究：先住民の世界』放送大学教育振興会。

米山 俊直（編）1995『現代人類学を学ぶ人のために』世界思想社。

# 4　創造的対話への扉：フィールドワークの現実への回帰

**引用文献**

アンダーソン，ベネディクト 1987 『想像の共同体：ナショナリズムの起源と流行』

白石 隆 & 白石 さや（訳），リブロポート。

ヴィヴェイロス・デ・カストロ，エドゥアルド 2015『食人の形而上学：ポスト構造主義的人類学への道』檜垣 立哉 & 山崎 吾郎（訳），洛北出版。

太田 好信 1998『トランスポジションの思想：文化人類学の再想像』世界思想社。

太田 好信 2001『民族誌的近代への介入：文化を語る権利は誰にあるのか』人文書院。

大杉 高司 1999『無為のクレオール』岩波書店。

大村 敬一 2011「二重に生きる：カナダ・イヌイト社会の生業と生産の社会的布置」『グローバリゼーションと＜生きる世界＞：生業からみた人類学的現在』松井健 & 名和 克郎 & 野林 厚志（編），昭和堂，pp.65-96。

大村 敬一 2012「技術のオントロギー：イヌイトの技術複合システムを通してみる自然＝文化人類学の可能性」『文化人類学』77(1)：105-127。

大村 敬一 2013『カナダ・イヌイトの民族誌：日常的実践のダイナミクス』大阪大学出版会。

大村 敬一 2014「ムンディ・マキーナとホモ・サピエンス：イヌイトの存在論に寄り添うことで拓かれる人類学の課題」『現代思想』42(1)：134-147。

小田 亮 1996「ポストモダン人類学の代価：ブリコルールの戦術と生活の場の人類学」『国立民族学博物館研究報告』21(4)：807-875。

春日 直樹（編）2011『現実批判の人類学：新世代のエスノグラフィへ』世界思想社。

清水 昭俊 1992「永遠の未開文化と周辺民族：近代西欧人類学史点描」『国立民族学博物館研究報告』17(3)：417-488。

清水 昭俊（編）1998『周辺民族の現在』世界思想社。

杉島 敬志（編）2001『人類学的実践の再構築：ポストコロニアル転回以後』世界思想社。

ストラザーン，マリリン 2015『部分的つながり』大杉 高司 & 浜田 明範 & 田口 陽子 & 丹羽 充 & 里見 龍樹（訳），水声社。

スチュアート ヘンリ 1997「先住民運動：その歴史，展開，現状と展望」『紛争と運動』岩波書店，pp.229-256。

スチュアート ヘンリ 1998a「先住民族が成立する条件：理念から現実への軌跡」『周辺民族の現在』清水 昭俊（編），世界思想社，pp.235-263。

スチュアート ヘンリ 1998b「民族呼称とイメージ：『イヌイト』の創成とイメージ

操作」『民族学研究』63(2)：151-159。

田辺 繁治 & 松田 素二（編）2002『日常的実践のエスノグラフィ：語り・コミュ
ニティ・アイデンティティ』世界思想社。

ド・セルトー，ミシェル 1987『日常的実践のポイエティーク』山田 登世子（訳），
国文社。

浜本 満 2001『秩序の方法：ケニア海岸地方の日常生活における儀礼的実践と語り』
弘文堂。

古谷 嘉章 2001『異種混沌の近代と人類学：ラテンアメリカのコンタクト・ゾーン
から』人文書院。

ホブズボウム，エリック & テレンス・レンジャー（編）1992『創られた伝統』前
川 啓治 & 梶原 景昭他（訳），紀伊国屋書店。

松田 素二 1996a「民族におけるファクトとフィクション」『フィクションとしての
社会：社会学の再構成』磯部 卓三 & 片桐 雅隆（編），世界思想社，pp.184-209。

松田 素二 1996b「『人類学の危機』と戦術的リアリズムの可能性」『社会人類学年
報』22：23-48。

松田 素二 1996c『都市を飼い慣らす：アフリカの都市人類学』河出書房新社。

松田 素二 2001「文化／人類学：文化解体を超えて」『人類学的実践の再構築：ポス
トコロニアル転回以後』杉島 敬志（編），世界思想社，pp.123-151。

箭内 匡 1994「『他なるもの』から『似たものへ』：未来の民族誌にむけて」『民族学
研究』59(2)：170-180。

吉岡 政徳 2005『反・ポストコロニアル人類学：ポストコロニアルを生きるメラネ
シア』風響社。

レヴィ＝ストロース，クロード 1976『野生の思考』大橋 保夫（訳），みすず書房。

Blaser, Mario. 2009 The Threat of the Yrmo : The Political Ontology of a Sustain-
able Hunting Program. *American Anthropologist* 111(1)：10-20.

de la Cadena, Marisol 2015. *Earth Beings : Ecologies of Practice across Andean Worlds*.
Duke University Press.

Holbraad, Martin & Morten A. Pedersen 2017 *The Ontological Turn : An Anthropo-
logical Exposition*. Cambridge University Press.

Nadasdy, Paul 2007 The Gift in the Animal : The Ontology of Hunting and Human
-Animal Sociality. *American Ethnologist* 34(1)：25-43.

Omura, Keiichi, Atsuro Morita, Shiho Satsuka & Grant Otsuki eds. 2018 *The World Multiple : The Quotidian Politics of Knowing and Generating Entangled Worlds*. Routledge.

Stewart, Henry 2002 Ethnonyms and Images : Genesis of the 'Inuit' and Image Manipulation. In H. Stewart, A. Barnard and K. Omura (eds.), *Self and Other Images of Hunter-Gatherers*. National Museum of Ethnology, Osaka, pp.85-100.

Tsing, Anna L. 2004 *Friction : An Ethnography of Global Connection*. Princeton University Press.

Tsing, Anna L. 2015 *The Mushroom at the End of the World : On the Possibility of Life in Capitalist Ruins*. Princeton University Press.

Viveiros de Castro, Eduardo 1998 Cosmological Deixis and Amerindian Perspectivism. *The Journal of the Royal Anthropological Institute* 4(3): 469-488.

**もっと学びたい人のために**

内堀 基光 & 山本 真鳥 （編） 2016『人類文化の現在：人類学研究』放送大学教育振興会。

現代思想編集部 2016「総特集：人類学のゆくえ」『現代思想』44(5)

現代思想編集部 2017「総特集：人類学の時代」『現代思想』45(4)

前川 啓治 & 箭内 匡 & 深川 宏樹 & 浜田 明範 & 里見 龍樹 & 木村 周平 & 根本 達 & 三浦 敦 2018『21世紀の文化人類学：世界の新しい捉え方』新曜社。

## 5  人新世時代の SDGs と貧困の文化

**引用文献**

江口 信清 1998「序章 「貧困の文化」再考」「貧困の文化」再考（立命館大学人文科学研究所研究叢書 10)』，江口 信清 （編），pp.1-8，有斐閣。

ガルトゥング，ヨハン 1991『構造的暴力と平和』高柳 先男 （他訳），中央大学出版部。

湖中 真哉 2012「遊牧民の生活と学校教育—ケニア中北部・サンブルの事例」『ケニアの教育と開発—アフリカ教育研究のダイナミズム—』澤村 信英 & 内海 成

治（編），pp. 36-58，明石書店。

セン，アマルティア 1999『不平等の再検討―潜在能力と自由』池本 幸生他（訳），岩波書店。

ファーマー，ポール 2012『権力の病理　誰が行使し誰が苦しむのか―医療・人権・貧困』豊田 英子（訳），みすず書房。

箕曲 在弘 2014『フェアトレードの人類学―ラオス南部ボーラヴェーン高原におけるコーヒー栽培農村の生活と協同組合』，めこん。

ルイス，オスカー 1969『サンチェスの子どもたち』柴田 稔彦・行方 昭夫（訳），みすず書房。

ルイス，オスカー 1970『ラ・ビーダ　Ⅰ―プエルト・リコの一家族の物語』行方 昭夫 & 上島 建吉（訳），みすず書房。

ルイス，オスカー 2003『貧困の文化―メキシコの＜五つの家族＞』高山 智博 & 宮本 勝 & 染谷 臣道（訳），筑摩書房。

ロックストローム，J. & M. クルム 2018『小さな地球の大きな世界―プラネタリー・バウンダリーと持続可能な開発』谷 淳也他（訳），丸善出版。

Holsteen, Melbourne E. 1982 *Continuity and Change in Samburu Education. Ph.D. dissertation*. University of Florida.

Krätli, Saverio 2001 *Education Provision to Nomadic Pastoralists : A Literature Review. IDS Working Paper* 126: 1-84.

Leacock, Eleanor B. 1971 Introduction. In *The Culture of Poverty : A Critique*. E. B. Leacock (ed.), pp.9-37. Simon and Schuster.

Lewis, Oscar 1963 The Culture of Poverty. *Society* 35(2): 7-9.

Lewis, Oscar 1966 The Culture of Poverty. *Scientific American* 215(4): 19-25.

Ryan, William 1972 *Blaming the Victim : Revised, Updated Edition*. Vintage.

Small, Mario L. & David J. Harding & Michèle Lamont 2010 Reconsidering Culture and Poverty. *Annals of the American Academy of Political and Social Science* 629: 6-95.

**もっと学びたい人のために**

湖中 真哉 2012「遊牧民の生活と学校教育―ケニア中北部・サンブルの事例」『ケニアの教育と開発―アフリカ教育研究のダイナミズム―』澤村 信英 & 内海 成

治（編），pp.36-58，明石書店。

ファーマー，ポール 2012『権力の病理 誰が行使し誰が苦しむのか―医療・人権・貧困』豊田 英子（訳），みすず書房。

箕曲 在弘 2014『フェアトレードの人類学―ラオス南部ボーラヴェーン高原におけるコーヒー栽培農村の生活と協同組合』めこん。

ルイス，オスカー 1969『サンチェスの子どもたち』柴田 稔彦 ＆ 行方 昭夫（訳），みすず書房。

# 6 人新世時代のものと人間の存在論

**引用文献**

内堀 基光 1997「序 ものと人から成る世界」『「もの」の人間世界 岩波講座 文化人類学 第3巻』，青木 保他（編），pp.3-22，岩波書店。

久保 明教 2018『機械カニバリズム―人間なきあとの人類学へ』講談社。

湖中 真哉 2011「身体と環境のインターフェイスとしての家畜―ケニア中北部・サンブルの認識世界」床呂 郁哉 ＆ 河合 香吏（編），pp.321-341，『ものの人類学』，京都大学学術出版会。

湖中 真哉 2019「サヴァンナの存在論―東アフリカ遊牧社会における避難の物質文化」『ものの人類学 2』床呂 郁哉 ＆ 河合 香吏（編），pp.101-117，京都大学学術出版会。

ハラウェイ，ダナ ＆ ジェシカ・アマンダ・サーモンスン ＆ サミュエル・ディレイニー 2001『サイボーグ・フェミニズム』巽 孝之 ＆ 小谷 真理（訳），青土社。

ハラウェイ，ダナ 2017『猿と女とサイボーグ―自然の再発明 新装版』高橋 さきの（訳），青土社。

フーコー，ミシェル 1974『言葉と物：人文科学の考古学』渡辺 一民 ＆ 佐々木 明（訳），新潮社。

マクルーハン，マーシャル 1987『メディア論―人間の拡張の諸相』栗原 裕 ＆ 河本 仲聖（訳），みすず書房。

レヴィ＝ストロース，クロード 1976『野生の思考』大橋 保夫（訳），みすず書房。

レヴィ＝ストロース，クロード 1977『悲しき熱帯（下）』川田 順造（訳），中央公

論新社。

Haraway, Donna, J. 2016 *Staying with the Trouble : Making Kin in the Chthulucene.* Duke University Press.

Kopytoff, I. 1986 The Cultural Biography of Things : Commoditization as Process. In *The Social Life of Things : Commodities in Cultural Perspective.* Arjun Appadurai (ed.), pp.64-91. Cambridge University Press.

**もっと学びたい人のために**

内堀 基光 1997「序 ものと人から成る世界」『「もの」の人間世界 岩波講座 文化人類学 第3巻』, 青木 保他 (編), pp.3-22, 岩波書店。

久保 明教 2018『機械カニバリズム—人間なきあとの人類学へ』講談社。

湖中 真哉 2019「サヴァンナの存在論—東アフリカ遊牧社会における避難の物質文化」『ものの人類学 2』床呂 郁哉 & 河合 香吏 (編), pp.101-117, 京都大学学術出版会。

# 7 エイジングの人類学

**引用文献**

上橋 菜穂子 2004「歴史の狭間を生きたアボリジニの老人たち—アボリジニ政策に翻弄された「長老」たち」『老いの人類学』青柳 まちこ (編), 世界思想社, pp.93-114。

田川 玄 2016「アフリカで老いること, 日本で老いること」『アフリカの老人——老いの制度と力をめぐる民族誌』田川 玄 & 慶田 勝彦 & 花渕 馨也 (編), 九州大学出版会, pp.1–14。

田川 玄 & 慶田 勝彦 & 花渕 馨也 (編) 2016『アフリカの老人——老いの制度と力をめぐる民族誌』九州大学出版会。

内閣府 2018『平成30年版 高齢社会白書』。

宮本 常一 1984『家郷の訓』岩波書店。

ロック, マーガレット 2005『更年期——日本女性が語るローカル・バイオロジー』江口 重幸 & 山村 宜子 & 北中 淳子 (訳), みすず書房。

ロック，マーガレット 2018 『アルツハイマー病の謎―認知症と老化の絡まり合い』
坂川 雅子（訳），名古屋大学出版会。

鷲田 清一 2003 『老いの空白』弘文堂。

Amoss, Pamela & Stevan Harrell (eds.) 1981 *Other Ways of Growing Old*. Stanford University Press.

Baker, George T. III & Richard L. Sprott, 1988 "Biomarkers of aging," *Experimental Gerontology*. 23 (4-5): 223-239.

Beyene, Yewoubdar 2009 "Menopause : A biocultural event," in *The Cultural Context of Aging : Worldwide perspectives (3rd ed.)*, Jay Sokolovsky (ed.), Praeger, pp. 13-29.

Cowgill, Donald O. & Lowell D. Holmes, 1972 *Aging and Modernization*. Appleton-Century-Crofts.

Featherstone, Mike & Mike Hepworth 2008 "Images of Aging : Cultural Representations of Later Life,) *The Cultural Context of Aging : Worldwide perspectives (3rd ed.)*, Jay Sokolovsky (ed.), Praeger, pp.134-144.

Graham, Janice E. 2006 "Diagnosing Dementia : Epidemiological and Clinical Data as Cultural Text," in *Thinking About Dementia : Culture, Loss, and the Anthropology of Senility*. Leibing, Anette and Lawrence Cohen (eds.), Rutgers University Press, pp.80-105.

Haraway, Donna 2016 *Staying with the trouble : Making Kin in the Chthulucene*. Duke University Press.

Havighurst, Robert J. 1961 "Successful Aging," *The Gerontologist*, 1 (1): 8-13.

Henry, J. 1963 *Culture Against Man*. New York : Random House.

Jylhävä, Juulia, Nancy L. Pedersen and Sara Hägg 2017 "Biological Age Predictors," *EBioMedicine*. 21: 29-36.

Kaufman, Sharon R., Janet K. Shim, and Ann J. Russ 2004 "Revisiting the Biomedicalization of Aging : Clinical Trends and Ethical Challenges," *The Gerontologist*. 44 (6): 731-738.

Kinsella, Kevin 2009 "Global Perspectives on the Demography of Aging," in *The Cultural Context of Aging : Worldwide perspectives (3rd ed.)*, Jay Sokolovsky (ed.), Praeger, pp.13-29.

Lamb, Sarah 2014 "Permanent personhood or meaningful decline? Toward a critical anthropology of successful aging," *Journal of Aging Studies*. 29: 41-52.

Moody, Harry R. 2009 "From successful aging to conscious aging," in *The Cultural Context of Aging : Worldwide perspectives (3rd ed.)*, Jay Sokolovsky (ed.), Praeger, pp.67-76.

Moody, Harry R. & Jennifer R. Sasser, 2018, *Aging : Concepts and controversies (9th edition)*. Sage Publications.

Shock, N.W. et al. 1984 *Normal Human Aging : The Baltimore Longitudinal Study of Aging*. NIH Publication No.84-2450.

Sokolovsky, Jay (ed.), 2009 *The Cultural Context of Aging : Worldwide perspectives (3rd ed.)*, Praeger.

United Nations, Department of Economic and Social Affairs, Population Division, 2017 *World Population Prospects : The 2017 Revision, Key Findings and Advance Tables. Working Paper No. ESA/P/WP/248*.（https : //population.un.org/wpp/Publications/Files/WPP 2017_KeyFindings.pdf　2019/3/16取得）

**もっと学びたい人のために**

中村 紗絵 2017『響応する身体─よるべなき年長者たちが集う施設の民族誌』ナカニシヤ出版。

ロック，マーガレット 2005『更年期─日本女性が語るローカル・バイオロジー』江口 重幸 & 山村 宜子 & 北中 淳子（訳），みすず書房。

# 8　医療とケアの民族誌

**引用文献**

クラインマン，アーサー 1996『病いの語り─慢性の病いをめぐる臨床人類学』江口 重幸 & 五木田 紳 & 上野 豪志（訳），誠信書房。

クラインマン，アーサー & ジョーン クラインマン & ヴィーナ ダス & ポール ファーマー & マーガレット ロック & ヴァレンタイン ダニエル & タラル アサド（著），2011『他者の苦しみへの責任：ソーシャル・サファリングを知る』

坂川 雅子 （訳），みすず書房。

島薗 洋介 & 西 真如 & 浜田 明範 2018「序：《特集》薬剤の人類学—医薬化する世界の民族誌」『文化人類学』76（3）：604-613。

髙橋 絵里香 2019『ひとりで暮らす，ひとりを支える—フィンランド高齢者ケアのエスノグラフィー』青土社。

ヘルマン，セシル G. 2018『ヘルマン医療人類学』辻内 琢也（監訳），金剛出版。

保健医療2035策定懇談会 2015『保健医療2035提言書』厚生労働省。

モハーチ，ゲルゲイ 2017「薬物効果のループ—西ハンガリーにおける臨床試験の現場から」『文化人類学』81（4）：614-631。

森 明子 2019「序—ケアが生まれる場所へ」『ケアが生まれる場所』ナカニシヤ出版，pp. 1-16。

モル，アンマリー 2016『多としての身体—医療実践における存在論（叢書・人類学の転回）』浜田 明範 & 田口 陽子（訳），水声社。

ヤング，アラン 2001『PTSD の医療人類学』中井 久夫 & 下地 明友 & 内藤 あかね & 大月 康義 & 辰野 剛（訳），みすず書房。

ラジャン，カウシック S. 2010『バイオ・キャピタル—ポストゲノム時代の資本主義』塚原 東吾（訳），青土社。

Biehl, João G., 2007 "Pharmaceuticalization: AIDS Treatment and Global Health Politics," *Anthropological Quarterly*. 80（4）: 1083-1126.

Carsten, Janet, 1995 "The Substance of Kinship and the Heat of the Hearth: Feeding, Personhood, and Relatedness among Malays in Pulau Langkawi," *American Ethnologist*. 22: 223-241.

Chandler, Clair, Eleanor Hutchinson, and Camden Hutchison, 2016 *Addressing Antimicrobial Resistance Through Social Theory: An Anthropologically Oriented Report*. London School of Hygiene & Tropical Medicine. (http://researchonline.lshtm.ac.uk/id/eprint/3400500)

Lock, Margaret, & Vinh-Kim Nguyen, 2010 *An Anthropology of Biomedicine*. Wily-Blackwell.

Mol, Annemarie, 2008 *The Logic of Care: Health and the Problem of Patient Choice*. Routledge.

Mol, Annemarie, Ingunn Moser & Jeannette Pols, 2010. "Care: Putting Practice into Theory," In *Care in Practice : On Tinkering in Clinics, Homes and Farms*, edited by Annemarie Mol, Ingunn Moser and Jaennette Pols, Transcript Verlag, pp. 7-26.

Pool, Robert, & Wenzel Geissler 2005 *Medical Anthropology*. Open University Press.

Petryna, Adriana 2009 *When Experiments Travel : Clinical Trials and the Global Search for Human Subjects*. Princeton University Press.

The Lancet Planetary Health, 2017 "Welcome to The Lancet Planetary Health," *The Lancet Planetary Health*. 1(1): e1.

Thelen, Tatjana 2015 "Care as Social Organization : Creating, Maintaining and Dissolving Significant Relations," *Anthropological Theory*, 15(4), 497-515.

Thelen, Tatjana, Larissa Vetters, & Keebet von Benda-Beckmann (eds.), 2017 *Stategraphy : Toward a Relational Anthropology of the State*. Berghahn Books.

Timmermans, Stefan 2010 "Reconciling Research with Medical Care in RCTs." In *Medical Proofs, Social Experiments : Clinical Trials in Shifting Contexts*. Catherine Will and Tiago Moreira (eds.), Ashgate, pp.17-32.

Uyeki, Timothy M., et al, 2019 "Clinical Practice Guidelines by the Infectious Diseases Society of America : 2018 Update on Diagnosis, Treatment, Chemoprophylaxis, and Institutional Outbreak Management of Seasonal Influenza," *Clinical Infectious Diseases*, 68(6)： 1-47.

Young, Allan 1982 "The Anthropologies of illness and sickness." *Annual Review of Anthropology* 32： 257-285.

**もっと学びたい人のために**

髙橋 絵里香 2019『ひとりで暮らす，ひとりを支える―フィンランド高齢者ケアのエスノグラフィー』青土社。

ビール，ジョアオ 2019『ヴィータ―遺棄された者たちの生』桑島 薫 & 水野 友美子（訳），みすず書房。

森 明子（編）2019『ケアが生まれる場所』ナカニシヤ出版。

## 9 世俗と宗教

### 引用文献

カサノヴァ，J. 1997『近代世界の公共宗教』津城 寛文（訳），玉川大学出版部。

川田 牧人 2018「現代フィリピンにいきる聖像」喜多崎 親（編）『〈祈ること〉と〈見ること〉：キリスト教の聖像をめぐる文化人類学と美術史の対話』三元社：39-76。

高取 正男 1995『日本的思考の原型』平凡社。

ドベラーレ，K. 1992『宗教のダイナミックス』スィンゲドー，ヤン ＆ 石井 研士（訳），ヨルダン社。

バーガー，P. 2018『聖なる天蓋　神聖世界の社会学』園田 稔（訳），筑摩書店。

Arweck, Elisabeth & William Keenan 2006 *Materializing Religion : Expression, Performance and Ritual*. Hampshire : Ashgate.

Engelke, Matthew 2012 Material Religion. in *The Cambridge Companion to Religious Studies*. Edited by Robert Orsi, pp.209-229. NY : Cambridge University Press.

Fleming, Benjamin J. & Richard D. Mann 2014 *Material Culture and Asian Religions : Text, Image, Object*. NY : Routledge.

King, Frances E. 2010 *Material Religion and Popular Culture*. NY : Routledge.

Morgan, David 2010 *Religion and Material Culture : The Matter of Belief*. NY : Routledge.

Berger, Peter 1999 *The Desecularization of the World*. Washington DC : Eerdmans.

Plate, Brent ed., 2015 *Key Terms in Material Religion*. London & NY : Bloomsbury.

### もっと学びたい人のために

田中 雅一（編）2009『フェティシズムの研究 1 フェティシズム論の系譜と展望』京都大学学術出版会。

田中 雅一（編）2014『フェティシズムの研究 2 越境するモノ』京都大学学術出版会。

藤原 聖子（編）2018『いま宗教に向きあう 3 世俗化後のグローバル宗教事情』岩波書店。

Bautisa, Julius J. 2010 *Figuring Catholicism : An Ethnohistory of the Santo Niño De Cebu*. Manila : Ateneo De Manila University Press.

## 10　現実と虚構のはざまのメディア／知識

**引用文献**

アパデュライ，A. 2004『さまよえる近代　グローバル化の文化研究』門田 健一（訳）吉見 俊哉（監修），平凡社。

飯田 卓 2011「日本人類学と視覚的マスメディア—大衆アカデミズムにみる民族誌的断片—」山路 勝彦（編），『日本の人類学　植民地主義，異文化研究，学術調査の歴史』：611-670，関西学院大学出版会。

加藤 晴明 2017「ラジオの島・奄美—「あまみエフエム」から始まる島の自文化語り—」『中京大学現代社会学部紀要』第10巻第2号，1-70（加藤 晴明 & 寺岡 伸吾 2017『奄美文化の近現代史—生成・発展の地域メディア学—』4章に再録，南方新社）。

カスタネダ，C. 1993『未知の次元』名谷 一郎（訳）青木 保（監修），講談社。

川田 牧人 2005「聞くことによる参加」飯田 卓 & 原 知章（編）『電子メディアを飼いならす　異文化を橋渡するフィールド研究の視座』：197-207，せりか書房。

白川 千尋 2014『テレビが映した「異文化」』風響社。

ジリボン，ジャン＝リュック 2010『不気味な笑い』原 章二（訳），平凡社。

武井 協三（編），1991『江戸人物往来　近松門左衛門』ぺりかん社。

麓 憲吾 2014「「あまみエフエム」開局までの道のりとその役割—島のアイデンティティを形成するコミュニティ・メディア—」『鹿児島大学生涯学習教育研究センター年報』11：56-62。

村尾 静二 2014「映画を撮ること，観ること，共有すること—ロバート・フラハティの「人類学的：映像制作」村尾 静二 & 箭内 匡 & 久保 正敏（編）『映像人類学　人類学の新たな実践へ』：28-43，せりか書房。

吉本 光宏 2012『陰謀のスペクタクル〈覚醒〉をめぐる映画論的考察』以文社。

Dyrendal, Asbjørn, David G. Robertson, and Egil Asprem 2018 *Handbook of Conspiracy Theory and Contemporary Religion*. Leiden & Boston：Brill Academic Pub.

West, Harry & Todd Sanders 2003 *Transparency and Conspiracy：Ethnographies of Suspicion in New World Order*. Durham and London：Duke University Press.

**◎映像作品**

フラハティ，ロバート J. 2018『極北の怪異（極北のナヌーク）』〔Blu-Ray & DVD〕

アイ・ヴィー・シー。

桂 枝雀 DVD 2003『枝雀落語大全　第四十集　天神山／山のあなた／夢たまご／スビバセンおじさん』東芝EMI（TOBS 1080）

**もっと学びたい人のために**

阿部 年晴 & 小田 亮 & 近藤 英俊（編）2007『呪術化するモダニティ　現代アフリカの宗教的実践から』風響社。

飯田 卓 & 原 知章（編）2005『電子メディアを飼いならす—異文化を橋渡すフィールド研究の視座』せりか書房。

川田 牧人 & 白川 千尋 & 関 一敏（編）2019『呪者の肖像』臨川書店。

白川 千尋 & 川田 牧人（編）2012『呪術の人類学』人文書院。

## 11　世界生成の機械としての文化

**引用文献**

ウィラースレフ，レーン 2018『ソウル・ハンターズ：シベリア・ユカギールのアニミズムの人類学』奥野 克巳 & 近藤 祉秋 & 古川 不可知（訳），亜紀書房。

大村 敬一 2009「集団のオントロジー：＜分かち合い＞と生業のメカニズム」河合香吏編『集団：人類社会の進化』pp.101-122, 京都大学学術出版会。

大村 敬一 2012「技術のオントロジー：イヌイトの技術複合システムを通してみる自然＝文化人類学の可能性」『文化人類学』77(1)：105-127。

大村 敬一 2013『カナダ・イヌイトの民族誌：日常的実践のダイナミクス』大阪大学出版会。

大村 敬一 2014「ムンディ・マキーナとホモ・サピエンス：イヌイトの存在論に寄り添うことで拓かれる人類学の課題」『現代思想』42(1)：134-147。

奥野 克巳 & 近藤 祉秋 & 山口 未花子（編）2012『人と動物の人類学』春風社。

岸上 伸啓 1996「カナダ極北地域における社会変化の特質について」『採集狩猟民の現在』スチュアート ヘンリ（編），言叢社，pp.13-52。

岸上 伸啓 2007『カナダ・イヌイットの食文化と社会変化』世界思想社。

スチュアート ヘンリ 1995「現代のネツリック・イヌイット社会における生業活動」

『第九回北方民族文化シンポジウム報告書』北海道立北方民族博物館，pp.37-67。

ラトゥール，ブルーノ 1999『科学がつくられているとき：人類学的考察』川崎 勝 & 高田 紀代志（訳），産業図書。

ラトゥール，ブルーノ 2008『虚構の「近代」：科学人類学は警告する』川村 久美子（訳），新評論。

Blaser, Mario 2009 The Threat of the Yrmo : The Political Ontology of a Sustainable Hunting Program. *American Anthropologist* 111(1): 10-20.

Ingold, Tim. 2000 *The Perception of the Environment : Essays in Livelihood, Dwelling and Skill*. Routledge.

IQ Task Force 2002 *The First Annual Report of the Inuit Qaujimajatuqangit (IQ) Task Force*. Government of Nunavut, Department of Culture, Language, Elders and Youth.

Nadasdy, Paul 2007 The Gift in the Animal: The Ontology of Hunting and Human-animal Sociality. *American Ethnologist* 34(1): 25-43.

Viveiros de Castro, Eduardo 2004a Perspectival Anthropology and the Method of Controlled Equivocation. *Tipití: Journal of the Society for the Anthropology of Lowland South America* 2(1): 3-20.

Viveiros de Castro, Eduardo 2004b Exchanging Perspectives : The Transformation of Objects into Subjects in Amerindian Ontologies. *Common Knowledge* 10(3): 463-484.

**もっと学びたい人のために**

岸上 伸啓 2005『イヌイット：＜極北の狩猟民＞のいま』中公新書。

コーン，エドゥアルド 2016『森は考える：人間的なるものを超えた人類学』奥野 克巳 & 近藤 宏 & 近藤 祉秋 & 二文字屋 脩（訳），亜紀書房

Omura, Keiichi, Atsuro Morita, Shiho Satsuka & Grant Otsuki eds. 2018 *The World Multiple : The Quotidian Politics of Knowing and Generating Entangled Worlds*. Routledge.

## 12 自然と身体の人類学

**引用文献**

アイゼンステイン，エリザベス 1987『印刷革命』小川 昭子他 （訳），みすず書房。

ヴィヴェイロス・デ・カストロ，エドゥアルド 2016「アメリカ大陸先住民のパースペクティヴィズムと多自然主義」近藤 宏 （訳），『現代思想』44巻5号41-79頁。

大村 敬一 2013『カナダ・イヌイトの民族誌：日常的実践のダイナミクス』大阪大学出版会。

クラストル，ピエール 1987『国家に抗する社会』渡辺 公三 （訳），書肆風の薔薇。

サーリンズ，マーシャル 1993『歴史の島々』山本 真鳥 （訳），法政大学出版局。

サーリンズ，マーシャル 2012『石器時代の経済学』山内 昶 （訳），法政大学出版局。

タイラー，エドワード B. 1962『原始文化』比屋根 安定 （訳），誠信書房。

ファン・ヘネップ，アルノルト 2012『通過儀礼』綾部 恒雄 & 綾部 裕子 （訳），岩波書店。

フーコー，ミシェル 1974『言葉と物：人文科学の考古学』渡辺 一民 & 佐々木 明 （訳），新潮社。

ピース，フランクリン & 増田 義郎 1988『図説インカ帝国』小学館。

ポランニー，カール 2003『経済の文明史』玉野井 芳郎 & 平野 健一郎 （編・訳），筑摩書房。

箭内 匡 2018『イメージの人類学』せりか書房。

ラトゥール，ブルーノ 1999『科学が作られているとき：人類学的考察』川﨑 勝 & 高田 紀代志 （訳），産業図書。

レヴィ゠ストロース，クロード 1976『野生の思考』大橋 保夫 （訳），みすず書房。

Carpenter, Edmund. et al. *Eskimo*, The University of Toronto Press. 1959.

Descola, Philippe. *Par-delà nature et culture*. Gallimard, 2006.

Descola, Philippe. (ed.) *La fabrique des images*, Musée Quai Branly, 2010.

Zonabend, François. *The Nuclear Peninsula*, Cambridge University Press.

◎**映像作品**

Gardner, Robert *Dead Birds*, 1963. Documentary Educational Resources （www.der.org） より DVD 入手可

**もっと学びたい人のために**

ヴィヴェイロス・デ・カストロ，エドゥアルド 2016「アメリカ大陸先住民のパースペクティヴィズムと多自然主義」近藤 宏（訳），『現代思想』44巻5号41-79頁。

サーリンズ，マーシャル 2012『石器時代の経済学』山内 昶（訳），法政大学出版局。

松村 圭一郎 & 中川 理 & 石井 美保（編）2019『文化人類学の思考法』世界思想社。

箭内 匡 2018『イメージの人類学』せりか書房。

## 13　イメージと創造性の民族誌

**引用文献**

フラハティ，フランシス H. 1992『ある映画作家の旅：ロバート・フラハティ物語』小川 紳介（訳），みすず書房。

マリノフスキ，ブロニスワフ 2010『西太平洋の遠洋航海者』増田 義郎（訳），講談社。

村尾 静二 & 箭内 匡 & 久保 正敏（編），2014『<sup>シネ・アンスロポロジー</sup>映像人類学：人類学の新たな実践へ』せりか書房。

箭内 匡 2018『イメージの人類学』せりか書房。

Vannini, Phillip & Jonathan Taggart 2014 *Off the Grid : Re-Assembling Domestic Life*, Routledge.（関連ウェブサイト http://lifeoffgrid.ca/ でも多くの情報や画像を参照できる）

**◎映像作品**

フラハティ，ロバート J. 2018『極北の怪異（極北のナヌーク）』〔Blu-Ray & DVD〕アイ・ヴィー・シー。

Rouch, Jean 2010 *Jean Rouch : Une aventure africaine*（4DVD）Éditions Montparnasse.

Taggart, Jonathan & Vannini, Phillip 2015 *Life Off Grid : A Film about Disconnecting*（VOD）https://vimeo.com/ondemand/lifeoffgrid

280

もっと学びたい人のために

千葉 文夫 & 金子 遊 (編)，2019『ジャン・ルーシュ：映像人類学の越境者』森話社。

フラハティ，フランシス H. 1992『ある映画作家の旅：ロバート・フラハティ物語』小川 紳介 (訳)，みすず書房。

フラハティ，ロバート J. 2018『極北の怪異（極北のナヌーク）』〔Blu-Ray & DVD〕アイ・ヴィー・シー。

マリノフスキ，ブロニスワフ 2010『西太平洋の遠洋航海者』増田 義郎 (訳)，講談社。

村尾 静二 & 箭内 匡 & 久保 正敏 (編)，2014『映像人類学：人類学の新たな実践へ』せりか書房。

箭内 匡 2018『イメージの人類学』せりか書房。

## 14　協働実践としての人新世時代のエスノグラフィー

引用文献

上野 千鶴子 2011『ケアの社会学―当事者主権の福祉社会へ』太田出版。

クーパー，アダム 2000『人類学の歴史―人類学と人類学者』鈴木 清史 (訳)，明石書店。

春日 直樹 (編)，2011『現実批判の人類学：新世代のエスノグラフィへ』世界思想社。

クリフォード，ジェイムズ & ジョージ マーカス (編) 1996『文化を書く』春日 直樹他訳，紀伊國屋書店。

湖中 真哉 2005「電子メディアの盛栄と民族誌の受難」『電子メディアを飼いならす―異文化を橋渡すフィールド研究の視座』，飯田 卓 & 原 知章 (編)，p. 88，せりか書房。

湖中 真哉 2015「やるせない紛争調査―なぜアフリカの紛争と国内避難民をフィールドワークするのか」『人はなぜフィールドに行くのか―フィールドワークへの誘い』床呂 郁哉 (編)，pp. 34-52，東京外国語大学出版会。

湖中 真哉 2019「グローバルな当事者間のニーズ共有接近法―ケニアのナロック県

と日本の静岡県を繋ぐ人類学的教育実践の事例から」『文化人類学』83(4)：631-641。

コルバート，エリザベス 2015『6度目の大絶滅』鍛原 多恵子，NHK 出版。

杉島 敬志 1995「人類学におけるリアリズムの終焉」『民族誌の現在―近代・開発・他者』合田 濤 & 大塚 和夫（編），pp.195-212，弘文堂。

チェンバース，ロバート 2000『参加型開発と国際協力―変わるのはわたしたち』野田 直人 & 白鳥 清志監訳，明石書店。

中西 正司 & 上野 千鶴子 2003『当事者主権』岩波書店。

村尾 静二 & 箭内 匡 & 久保 正敏（編）2014『映像人類学（シネ・アンスロポロジー）―人類学の新たな実践へ』せりか書房。

村尾 静二 & 箭内 匡 & 久保 正敏（編），2014『映像人類学（シネ・アンスロポロジー）＝Ciné-Anthropology：人類学の新たな実践へ』せりか書房。

レヴィ＝ストロース，クロード 1977『悲しき熱帯（下）』川田 順造（訳），中央公論新社。

Gupta, Akhil & James Ferguson 1997 Discipline and Practice : 'The Field' as Site, Method, and Location in Anthropology. In *Anthropological Locations : Boundaries and Grounds of a Field Science*. Akhil Gupta and James Ferguson (eds.), pp.1-46. University of California Press.

Henare, Amira., Martin Holbraad, & Sari Wastell 2007. 'Introduction : Thinking through Things' in *Thinking through Things : Theorising Artefacts Ethnographically*. A. Henare, M. Holbraad, and S. Wastell (eds.), pp.1-31. Routledge.

Kirksey, S. Eben & Stefan Helmreich 2010 The Emergence of Multispecies Ethnography. *Cultural Anthropology* 25.4: 545-576.

Lassiter, Luke E. 2005 *The Chicago Guide to Collaborative Ethnography*. Chicago University Press.

Marcus, George E. 1995 Ethnography in/of the World System : The Emergence of Multi-Sited *Ethnography. Annual Review of Anthropology*. 24: 95-117.

◎**映像作品**

川瀬 慈 2006『Room 11, Ethiopia Hotel』非売品。

フラハティ，ロバート J. 2018『極北の怪異（極北のナヌーク）』〔Blu-Ray & DVD〕アイ・ヴィー・シー。

**もっと学びたい人のために**

春日 直樹（編），2011『現実批判の人類学：新世代のエスノグラフィへ』世界思想社。

クリフォード，ジェイムズ & ジョージ マーカス（編）1996『文化を書く』春日直樹他訳，紀伊國屋書店。

湖中 真哉 2015「やるせない紛争調査——なぜアフリカの紛争と国内避難民をフィールドワークするのか」『人はなぜフィールドに行くのか——フィールドワークへの誘い』床呂 郁哉（編），pp. 34-52，東京外国語大学出版会。

杉島 敬志 1995「人類学におけるリアリズムの終焉」『民族誌の現在——近代・開発・他者』合田 濤 & 大塚 和夫（編），pp. 195-212，弘文堂。

中西 正司 & 上野 千鶴子 2003『当事者主権』岩波書店。

村尾 静二 & 箭内 匡 & 久保 正敏（編），2014『映像人類学（シネ・アンスロポロジー）= Ciné-Anthropology：人類学の新たな実践へ』せりか書房。

## 15　地球と人類の未来

**引用文献**

木村 大治 2018『見知らぬものと出会う：ファースト・コンタクトの相互行為論』東京大学出版会。

小泉 義之 2000『ドゥルーズの哲学：生命・自然・未来のために』講談社現代新書。

近藤 和敬 2014「問題——認識論と問い——存在論：ドゥルーズからメイヤスー，デランダへ」『現代思想』42(1)：58-73。

レヴィナス，エマニュエル 2005『全体性と無限（上）』熊野 純彦（訳），岩波文庫。

レヴィナス，エマニュエル 2006『全体性と無限（下）』熊野 純彦（訳），岩波文庫。

Lynge, Finn 1992 *Arctic Wars, Animal Rights, Endangered Peoples*. University Press of New England.

Satsuka, Shiho 2015 *Nature in Translation : Japanese Tourism Encounters the Canadian Rockies*. Duke University Press.

**もっと学びたい人のために**

岡田 浩樹 & 木村 大治 & 大村 敬一（編）2014『宇宙人類学の挑戦：人類の未来を問う』昭和堂。

現代思想編集部 2017「総特集：人類学の時代」『現代思想』45(4)

ハラウェイ，ダナ 2017「人新世，資本新世，植民新世，クトゥルー新世」『現代思想』45(22)：99-109。

Haraway, Donna J. 2016 *Staying With the Trouble : Making Kin in the Chthulucene*. Duke University Press.

Omura, Keiichi, Atsuro Morita, Shiho Satsuka & Grant Otsuki eds. 2018 *The World Multiple : The Quotidian Politics of Knowing and Generating Entangled Worlds*. Routledge.

Tsing, Anna, Heather Swanson, Elaine Gan, & Nils Bubandt eds. 2017 *Arts of Living on a Damaged Planet : Ghosts and Monsters of the Anthropocene*. University of Minnesota Press.

**284**

# 索 引

- ●配列は50音順，アルファベットで始まるものは ABC 順。
- ●『 』でくくったものは書籍や映画のタイトル，＊は人名を表す。

# 分担執筆者紹介

## 髙橋　絵里香 (たかはし・えりか)

・執筆章→7・8

| | |
|---|---|
| 1999 年 | 筑波大学第二学群比較文化学類卒業 |
| 2001 年 | 東京大学大学院総合文化研究科超域文化科学専攻修士課程修了 |
| 2009 年 | 東京大学大学院総合文化研究科超域文化科学専攻博士課程単位取得退学 |
| 現在 | 千葉大学人文科学研究院准教授，博士（学術） |
| 専攻 | 文化人類学，老年人類学，医療人類学 |
| 主な著書 | 『老いを歩む人びと―高齢者の日常からみた福祉国家フィンランドの民族誌』勁草書房，2013.（単著）<br>『ひとりで暮らす，ひとりを支える―フィンランド高齢者ケアのエスノグラフィー』青土社，2019.（単著） |

## 川田　牧人 (かわだ・まきと)

・執筆章→9・10

| | |
|---|---|
| 1986 年 | 筑波大学第一学群人文学類卒業 |
| 1993 年 | 筑波大学大学院博士課程歴史・人類学研究科中退 |
| 現在 | 成城大学文芸学部教授，博士（人間環境学） |
| 専攻 | 文化人類学，宗教人類学 |
| 主な著書 | 『祈りと祀りの日常知』九州大学出版会，2003.（単著）<br>『環境民俗学』昭和堂，2008.（共編著）<br>『呪術の人類学』人文書院，2012.（共編著）<br>『呪者の肖像』臨川書店，2019.（共編著）<br>『現代世界の呪術』春風社，2020.（共編著） |

## 箭内 匡（やない・ただし）

・執筆章 → 12・13

| | |
|---|---|
| 1962 年 | 東京都に生まれる |
| 1984 年 | 東京大学教養学部卒業 |
| 1993 年 | 東京大学大学院総合文化研究科博士課程単位取得退学 |
| 現在 | 東京大学大学院総合文化研究科教授，博士（学術） |
| 専攻 | 文化人類学 |
| 主な著書 | 『映画的思考の冒険―生・映画・可能性』世界思想社，2006. |

（編著）

『映像人類学 <sub>シネ・アンスロポロジー</sub>―人類学の新しい実践へ』せりか書房，2014.
（共編著）

『イメージの人類学』せりか書房，2018.（単著）

『21 世紀の文化人類学―世界の新しい捉え方』新曜社，
2018.（共著）

『アフェクトゥス―生の外側に触れる』京都大学学術出版
会，2020.（共編著）

# 編著者紹介

## 大村　敬一 （おおむら・けいいち）
　　　　　　　　　　　　　　　　　　・執筆章→ 1・3・4・11・15

| | |
|---|---|
| 1966 年 | 東京都に生まれる |
| 1989 年 | 早稲田大学第一文学部卒業 |
| 1997 年 | 早稲田大学大学院文学研究科博士後期課程満期修了 |
| 現在 | 放送大学教授，博士（文学） |
| 専攻 | 文化人類学 |
| 主な著書 | *Self and Other Images of Hunter-Gatherers*. National Museum of Ethnology, 2002. (共編著) |
| | 『極北と森林の記憶：イヌイットと北西海岸インディアンのアート』昭和堂，2009. (共編著) |
| | 『プリミティブ　アート』(*Primitive Art*. Franz Boas) 言叢社，2011. (翻訳) |
| | 『カナダ・イヌイットの民族誌：日常的実践のダイナミクス』大阪大学出版会，2013. (単著) |
| | 『宇宙人類学の挑戦：人類の未来を問う』昭和堂，2014. (共編著) |
| | *The World Multiple: The Quotidian Politics of Knowing and Generating Entangled Worlds*. Routledge, 2018. (共編著) |

## 湖中　真哉 （こなか・しんや）
　　　　　　　　　　　　　　　　　　・執筆章→ 2・5・6・14

| | |
|---|---|
| 1965 年 | 大阪府に生まれる |
| 1989 年 | 筑波大学第 1 学群人文学類卒業 |
| 1994 年 | 筑波大学大学院博士課程歴史・人類学研究科単位取得退学 |
| 2007 年 | 国際開発研究大来賞受賞 |
| 2018 年 | 地域研究コンソーシアム賞研究作品賞・国際開発学会賞選考委員会特別賞受賞 |
| 現在 | 静岡県立大学国際関係学部教授，博士（地域研究） |
| 専攻 | 人類学，地域研究，国際開発学 |
| 主な著書 | 『牧畜二重経済の人類学―ケニア・サンブルの民族誌的研究』世界思想社，2006. (単著) |
| | 『地域研究からみた人道支援―アフリカ遊牧民の現場から問い直す』昭和堂，2018. (共編著) |

放送大学教材　1555120-1-2011（テレビ）

# 「人新世」時代の文化人類学

発　行　　2020 年 3 月 20 日　第 1 刷
　　　　　2022 年 7 月 20 日　第 3 刷
編著者　　大村敬一・湖中真哉
発行所　　一般財団法人　放送大学教育振興会
　　　　　〒 105-0001　東京都港区虎ノ門 1-14-1　郵政福祉琴平ビル
　　　　　電話　03（3502）2750

市販用は放送大学教材と同じ内容です。定価はカバーに表示してあります。
落丁本・乱丁本はお取り替えいたします。

Printed in Japan　ISBN978-4-595-32191-7　C1339